POLI-
TICAL
DETOX

폴리티컬 디톡스

POLITICAL DETOX
폴리티컬 디톡스

이재호 지음

리북

차례

서문 • 6

1장 믿음이 만드는 정치
믿음의 힘 • 14
세계를 구성하는 믿음체계 • 17
정치적 믿음체계 • 24
정치는 무엇을 믿는가의 문제 • 29

2장 우리 정치의 믿음 지도
보수주의와 진보주의 • 38
이념의 조연들 • 49
종교의 정치화를 경계함 • 62
이념 이후의 정치 • 67

3장 믿음의 총격전, 정치 양극화
양극화 레일과 진영의 늪 • 72
진보 진영: 민주적 정통성과 도덕적 우월감 • 81
보수 진영: 안정의 감정, 체제 수호의 서사 • 91
중도: 실용, 균형, 탈진영 • 99
적대적 진영 대결 극복의 세 경로 • 108

4장 종북좌파 망국론
극우 국가주의 믿음체계 • 114
신성한 감정 동원 장치 • 122
보수 위기의 구원투수 • 129
보수주의로 돌아가라 • 134

5장 반민주세력 청산론
개혁적 도덕주의 믿음체계 • 140
오래되고 무뎌진 도덕의 칼 • 149
양극화 생산자이자 유지자 • 157
과거에서 미래로, 청산에서 설계로 • 162

6장 냉소주의
정치를 포기한 체념의 정동 • 172
양극화의 산물이자 원인 • 178
손에 잡히는 변화가 필요 • 185
청년에게 주도권을 넘기자 • 189

7장 프레임 전쟁
프레임과 프레이밍 • 194
안정 프레임 • 199
정권교체 프레임 • 207
중도회의론 프레임 • 213
진정성 프레임 • 219
피해자 프레임 • 229

8장 진실의 침몰: 음모론, 가짜뉴스
정치 선동: 감정의 정치, 믿음의 조작 • 240
음모론 • 243
가짜뉴스 • 256

9장 레토릭의 붕괴와 배신
믿음에 복무하는 레토릭 • 268
양극화 레토릭, 전쟁의 언어들 • 274
에토스의 붕괴, 파토스의 배신, 로고스의 기만 • 277

10장 정치과잉과 정치의 종교화
정치의 삶에 대한 공습 • 284
정치의 종교화 • 294

11장 정치해독을 위하여
정치해독 • 304
공적 성찰 • 313
비판적 사고 • 320
정치 리터러시 • 331

서 문

1

지쳤다. 우리들은 정치에 정말 지쳤다.

정치에 대해 이보다 더 절박한 진술은 없다. 실망은 예견된 고지서처럼 어김없이 배달된다. 정치는 좌절과 인내를 배우기 위해 발명된 집단 예술일까? 우리는 어쩌면, 우리가 만든 정치를 구원하기 위해 우리를 정치에 제물로 바치고 있는 셈이다.

정치의 끝없는 대립과 실패의 반복으로, 희망은 물론 분노마저 무의미해지고 있다. 정치를 생각할수록 무력해지고 자꾸 돌아서게 된다. 기다리지 않고 보채기만 한 것도 아니다. 수없이 사라져 간 설렘과 기대에 우리는 회한을 매만질 뿐이다. 그렇게 우리는 지쳤지만, 여전히 정치의 그림자는 우리의 일상을 덮고, 바람에 나부끼는 현수막처럼 길목마다 먼저 와 기다리고 있다.

어쨌든, 다시 정치 앞에 서야 한다. 삶의 무게에 지쳐 쓰러져 본 사람들은 안다. 이제 놓아 버리자 쓰러져 잠들지만, 우리는 새벽녘 창가에 가 삶을 두드리는 풍파 앞에 다시 선다. 어쩔 수 없이 '다시 생각해 본다.' 새삼 지뢰가 될지 모르지만 희망의 다리를 다시 놓는다. 삶의 의지는 '한 번 더 생각하기'로 구현되고, 정치도 그래야만 한다.

지친 우리가 남루한 정치를 '한 번 더 생각'하는 시작은 질문일 수 있다. 소박하지만 단정한 질문을 하며 다시 다가갈 수밖에 없다. 정치 유튜브 채널을 잠시 닫고, 정치 뉴스에서 눈길을 거두고, 방송에 나온 정치 패널들의 열변을 잠시 잊고, 가만히 물어야 한다.

어디서부터 잘못된 일일까?

그들이 그토록 '믿고 확신하는 것'은 무엇인가?

나는 정치에 무엇을 기대하는가?

나는 어떤 정치인에게 마음을 주었고 어떤 이들을 미워했는가. 왜 그랬는가?

나는 정치적으로 충분히 성숙한가? 홀로 서 있는가?

2

서로 다른 믿음체계들이 경쟁하는 운동장이 정치다.

이 책은 여기서부터 논의를 시작한다. 정당을 포함하여 다양한 정치 집단들의 확신에 찬 믿음들의 무한 경쟁이 정치다. 정치는 자기 확신을 현실화하려는 권력화의 과정이다. 정치인뿐 아니라 특정한 정치적 태도를 가진 우리 모두가 그러하다.

우리는 가치, 신념, 이해관계를 포함하여 자신이 확신하는 것에 따라 행동한다. 모든 행동이 그렇진 않겠지만, 많은 경우 그리고 중요한 일인 경우 자신이 가진 믿음의 체계를 통해 세상을 해석하고 태도를 정하고 행동한다. 정치에 작동하는 믿음은 이념보다 강하고 직접적이다. 우리의 감정과 정체성, 도덕적 판단까지 아우르는 인식 구조이며, 정치 현실을 해석하고 대응하는 인식틀이다. 이념이 머리의 논리라면 믿음체계는 몸의 반응에 가깝다.

우리 정치가 왜 이렇게 되었을까? 질문을 바꾸어 보자. 나를 포함하여 우리 정치를 움직이는 사람들의 '믿음'이 잘못된 것은 아닐까? 이러한 질문은 정치에 작동하는 힘으로서, 믿음체계 그 자체를 비판적으로 인식하고 점검하려는 방향 전환이다.

이 책은 이를 위해 '정치적 믿음체계' 개념을 제시하고 우리 정치의 '믿음의 지도'를 그리고 진영 전쟁에 참전한 믿음체계들의 형성과 작동 원리와 폐해에 대해 비판적으로 다룬다.

믿음체계로 정치를 바라보면 우리가 경험하는 정치 현실이나 우리 정치의 '특별한 경험'들까지도 새롭게 설명된다. 윤석열 전 대통령의 비상계엄령 선포를 단순한 정치적 오판이나 야당 혐오로만 설명할 수 있을까? 그를 옹호하는 탄핵 반대의 극렬함이 단지 무지와 광기의 몸부림에 불과할까? 야당 지도자의 사법리스크라는 늪에 빠져 몇 년을 죽기 살기로 싸우는 일이 그 숭고한 이념 때문인가? 그들을 움직인 것은 그들이 믿어마지 않는 믿음체계의 산물이라 봐야 한다. '부정선거 음모'나 '피해자 프레임'은 그들이 가진 믿음이 필요로 하거나 믿음이 만든 정치적 상상물이다.

이제 정치를 제도의 문제, 정치인의 역량과 자질, 이념의 대립으로만 설명하는 데서 벗어나야 한다. 정치적 믿음체계라는 심층 구조에 대한 성찰이 없다면, 우리가 겪는 정치과잉, 양극화, 극단화, 혐오와 선동의 순환 고리를 끊을 수 없다.

3

우리 정치의 가장 심각한 문제는 고착된 양극화 구조다. 정치는 협력의 가능성을 잃고 적대는 일상이 되었다. 그래서 정부는 물론 정치 그 자체가 실패하고, 국민은 날카롭게 분열된다. 진보와 보수는 언제 어디서나 경쟁하지만, 우리 정치처럼 첨예한 양극화 양상을 보이는 것이 보편적 숙명은 아니다.

정치가 옳고 그름의 경쟁을 넘어 선과 악의 전장이 되어 버렸다. 자신들의 정치적 정당성과 우월성은 논리와 사실이 아니라 감정과 도덕으로 절대화되고 있다. 이처럼 파괴적인 정치 양극화는 왜곡된 정치적 믿음체계가 원활히 작동한 결과다. 서로를 악마화하는 믿음체계 간의 전면전이 벌어지고 있는 것이다.

우리 정치의 진영 전쟁은 서로 양립 불가능한 두 개의 정치적 믿음체계가 진두지휘하고 있다. 하나는 '극우국가주의'로 '종북좌파가 나라를 망친다'는 믿음을, 다른 하나는 '개혁적 도덕주의'로 '반민주 세력을 청산해야 한다'는 믿음을 기둥으로 삼고 있다. 그들은 '자유민주주의 수호자' 그리고 '유일한 개혁 전사'로 자신을 정당화하고, 상대를 '반국가세력' 혹은 '적폐 세력'으로 악마화한다. 여기에 냉소주의와 중도회의론이 결합해 정치적 극단화와 폐쇄성을 더욱 강화한다.

지금 우리 정치를 지배하는 정치적 믿음체계들을 짚어내고, 그것들이 어떻게 프레임, 선동, 레토릭을 통해 정치를 망치고 있는지를 냉철하게 분석할 필요가 있다. 이 작업은 정치 양극화와 진영 전쟁, 극단화, 혐오의 악순환에 대한 흥미롭고 구체적인 현실 진단이자 도덕적 당위에 기대지 않는 해법의 방향과 기초를 제공할 것이다.

4

우리는 정치과잉의 시대에 살고 있다. 정치가 너무 많은 것을 해석하고, 너무 깊이 우리의 삶에 들어와 있다. 정치적 사안이 아닌 문제조차 정치의 언어로 번역되며, 일상의 감정, 취향, 문화와 인간관계마저 정치적 스펙트럼 위에서 판단되며 소비된다. 정치에 휘둘리고 중독된 이 상태야말로 우리가 정치에 느끼는 깊은 피로감의 본질적 원인일 수 있다.

정치가 삶의 조건을 다루는 것을 넘어 삶의 본질을 규정하는 것이 정치과잉이다. 정치는 어디까지나 공공 규범의 장이며, 갈등을 조정하고 공동체의 질서를 조율하는 제도적 장치이지, 삶 전체를 규율하는 절대 권위나 세속적 종교가 아니다. 갈등을 조정하기보다 증폭시키고, 다름을 적대화하며 숙의와 토론을 감정과 선동의 언어로 대체하고 있는, 이 뜻밖의 정치가 우리 일상을 지배하니 더욱 치명적이다.

그리고 우리 정치가 점점 종교를 닮아가고 있다. 아니, 우리에겐 이미 몇 개의 '정치 종교'가 있고 몇 그룹의 '정치 신앙인'들이 있다. 믿음의 절대화와 그 구속력이 정치에서 고스란히 나타나고 있다. 어떤 반박도 수정도 모두 거부하는 종교적 신념처럼, 정치적 믿음체계도 분열된 집단 속에서 자기 확증과 자기 강화의 길을 가고 있다.

감정 구조, 정체성, 윤리적 감각까지 침투하고 있는 정치로부터 우리는 자유로운가? 정치적 신념을 절대화하고, 정치적 지지를 도덕적 충성과 동일시하며, 반대 진영에 대한 혐오와 분노를 건강한 분별력으로 착각하고 있지는 않은가? 정치가 감정의 저울이 되고, 정치 언어가 삶의 의미와 사회적 삶의 존재론적 부정에까지 영향을 미치며, 정치적 믿음체계가 도덕적 판단의 우선적 근거로 기능할 때, 우리는 더 이상 자유로운 시민이 아니다. 정치에 중독된 존재, 정치에 의해 해석되고 구성되는 정치의 노예가 될 수 있다.

정치과잉 상태로부터 그리고 종교화된 정치로부터 스스로를 '해독'하고 깨어나야 한다. 이 책은 '정치해독' political detox 개념을 도전적으로 제시한다. 정치해독은 정치로부터 도피하거나 정치를 무력화하자는 주장이 아니다. 정치를 둘러싼 감정 과잉, 언어의 도식화, 믿음의 교리화, 정체성의 폐쇄화에서 빠져나오기 위한 자율적 노력이다. 일상의 삶, 사고, 관계, 판단을 오염시키고 왜곡하는 정치의 중독 상태로부터 벗어나자는 선언이다. 이는 정치를 다시 제자리에 놓는 일이기도 하다.

정치해독은 성찰이며 내면의 윤리적 단련이다. 자신이 가진 믿음의 뿌리를 점검하고, 정치적 감정이 자신의 판단에 어떤 영향을 미치는지를 성찰하며, 이분법적 사유 구조로부터 한 걸음 거리두기와 다시 생각하기를 실천하는 것이다. 올바른 정치 감각을 키우고, 자신의 믿음체계를 점검하는 비판적 사고와 선동과 과잉 정보를 가려낼 수 있는 정치 리터러시 같은 태도와 능력을 키우는 일이다. '정치가 종교가 된 나라'에서 정치를 신앙이나 전쟁이 아닌 숙의와 공존의 문제로 다가가려는 결단이다.

5

왜곡된 믿음체계, 적대를 위한 프레임, 가짜뉴스와 음모론이 맹활약하는 선동, 기획된 레토릭은 우리의 올바른 판단을 흔들고 민주주의의 성숙을 가로막고 있다. 우리들은 정치적 믿음체계의 저주에 고통받고, 프레임의 유혹에 휘둘리고, 정치 선동의 함정에 빠져들고, 기만적 레토릭에서 배신감을 느끼며, 지쳐 왔다. 이 책은 정치에 지친 우리가 회복의 길을 찾고, 더 책임있는 영향력을 갖춘 시민으로 나아가기 위한 정치해독의 방편으로 공적 성찰과 비판적 사고, 정치 리터러시를 결론적으로 제시한다.

공적 성찰은 정치와 삶의 의미를 깊이 있게 재정립하려는 철학적·윤리적 탐구다. 비판적 사고는 이 과정에서 사유의 정확성과 이성의 자율성을 확보하는 사고의 기술이다. 정치 리터러시는 정치적 참여를 책임 있고 성숙하게 수행할 수 있는 지적 역량이다. 이 세 가지는 서로를 이끌고 뒷받침하며, 시민으로서의 성숙과 민주주의의 품격을 함께 끌어올리는 내면의 근육이다.

정치해독은 자유를 위한 시작이며, 공적 성찰은 책임을 위한 숙고이고, 비판적 사고는 진실을 위한 힘이며, 정치 리터러시는 참여를 위한 역량이다. 정치에 휘둘리지 않고, 정치를 포기하지도 않으며, 정치와 삶의 균형을 다시 세우는 것, 그것이 오늘 우리가 지향해야 할 성숙한 시민의 삶이다.

현실에서 작동하고 있는 왜곡된 정치적 믿음체계를 비판적 사고와 공적 성찰로 검증하고 수정하거나 폐기할 수 있다면, 진영 전쟁도 생산성 하나 없는 수렁 같은 정치도 맹신과 극단도 훨씬 줄어들며 우리 정치는 나아질 것이다. 정치가 삶을 뒤흔드는 싸움터가 아니라 삶의 조건들을 조율하고 함께 살아갈 방식을 마련하는 공적 기술임을 합의하며, 협력할 수 있을 것이다. 이 책이 희망하는 것은 이것이다.

성숙한 정치 주체로 홀로서기, 연민과 함께 자신의 정치적 태도와 행위에 대해 점검하는 공적 성찰, 정치과잉으로부터의 거리두기와 자율성의 회복, 정치가 강제하는 감정의 소진과 분열적 사고에 대한 건강한 해독, 성숙한 정치 주체로 당당히 서기 위한 태도와 능력의 함양, 이 책은 이런 노력을 함께 해 보자는 제안이다.

우리는 믿음을 정정할 의지와 능력을 갖고 있다. 그럴 수 있다면, 우리는 정치에 변함없이 다정할 것이며, 더 많은 것을 성취할 수 있을 것이다.

1장

믿음이 만드는 정치

POLI-
TICAL
DETOX
폴리티컬 디톡스

믿음의 힘

우리 정치를 흔드는 '왜곡되고 닫힌 믿음'들을 만나러 가기 전에 '믿음'과 '믿음체계'의 다리를 건너야 한다. 때론 인내가 지름길이다.

우리는 불확실한 세계를 살아가기 위해 본능적으로 믿음을 만든다. 믿음은 세상을 이해하고 예측하며 행동하는 데 필요한 인지적 기반이며, 동시에 생존과 심리적 안정감을 확보하는 심리적 메커니즘이다. 우리가 사용하는 수많은 단어들이 모여 힘겨루기를 한다면, 단연 으뜸은 '믿음'이 차지할 것이다. 사랑도 혁명도 만들고 죽음 이후의 세계마저도 창조하는, 믿음이 관여하지 않은 것이 없기 때문이다. 그래서 "믿음은 우리 삶의 모든 부분을 지배한다"[1]거나 "믿음이라는 것이 매일의 삶을 이끄는 주요한 조종장치"[2]라고 말한다.

믿음belief이란 어떤 대상, 주장, 사람, 개념에 대해 참되거나 옳다고 신뢰하거나 확신하는 심리적 상태이다.[3] 철학에서는 어떤 명제를

---

[1] 앤드류 뉴버그·마크 로버트 월드먼 저, 진우기 역, 《믿는다는 것의 과학》, 휴먼사이언스, 2012., 24쪽.

[2] 마이클 맥과이어 저, 정은아 역, 《믿음의 배신》, 페퍼민트, 2014., 48쪽.

[3] 믿음은 대개 확신의 형태로 나타나지만, 우리가 가진 확신이 언제나 탄탄한 근거 위에 놓여 있는 것은 아니다. 이러한 믿음의 복합적인 성격을 이해하는 데 있어, 성경 속 신앙의 정의는 시사하는 바가 크다. 히브리서 11장은 믿음을 이렇게 정의한다. "믿음은 바라는 것들의 확신이요, 보이지 않는 것들의 증거입니다." 이는 종교적 신앙의 차원에서 제시된 정의이지만, 우리가 일상적으로 사용하는 '믿음'이라는 말의 의미를 되돌아보게 한다. 우리가 믿는다고 말하는 것들 가운데 상당수는 실은 희망의 형식이거나, 불확실한 미래에 대한 기대일 수 있다. 그런 의미에서 이 구절은 우리의 믿음이 얼마나 자주 검증되지 않은 확신이나 감정적 신념으로 작동하는지를 역설적으로 일깨워준다. 그래서 사람들은 "세상에서 가장 위험한 것은 불신이 아니라 믿음이다."라고 말하곤 한다.

참으로 받아들이는 인식적 태도, 심리학에서는 경험, 사회적 학습, 감정 및 인지편향이 상호 작용하는 인지적 구조로 이해한다. 믿음은 단순한 의견을 넘어서, 세계를 해석하고 판단하며 행동을 이끌고 정체성을 구성하는 기제로 작동한다.

믿음은 감각적 자극과 직관적 해석에서 시작해, 반복의 경험과 사회적 상호 작용 속에서 구체화된다. 개인적으로는 감정, 기억, 관찰, 직관이 믿음을 구성하고, 사회적으로는 가족, 교육, 문화, 미디어, 전문가 권위가 믿음 형성에 영향을 준다. 소속 집단의 의견을 수용하면서 얻는 심리적 안정감 또한 믿음의 사회적 토대를 이룬다.

우리는 수많은 믿음에 의지하며 살아간다. 생존을 위한 믿음으로 '호랑이는 위험하다'는 경험을 기반으로 한 믿음, 과학적 사실을 근거로 한 '지구는 둥글다'는 믿음, 사회적 결속을 높이기 위해 형성된 '우리 민족은 위대하다'는 집단적 믿음, '신은 존재한다'는 종교적 믿음, '가난한 사람을 돕는 것은 옳다'는 도덕적 규범의 믿음도 있다. 이 믿음들은 개인의 삶은 물론 사회를 구성하고 유지하는 근간이다.

믿음은 종류나 유형은 셀 수 없이 많다. 이해를 돕기 위해 믿음을 내용과 기능에 따라 여러 유형으로 분류할 수 있다. 인식적 믿음은 '무엇이 사실인가'에 대한 확신, 평가적 믿음은 '무엇이 옳고 그른가'에 대한 가치 판단을 다룬다. 규범적 믿음은 '어떤 행동을 해야 하는가'에 대한 사회적 기대와 관련되며, 실용적 믿음은 특정 행동이 유용하거나 효과적이라는 판단을 바탕으로 한다. 또한 과학적 증명이나 논리적 근거 없이 특정한 세계관이나 종교적 신념을 기반으로 하는 믿음도 있다.

우리가 가진 믿음이 반드시 진실이나 사실과 일치하는 것은 아니다. 어떤 믿음은 객관적 사실일 수도 있지만, 어떤 것은 전혀 근거가 없거나 거짓일 수 있다. 과학적 방법이나 논리적 추론을 통해 검증 가능한 믿음이 있는가 하면, 경험적 증거나 탐구를 통해 확실성을 판단하기 어려운 '신이 우주를 창조했다' 같은 믿음도 있다(인류의 절반 정도는 이 믿음이 검증 가능하다거나 이미 검증되었다고 생각한다). 진실과 일치하지 않더라도 혹은 진실 여부를 따지지 않으면서, 우리는 믿음을 바탕으로 세계를 해석하고 행동을 결정한다.

믿음은 확신의 강도에 따라 유동적일 수도, 굳게 고정될 수도 있다. 일상적 경험이나 실용적인 믿음은 새로운 정보에 의해 쉽게 수정될 수 있다. 그러나 종교적, 이념적, 정체성과 관련된 믿음은 강고하며 쉽게 변하지 않는다. 이 믿음들은 삶의 의미와 목적, 소속감, 세계관과 연결되어 있으며, 그것이 흔들릴 경우 심리적 불안과 존재론적인 혼란이 오기 때문이다.

믿음은 우리의 사회적 삶에도 깊게 관여한다. 타인과의 관계, 공동체의 규범과 질서, 자신의 삶의 실현과 사회적 역할, 공동체의 의미와 미래에 대한 믿음을 저마다 가지고 있다. 이 믿음들은 우리가 타인과 관계를 맺고, 사회적 질서 안에서 자신의 위치를 인식하며, 삶의 목적과 의미를 구성하는 기준이 된다. 동시에 자신이 속한 사회를 어떻게 평가하고 어떤 미래를 그리는지에 대한 판단에 작용한다.

바로 이 지점에서 믿음은 정치와 만난다. 정치적 태도와 행동은 우리가 내면화한 믿음 위에 구축된다. 어떤 정치적 집단에 소속감을 느끼고 어떤 정책을 지지하며 어떤 사회를 꿈꾸는가는 결국 우리의 믿음이 이끄는 선택이다. 믿음 없는 정치는 없다.

세계를 구성하는 믿음체계

길을 가다가 시스템system이란 말을 만나면 두 가지를 떠올리면 된다. '여러 요소가 연결되어 작동하는 구조구나', '일정한 규칙과 원리에 따라 작동한다는 말이구나'. 믿음체계도 다를 바 없다.

믿음체계belief system란 개별 믿음들이 논리적으로 연결되어 하나의 구조를 이루어 일관된 인식과 행동 지침을 제공하는 인식의 틀이다. 이는 믿음들의 집합을 넘어 논리적 정합성을 갖추며 조직된 인식의 시스템으로 작용한다. 우리는 이 시스템을 통해 새로운 정보를 해석하고 행동의 일관성을 유지한다.

'채식주의'라는 믿음체계를 보자. '채식이 건강에 좋다'는 믿음이 생겼다. 이어서 '붉은색 고기 섭취를 줄이면 질병 위험이 낮아진다', '채식만 한 야구선수가 뛰어난 성적을 거뒀다' 등의 믿음들이 연결된다. 연이어 도덕적 믿음과도 연결된다. '채식은 건강뿐만 아니라 환경에도 좋다', '육식을 줄이면 온실가스 배출이 감소한다', '동물도 고통을 느낀다', '인간을 위해 다른 생명을 죽이는 것이 과연 정당한가' 등을 생각한다. 이제 건강과 식단 선택 문제를 넘어, 환경 보호, 동물권, 윤리적 소비와 결합된 하나의 믿음체계로 발전하고 구체적인 행동을 이끈다. 고기를 먹지 않으며 동물 가죽 제품도 구매하지 않는다. 하나의 믿음체계가 형성되면 이를 유지하려는 심리적 경향을 보인다. 채식의 좋은 점을 다룬 책을 찾아보고, 육식의 장점에 대한 정보는 피한다. 또 채식주의자 모임에 나가 같은 믿음을 가진 사람들과 교류하며 정체성을 형성하고, 믿음체계를 더욱 공고히 한다. 나아가

채식주의자 권리 옹호와 환경운동에 적극적으로 참여하기도 한다.

우리는 왜 개별 믿음에 머무르지 않고 구조화된 믿음체계를 형성할까? 무엇보다 불확실한 세계에서 예측 가능성과 일관성을 확보하는 인지적 장치가 필요하기 때문이다. 개별 믿음은 일시적이고 모순될 수 있지만, 믿음체계는 복잡한 현실을 이해하고 대처할 수 있는 인지적 일관성과 심리적 안정감을 제공한다. 낯선 상황을 마주할 때도 우리는 체계화된 믿음을 통해 현실을 해석하고 의미를 부여한다. 믿음체계는 세계에 대한 해석 장치로 기능하며, 생각의 부담을 덜어 주는 것이다.

믿음체계로 인해 판단과 의사결정이 쉬워지는 것도 이와 관련이 있다. 모든 정보를 늘 하나하나 새롭게 해석할 수는 없다. 믿음체계는 반복적으로 판단을 내릴 수 있는 기준을 제공하여 정보를 걸러내고 해석하도록 돕는다. 예를 들어 '과학적 증거에 근거한 주장만 신뢰한다'는 믿음체계를 지닌 사람은 어떤 주장을 들었을 때, 과학적 근거가 있는지를 중심으로 판단하면 된다. 종교적 신념에 기반한 믿음체계를 가진 사람은 상이한 정보들도 '신의 의지'나 '계시'의 관점에서 재해석할 수 있다. 믿음체계는 정보를 단순화하고 판단을 자동화하는 필터이자 엔진이다.

믿음체계는 또한 정체성과 깊이 연결된다. 정체성이란 '나는 누구인가'라는 물음에 대한 자기 규정이다. 정체성은 생물학적 특성뿐 아니라 사회적·심리적 믿음체계를 통해 구성된다. 우리는 자신이 옳다고 믿는 것, 선하다고 여기는 것, 소속감을 느끼는 집단의 믿음을 자신의 일부로 받아들인다. 이는 곧 자신이 어떤 공동체에 속해 있는지, 어떤 사회적 역할을 감당하고 있는지에 대한 인식으로 이어진다. 우리는 '나는 무엇을 믿는가'를 통해 '나는 누구인가'를 정의하고, 동시에 '나는 누구인가'에 따라 '무엇을 믿을 것인가'를 선택한다. 믿음체계와 정체성은 서로를 구성한다.

믿음체계는 감정과 정서의 차원에서 더욱 본질적인 역할을 수행한다. 믿음체계는 감정의 방향과 강도를 조직하고, 정서의 안정성과 지속성을 지탱하는 심리적 틀이다. 어떤 감정을 느끼게 할 것인지, 그 감정을 어떻게 해석하고 처리할 것인지를 결정짓는 내면의 기제로 작용한다. 우리가 마주하는 현실은 모순과 불확실로 가득하다. 실패, 상실, 통제 불가능한 상황 앞에서 우리는 혼란과 두려움, 분노와 무기력에 휘말린다. 이때 믿음체계는 감정을 해석할 수 있는 의미를 제공하며, 감정을 진정시키는 정서적 방어막으로 작동한다. 믿음체계는 또한 감정의 정당성과 방향성을 결정한다. 우리는 사회적으로 어떤 감정을 '느껴도 되는 감정'으로 승인받으며 살아간다. 감정은 자유롭게 발생하는 듯 보이지만, 실제로는 믿음의 틀 안에서 허용되거나 차단된다. 정치적이든 종교적이든, 믿음은 감정의 충격을 흡수하고 삶을 지속할 수 있도록 돕는 정서적 발판을 제공한다.

결국 믿음체계는 사고와 감정, 판단과 행동을 이끄는 삶의 기반이 된다. 믿음체계는 지속적이고 일관된 행동을 가능하게 하며, 삶의 방향을 정하고 목표를 세우는 데 깊숙이 관여한다. 그렇게 우리는 믿음의 구조 속에서 세상을 바라보고, 판단하고, 살아간다.

물론 우리의 모든 행동이 믿음체계에 기대어 이루어지는 것은 아니다. 순간적인 감정이나 충동 혹은 외부 환경의 영향에 따라 결정되는 행동도 적지 않다. 그럼에도 믿음체계가 존재하기에 많은 태도와 선택이 일정한 방향성과 기준을 지닐 수 있다. 그것이 삶 전체에 얼마나 깊이 관철되는지 혹은 자신이 가진 믿음체계를 명확히 설명할 수 있는지와는 상관없다. 우리는 누구나 다양한 믿음의 구조를 형성하고, 그것을 발판삼아 자신감과 안정감을 갖고 살아간다.

믿음체계의 가장 두드러진 특징은 일관성을 유지하려는 경향이다. 믿음체계 안에 포함된 개별 믿음들은 서로 충돌하지 않도록 정합적으로 연결되며, 만일 믿음과 태도, 행동 사이에 불일치가 생길 경우 우리는 심리적 불편을 느낀다. 이러한 내적 긴장을 해소하고자 하는 경향은 본능적인 반응에 가깝다. 이를 설명하는 것이 '인지부조화'cognitive dissonance 개념이다. 우리는 인지의 불일치로 인한 불편함을 줄이기 위해 자신의 믿음을 수정하거나 태도와 행동을 조정하고, 때로는 추가적인 설명과 정당화를 덧붙이며 일관성을 회복하려 한다.

믿음체계가 일관되게 유지되는 데에는 우리가 가진 '인지편향' cognitive bias[4]도 크게 영향을 미친다. 우리는 자신의 믿음과 일치하는 정보를 선호하고, 모순되는 정보는 거부하거나 왜곡한다. 바로 이 '확증편향'confirmation bias은 모순된 정보로 인한 심리적 불편함을 해소하려는 인지적 본능이다. 흔히 말하는 '보고 싶은 것만 보고, 믿고

---

[4] 인지편향(cognitive bias)은 우리가 정보를 인식하고 해석하며 기억하고 판단하는 일련의 인지 과정에서 체계적으로 발생하는 비합리적 왜곡이나 오류를 의미한다. 인지편향에는 다양한 유형이 있으나, 특히 믿음체계와 관련된 인지편향은 개인의 신념을 고착시키고 폐쇄적으로 만들며, 감정적 자극에 손쉽게 이끌리게 한다. 그 대표적 유형들은 다음과 같다.
 1. 확증편향(confirmation bias): 개인은 자신의 기존 신념이나 기대에 부합하는 정보만을 선택적으로 수용하고, 그에 반하는 정보는 무시하거나 평가절하하는 경향이다. 이로 인해 믿음은 점점 강화되고, 수정 가능성은 줄어든다.
 2. 동조편향(conformity bias): 집단 내 다수의 의견이나 규범에 따르려는 심리로 인해, 개인은 자신의 의견을 억제하고 다수의 믿음을 수용하게 된다. 이는 사회적 소속 욕구나 불확실성 회피 성향에서 비롯되며, 집단 내에서 믿음이 빠르게 강화되는 구조로 이어진다.
 3. 동기화된 추론(motivated reasoning): 인간은 객관적 사실을 판단하기보다, 자신이 믿고 싶은 방향으로 정보를 해석하고 정당화하려는 경향을 보인다. 이는 정보 판단이 진실 여부보다 자신의 정체성과 일치하는가에 좌우된다는 점에서 믿음체계와 밀접하게 연결된다.
 4. 내집단 편향(in-group bias): 자신이 속한 집단에 유리한 정보는 긍정적으로, 외부 집단에 대한 정보는 부정적으로 평가하는 경향이다. 예컨대 동일한 거짓말이라도 내 집단 정치인의 경우에는 '선의의 실수'로, 외부 집단 정치인의 경우에는 '의도적 기만'으로 해석하게 된다.
 5. 정체성 보호 편향(identity-protective cognition): 특정 정보가 자신의 정체성과 충돌할 경우, 그 정보를 왜곡하거나 회피하려는 심리가 작동한다. 이때 믿음을 위협하는 정보는 단순한 의견 차이를 넘어 자아에 대한 공격으로 인식되며 방어적으로 반응하게 된다.
 6. 후광 효과(halo effect): 어떤 인물의 긍정적 특성 하나가 그 사람의 전체 판단에 영향을 미치는 현상이다. 자신이 신뢰하는 집단의 인물은 별다른 근거 없이도 전폭적 신뢰의 대상이 되고, 상대 진영 인물은 어떤 주장도 믿을 수 없는 대상으로 여겨지는 인식 왜곡이 발생한다.

싶은 것만 믿는다'는 말은 단순한 도덕적 지탄이 아니라, 우리의 인지적 본능과 관련된 과학적 통찰이다. 확증편향을 가벼운 인식의 오류쯤으로 여기는 것은 오해다. "확증편향은 인지편향의 어머니"[5]라는 말처럼, 확증편향은 어쩌다 하는 실수가 아니라 우리가 믿음을 유지하는 기제 중의 하나이다. 만일 확증편향에 잘 빠지지 않는다면 비판적 사고에 잘 훈련되어 있어 이를 잘 억제하고 있다는 의미이다.

믿음체계를 강하게 지키려는 경향은 집단이 공유하는 믿음체계에서 더욱 분명하게 나타난다. 믿음체계를 공유하는 집단은 강한 소속감과 연대의식을 바탕으로 결속하며, 공동의 규범과 행동 지침을 만들어 낸다. 이 과정에서 공유된 믿음은 정당성과 우월성을 갖게 되고, 다른 믿음에 대해서는 경계심과 배타성을 드러내기 쉽다. 특히 집단 내에서는 서로의 생각을 모방하거나 동료의 의견에 동조함으로써 믿음체계가 더욱 강화된다. 그 결과, 한 개인이 공유된 믿음체계를 가진 집단의 일원이 되면, 소속감과 안정감을 얻는 동시에 집단이 행사하는 구속력과 사회적 압력을 감내해야 된다. 집단적 믿음체계가 지나치게 공고해질 경우, 결속과 일치성을 유지하려는 압력이 비판적 사고와 합리적 판단을 억누르고, 그로 인해 비현실적인 낙관주의나 외부 비판을 위협으로 느끼는 강한 반발이 나타난다.

믿음체계, 특히 집단이 가지는 믿음체계의 강력한 힘을 이해할 수 있는 적절한 사례는 종교적 믿음체계다. 종교는 신학이라는 논리체계를 가지고 있지만, 사회적으로는 거대한 믿음체계로 작동한다. 사회학의 기초를 놓았다고 평가되는 에밀 뒤르켐Émile Durkheim은 종교의 출발을 초월적 존재에 대한 신앙이 아니라, 사회적 결속을 강화하는 믿음체계로 보았다. 특정 공동체가 공유하고 있는 신념과 가치가 종교를 구성하며, 이러한 믿음체계는 사회의 집합적 의식으로 반복

---

[5] 마이클 셔머 저, 김소희 역, 《믿음의 탄생》, 지식갤러리, 2012., 354쪽.

적이고 상징적인 의례를 통해 공동체를 형성한다고 보았다.[6] 이는 집단의 신념을 조직하고 공동체를 만드는 믿음체계의 중요성에 대한 선구적 연구이다.

또한 믿음체계가 가지는 사회적 영향력을 이해하는 좋은 사례는 막스 베버Max Weber의 '프로테스탄트 윤리'이다. 그는 개신교의 믿음체계였던 프로테스탄트 윤리가 경제적 행동 양식과 사회 구조 변화에 영향을 미쳤다고 분석한다. 금욕주의, 소명의식, 노동윤리 등을 강조하는 개신교 믿음체계가 노동을 통한 부의 축적을 신앙적 의무로 생각하면서 경제적 행동 양식이 바뀌었고, 이것이 초기 자본주의 발전의 요인이 되었다고 설명한다.

심리학은 오랫동안 믿음체계가 개인의 심리적 안정과 삶의 의미 형성에 어떤 영향을 미치는지를 탐구해 왔다. 특히 '정체성 이론'은, 개인이 자신이 속한 집단의 믿음을 내면화하며 자아 정체성을 구성하고, 동시에 타 집단과의 차별성을 강화해 나간다는 점에 주목한다. 이러한 정체성이 강화될수록, 집단 간의 편견과 갈등이 심화되며, 특히 정치적·종교적 측면에서 더 격렬하게 나타난다고 본다.

인지과학의 많은 연구 역시 믿음체계를 인지적 판단과 정보 처리의 핵심틀로 이해한다. 우리는 모든 정보를 객관적으로 처리하지 않는다. 오히려 기존 믿음체계에 부합하는 방식으로 해석하고, 그 틀에 맞지 않는 정보는 무시하거나 왜곡하는 경향이 있다. 이는 믿음체계가 감정과 태도, 사회적 행동 전반에 영향을 미치는 깊은 인지적 구조임을 보여준다.

믿음체계는 인간 행동과 사회 현상을 통합적으로 이해하기 위한 핵심 열쇠이다. 개인이 어떻게 생각하고 판단하며, 집단이 어떻게 행

---

[6] "종교란 성스러운 사물들, 즉 구별되고 금지된 사물들과 관련된 믿음과 의례가 결합된 체계다. 이러한 믿음과 의례들은 교회라고 불리는 단일한 공동체 안으로 그것을 신봉하는 모든 사람을 통합시킨다."
에밀 뒤르켐 저, 민혜숙·노치준 역, 《종교생활의 원초적 형태》, 한길사, 2020., 188쪽.

동하고 갈등을 형성하는지를 설명하는 데 있어 효과적인 분석 도구이다. 우리가 믿음체계라는 손에 잘 잡히지도 않는 인식 구조를 탐구하는 것은, 인간이 어떻게 세계를 인식하고, 왜 그렇게 판단하고 행동하는지를 이해하려는 개념적 분석의 시도이자 지극히 인간적인 호기심의 발로이다.

정치적 믿음체계

이제 믿음체계가 정치를 만날 시간이다. 오래전 메모로 써 두었던, 이 책을 시작하는 씨앗이 된 단상이 있다.

믿음체계들의 운동장이 정치다. 정당을 포함하여 다양한 집단들의 확신에 찬 믿음의 경쟁이 정치다. 일단의 무리를 지은 사람들이 자신들 생각이 옳으며 세상을 더 좋게 바꿀 수 있고, 반면 다른 이들은 훨씬 부족하며 때론 해악이 될 것이라고, 스스로와 자신들 무리 밖에 있는 사람들을 설득하는 일이 정치다.

우리는 '아무 생각 없이' 정치적 행동을 하지 않는다. 꼭 어떤 'OO주의자'가 아니더라도, 정치적 사안에 대해 나름의 해석틀을 가지고 있으며, 이를 통해 현실을 이해하고 정치적 태도와 행동을 결정한다. '정치적 믿음체계'political belief system는 개인이나 집단이 정치 현실을 인식하고 해석하는 방식에 영향을 미치며 정치적 태도와 행동을 결정할 때 활용하는 구조화된 인지적 틀로 정의될 수 있다. 이 체계는 단순한 의견이나 정보의 집합이 아니라 정체성, 감정, 이념, 도덕 가치, 역사적 경험 등 다양한 요소들이 상호 작용하며 형성된 복합적이고 다층적인 인식틀이다.

누군가의 정치 성향을 알고자 할 때, '당신은 진보인가, 보수인가?'라는 질문보다 다음과 같은 질문들이 훨씬 더 효과적이며, 그 사람의 정치적 행동을 더 정확하게 예측할 수 있다. 어떤 세상을 상상하는가? 무엇에 분노하고, 무엇에 감동하는가? 정치에서 가장 중요한 가치는 무엇이며, 무엇을 정치적 '배신'으로 여기는가? 누구를 신뢰하고, 누구를 '적'으로 여기는가? 정치 이념만으로는 이러한 복합적인 감정, 정체성, 가치 판단을 온전히 포착할 수 없다. 바로 그 지점에 '정치적 믿음체계'라는 개념이 자리한다. 정치적 믿음체계란, 우리가 세상을 어떻게 해석하고, 자신을 어디에 위치시키며, 무엇에 반응하고 행동하는지를 결정짓는 인식의 틀이다.

정치적 믿음체계는 이념을 포괄하기도 하고, 하나의 이념(또는 이념 진영) 내부에 서로 다른 믿음체계들이 분화되어 나타날 수도 있다. 또한 보수주의와 민족주의, 진보주의와 포퓰리즘 등 서로 다른 이념 요소들이 하나의 믿음체계에서 조합되기도 한다. 이념 진영 내부에 분화된 믿음체계들은 중심에 두는 가치나 세계관, 감정, 역사적 경험, 정체성 등의 차이로 인해 충돌할 수 있다.

정치적 믿음체계는 우리의 정치적 태도와 행동을 결정짓는 여러 개념들과 긴밀히 연결되어 있다.

믿음은 어떤 사실이나 명제를 진실이라고 여기는 주관적 확신이다. 논리적 근거가 있을 수도 없을 수도 있고, 반드시 검증되거나 참일 필요는 없다. 또한 믿음은 다양한 인지편향에 의해 강화되거나 왜곡될 수도 있다. '종북좌파가 나라를 망친다'는 하나의 정치적 믿음이다.

신념은 믿음보다 더 강한 확신을 지닌 태도로, 일정한 가치나 원칙을 깊이 받아들여 그것에 따라 행동하려는 의지를 포함한다. 논리적 정합성과 지속성이 강하며, 외부의 반론에도 쉽게 흔들리지 않는다. '정의로운 사회는 공정한 분배를 실현하는 사회다'라는 생각은 정치적 신념에 해당한다. 믿음과 신념은 상호보완적으로 작용할 수 있으며, 믿음이 신념으로 발전하거나 신념이 믿음의 기반이 되기도 한다. 우리의 언어 일상에서는 두 용어가 혼용되고 있다.

이념은 사회적 현실과 철학적 원리에 기초하여 정치적 목표와 규범을 체계화한 가치체계이다. 이는 개인의 확신을 넘어서 사회 전체의 방향성과 규범을 제시하며 정당, 운동, 국가 체제의 기반이 된다. 자유주의, 사회주의, 보수주의 등이 대표적 예다.

가치관은 개인이 무엇을 중요하게 여기는지를 나타내는 내적 기준이다. 상황과 경험, 시대와 사회적 맥락에 따라 변할 수 있다. '자유와 평등은 모두 중요하다'는 가치관의 한 진술이다.

세계관은 인간과 사회, 삶에 대한 포괄적 해석틀이다. 철학적·종교적·경험적 요소가 복합적으로 얽혀 있으며, '인간은 본질적으로 이기적이다' 또는 '세상은 경쟁이 아닌 협력으로 유지된다' 같은 진술은 하나의 세계관을 드러낸다. 이 역시 정치적 판단의 근간이 되며 정치적 믿음체계와 연결된다.

정체성은 개인이 스스로를 정의하고, 사회적 맥락 속에서 자신이 누구인지 인식하는 틀이다. 개인의 경험, 가치관, 믿음 등이 정체성 형성의 기초가 되며, 정치적 신념과 이념이 정체성과 연결될 때 정치적 믿음체계는 쉽게 변하지 않는다. '나는 모든 성이 평등해야 한다고 믿는 페미니스트다'는 정체성과 관련된 자기 규정이다.

정치적 이해(이해관계)는 특정한 사건이나 정책이 개인·집단·국가 등에 어떤 영향을 미치는지를 따지는 판단 기준이다. 정치 행위자는 자신의 이익을 추구하기 위해 자원, 권력, 정책, 사회적 영향력을 중심으로 이해관계를 형성한다. '부동산 규제를 완화하고 자산 보유자의 세금 부담을 줄여야 한다'는 정치적 이해관계를 표현하는 언명이다. 정치적 믿음체계 형성에 영향을 미치지만, 경우에 따라 충돌하거나 별개로 작동할 수 있다.

정치적 믿음체계는 다양한 요소들이 논리적으로 연결되고 상호작용하면서 형성된 통합적 인식틀이다. 앞서 설명한 요소들이 반드시 정치적 믿음체계로 통합된다는 뜻은 아니며, 이들 각각은 정치적 믿음체계 없이도 정치적 태도와 행동을 결정할 수 있다. 또한 정치적 믿음체계가 형성된 이후에도 이들 요소의 결합 강도나 우선순위는 경험과 사회적 맥락에 따라 다르게 나타난다.

하지만 개인이나 집단이 정치적 사안을 바라보는 일관된 해석틀을 가지고 있고, 그들의 정치적 태도와 행동이 지속적인 패턴을 보이고, 정체성과 깊이 연결되어 있다면, 정치적 믿음체계가 개별 신념이나 이념보다 더 강한 영향을 미친다고 볼 수 있다. 특히 비합리적 정치 행동, 정치적 갈등과 극단화, 강한 인지편향 등은 개별 신념이나 이념만으로 충분히 설명할 수가 없다.

정치적 믿음체계는 개인이 사회화되는 과정 속에서 형성된다. 다양한 사회적 환경과 경험, 심리적 요인이 복합적으로 작용하여 믿음체계를 형성한다. 가정, 학교, 지역사회, 미디어 등은 개인이 정치적 가치와 태도를 습득하는 주요 사회화 장치이다. 부모의 정치 성향, 또래 집단과의 상호 작용, 뉴스와 소셜미디어를 포함한 정보 수용 방식은 믿음체계 형성에 결정적인 영향을 미친다. 이러한 환경 속에서 습득된 정치적 견해는 점차 구조화되고, 이후에 접하는 정보와 경험을 해석하는 틀로 기능하게 된다.

정체성 역시 정치적 믿음체계의 형성에서 핵심적인 역할을 한다. 정당, 이념 공동체, 사회운동 등 정치적 집단에 소속되면서, 우리는 그 집단의 신념과 가치를 내면화하게 된다. 민족, 종교, 계급, 성별, 세대 같은 요소는 정치적 입장에 방향성을 부여하며, 특히 자신의 정체성이 위협받는다고 느낄 때, 심리적 방어 기제를 작동시킨다.

여기에 더해, 개인이 갖는 도덕적 가치와 윤리적 기준, 경제적·사회적 이해관계 그리고 자신이 속한 사회의 역사적·문화적 맥락 또한 정치적 믿음체계의 방향을 결정짓는 중요한 요소다. 사람들은 자신의 정치적 입장을 도덕적 신념과 결합시키며, 경제적 이해관계와 사회적 위치에 따라 특정 정책과 이념에 대한 선호를 형성한다. 한 사회의 역사적 경험이나 문화적 전통은 특정 정치 이념의 수용 방식이나 정치적 정체성의 특성을 규정짓는 중요한 배경이 된다.

감정은 정치적 믿음체계의 형성과 작동에 있어 부수적 요소가 아닌 구조적 핵심을 이루는 요소이다. 분노, 불안, 감동, 소속감과 같은 감정은 특정한 정치적 메시지나 서사에 반응하게 만들고, 그 반응이 반복될수록 정치적 믿음은 강화된다. 감정은 주의와 관심의 방향을 결정하고, 정치적 판단에 도덕적 의미를 부여하며 그것을 옳고 그름의 문제로 정당화한다. 그리고 감정은 타인과 공유될 때 더욱 강력해진다. 정치 집단은 감정을 공통의 서사와 상징 속에 조직함으로써, 믿음체계를 구성원 간에 공유하고, 정서적 일체감을 통해 집단적 정치적 정당성을 확보한다. 특히 '감정온도계'feeling thermometer[7]가 현대 정치 분석에서 당파적 정체성과 정서적 양극화를 측정하는 주된 연구 방법으로 자리 잡고 있다는 사실은 정치에서 감정이 얼마나 지배적인 영향력을 행사하고 있는지를 보여주는 증거다. 정치적 대립이 집단 간의 정체성 기반 적대감과 정서적 결속, 상호 혐오의 문제로 전화되었음을 의미한다. 정치적 믿음체계의 핵심에는 '누구를 좋아하고 싫어하는가'라는 문제가 담겨 있다.

이처럼, 정치적 믿음체계는 개인의 인지적·감정적 반응, 사회적 위치, 정체성, 역사적 배경, 문화적 맥락, 정치적 서사까지 포괄하는 복합적이고 다층적인 요인들이 교차하는 과정을 통해 형성된다. 그리고 이 믿음체계는 현실을 인식하고 해석하며 정치적 태도와 행동을 결정짓는 심층 구조로 작동한다.

---

[7] 감정온도계는 유권자가 특정 정치 집단, 인물, 이슈 등에 대해 느끼는 호감 또는 반감을 0도(매우 부정적)에서 100도(매우 긍정적) 사이의 점수로 표현하게 하는 조사 도구이다. 당파적 정체성을 측정하는 데 널리 활용되며, 특히 자기 진영과 반대 진영에 대한 감정 온도의 차이가 클수록 정치 양극화와 감정적 적대감이 심하다는 분석에 활용된다.

정치는 무엇을 믿는가의 문제

정치는 무엇을 아느냐, 무엇을 생각하느냐의 문제가 아니라, 무엇을 믿고 그 믿음에 어떻게 반응하느냐의 문제다.

동일한 정치적 사건을 두고 A는 분노하고, B는 냉소하며, C는 행동에 나선다. 이는 그 사실을 어떤 틀로 해석하고 의미화하느냐에 달려 있다. 어떤 정보를 문제로 인식할지, 정의롭지 못하다고 느낄지, 행동할 만한 사안으로 여길지는 각자의 믿음체계에 따라 달라진다.

우리는 정치적 선택을 할 때 논리적으로 '무엇이 옳은가'를 따지기보다, 자신이 속한 집단의 정체성, 도덕적 직관, 삶의 경험을 바탕으로 '무엇을 믿는가'에 따라 결정한다. 이때 '믿음'은 세계를 해석하는 인식의 틀이며 구조화된 태도와 감정, 서사, 정체성이 결합된 총체적 판단의 구조다. 따라서 정치는 '사실과 논리의 경쟁'이라기보다, '믿음의 경쟁'이 더 본질적이다. 같은 사실을 두고도 전혀 다른 결론에 도달하는 이유는, 생각의 능력 차이가 아니라 자신이 가진 믿음의 구조 안에서 세상을 보며 판단하기 때문이다.

우리는 자신의 정치적 판단과 태도를 감정, 정체성, 삶의 경험이 얽힌 하나의 해석틀 속에서 형성한다. 이 틀은 감정의 방향을 조정하고, 정체성을 구성하며, 현실을 의미화하는 복합적 구조로 우리의 정치적 태도와 행동을 이끈다. 우리가 느끼는 정치적 감정들이 정당한 감정이라고 여기는 이유, 누군가를 비판하며 느끼는 당당함 또는 확신, 타 진영에 대한 도덕적 판단, 이 모든 것이 믿음체계에 의해 조직된다. 따라서 정치 행동은 정보의 반응이 아니라, 감정과 해석, 정당화가 구조화된 믿음의 산물이다.

정치적 믿음체계는 현실에서 어떤 방식으로 작동하며, 어떤 기능을 수행하는가? 정치적 믿음체계는 현실을 해석하고 의미화하는 인지적 프레임cognitive frame을 제공한다. 우리는 정치적 사건이나 정책을 단지 '있는 그대로' 받아들이지 않는다. 모든 판단은 특정한 믿음의 틀을 통과하면서 구성된다. 같은 정책을 보고 어떤 이는 '정의'라고 말하고, 어떤 이는 '불공정'하다고 느끼는 이유는, 사실 자체가 아니라 그 사실에 부여된 의미의 차이 때문이다. 이처럼 정치적 믿음체계는 정보를 걸러내고 감정을 유도하며, 해석의 방향을 설정하는 구조화된 인식 장치로 작동한다.

정치적 믿음체계는 단지 현실을 해석하는 데 그치지 않고, 정치적 선택과 행동의 방향을 일관되게 조직하는 기준선으로 작용한다. 우리는 선거 때마다 새롭게 판단하는 것 같지만, 실제로는 이미 내면화된 믿음체계에 따라 투표 성향과 정책에 대한 태도가 반복적으로 정렬된다. 특정 정당에 대한 꾸준한 지지, 유사한 사안에 대해 일관된 반응을 보이는 이유는, 믿음체계가 판단의 일관성과 감정의 방향성을 함께 제공하기 때문이다. 이 구조는 정치 참여의 양식뿐 아니라, 정치적 충성·거부·회피 같은 반응 방식 자체를 믿음의 틀 안에서 예측 가능하게 만든다.

정치적 믿음체계는 개인의 정치적 정체성을 형성하고, 특정 집단에 대한 소속감과 결속을 강화하는 데 핵심적인 역할을 한다. '나는 평등을 중시하는 사람이다', '나는 안보가 최우선이라고 믿는다'는 식의 자기 인식은 단순한 의견이 아니라, 자아를 정치적으로 정의하는 정체성의 문장들이다. 이 믿음은 곧 특정 정당, 사회운동, 공동체와의 연대를 형성하며, 정치적 정체성의 핵심틀로 작동한다. 한번 구축된 정치적 정체성은 단지 소속감을 제공하는 데 그치지 않고, 외부 비판에 대한 심리적 방어기제로 기능하며, 새로운 정보나 다른 의견에 대한 수용의 여지를 좁히고 판단의 유연성을 제한하는 작용을 한다.

정치적 믿음체계는 개인의 정치적 판단과 행동에 정당성을 부여하는 핵심 기반이 된다. 우리는 자신의 선택이 단순한 이익 추구나 분위기 따라하기가 아니라, 도덕적·정치적으로 타당한 결정이라고 느끼기를 원한다. '이 정책은 약자를 보호하므로 정의롭다', '이 법안은 개인의 자유를 침해하므로 반드시 반대해야 한다'와 같은 판단은, 사실 자체보다 믿음체계가 부여한 의미와 가치 판단에 의해 정당화된다. 정치적 믿음체계는 이처럼 정치적 행동에 대한 자기 확신의 근거를 제공한다.

정치적 믿음체계는 정보를 수용하고 해석하는 과정에서도 강력한 인지적 필터로 작동한다. 사람들은 현실을 객관적으로 받아들이는 것 같지만, 실제로는 자신의 믿음에 부합하는 정보만을 선택적으로 수용하고 기억한다. 확증편향, 선택적 기억, 선택적 노출 같은 현상은 모두 믿음체계를 유지하고 심리적 안정감을 확보하려는 방어기제다. 결국 우리는 사실을 있는 그대로 받아들이는 것이 아니라, 믿음에 맞게 '구성된 사실'을 받아들이며, 이 과정에서 정치적 믿음체계는 현실 인식 자체를 구조화하고 왜곡하는 작용을 한다.

이처럼 정치적 믿음체계는 현실 해석, 선택의 정렬, 정체성 형성, 정당화, 정보 처리 등 정치의 거의 모든 차원에서 작동하는 인식 구조다. 개인의 정치적 태도와 행동은 물론, 집단적 감정과 판단, 동원 방식까지 믿음체계를 따라 구성되고 반복적으로 강화된다. 나아가 사회 전체의 정치적 변화 역시, 지배적인 믿음체계가 어떻게 형성되고 재편되느냐에 따라 방향과 속도가 달라진다. 정치 분석이란 믿음의 작동 방식이 현실을 어떻게 구성하는가를 이해하고, 그 구조를 성찰하는 과정이기도 하다.

앞서 말한 '우리는 아무 생각 없이 정치를 하지 않는다'는 문장은 절반만 맞다. 우리의 정치적 행동은 생각의 결과가 아니라 믿음의 결과다. 나는 누구이며 어디에 있는지, 무엇을 두려워하고 무엇을 사랑하는지에 대한 답은 이미 우리 안에 있다. 우리는 믿음의 지도 위를 걸으며 정치를 한다.

이념보다 믿음체계

정치적 태도와 행동은 종종 이념에 따라 결정되는 것으로 보이지만, 실제로 우리는 보다 근원적인 심리적 구조인 정치적 믿음체계에 따라 반응한다. 물론 모든 정치 행동이 믿음체계로 환원되는 것은 아니다. 이해관계, 사회적 압력, 감정의 동요, 습관적 반응 등이 독립적으로 작용하는 경우도 많다. 그러나 정치적 믿음체계는 이념 중심 분석이나 제도 중심 접근으로는 포착하기 어려운 정치적 현실의 심층을 설명할 수 있는 유력한 분석틀이다.

이념이 논리적 사유와 철학적 방향성을 제공한다면, 믿음체계는 감정적 확신과 도덕적 직관, 정체성의 안정을 제공한다. 인지심리학에서 말하는 '스키마'schema[8]처럼, 정치적 믿음체계는 장기간 축적된 인지적·정서적 요소들이 상호 작용하며 형성된 심리적 구조물이다. 개인뿐 아니라 집단 차원에서도 공유되며, 정치적 해석과 실천의 방향을 조직한다.

전통적으로 정치 분석은 보수와 진보, 자유주의와 권위주의 같은 대칭적 이념 구도에 따라 이루어졌다. 그러나 오늘날 정치는 이념의 경계가 흐려지고, 감정과 정체성, 역사적 기억, 도덕적 판단이 결합된 정치 행위들이 큰 흐름을 만들고 있다. 정당과 정치인은 더 이상 이념만으로 정당성을 확보하지 않는다. 오히려 감정, 서사, 상징 자

---

[8] 한석준, 〈한국의 대중은 이념적으로 추론하는가?: 진보와 보수의 이념적 스키마와 기능〉, 고려대학교, 2013.

산, 정체성을 동원하여 자신들의 정치적 입지를 구축한다.

그렇다면, 믿음체계는 왜 이념보다 정치적 태도와 행동을 이해하는 데 적절한 설명 도구인가? 이념만으로 정치적 태도와 행동을 충분히 설명하기 어렵다는 주장은 이미 오랜 연구에서 확인되고 축적된 통찰이다. 정치학자 필립 컨버스Philip E. Converse는 정치 이념은 매우 잘 체계화되어 있는 태도로부터 그러한 구조가 전혀 없는 상태까지 다섯 개의 층위로 구분되어 현실에서 작용한다고 보았다. 그리고 정치인들과 정치 엘리트는 비교적 일관된 이념 구조를 갖고 있지만, 일반 대중이 일관된 이념 구조를 체계적으로 내면화하는 경우는 드물며, 대부분은 개별 정치 신념은 가지고 있지만 이를 하나의 통합된 이념체계로 조직하지는 못한다고 말한다.[9] 이는 이념이 대중의 정치적 태도와 행동을 설명하는 데 제한적이라는 연구의 결정적 전환점이었다. 이후, 정치에서 이념의 역할은 매우 제한적이라는 많은 실증적 연구들이 제시되었고 정체성, 감정, 사회화 과정의 영향력이 더 크거나 복합적으로 작용한다고 보고 있다. 따라서 정치적 태도와 행동을 이해하기 위해서는 이념 분류를 넘어서, 인지 구조, 감정 기제, 사회적 관계망 등 보다 정교하고 다차원적인 분석틀이 요구된다. 이러한 맥락에서 믿음체계 개념은 이러한 복합적 요인을 통합적으로 설명하는 유력한 대안이다.

정치적 믿음체계는 이념보다 유연하고, 정보보다 깊숙하며, 이해관계보다 지속적인 영향을 미친다. 정치는 종종 이념적 구호나 정책 논쟁으로 보이지만, 실제로는 '어떤 감정을 허용하고 어떤 태도를 정당화할 것인가'를 결정하는 믿음의 구조 속에서 작동한다.

오늘날의 정치 현실은 이념과 정체성, 감정의 경계가 흐려지고 교차된 양상을 보이며, 전통적 이념이나 이해관계만으로는 설명할 수

---

[9] 류재성, 〈정치 이념의 방향, 강도 및 층위〉, 한국정당학회보 제12권 제1호, 한국정당학회, 2013., 63쪽.

없는 결속과 적대가 넘쳐난다. 이러한 현실을 이해하기 위해 필요한 분석틀은 이념이 아니라 감정과 인식, 정체성이 얽힌 정치적 믿음체계다.

우리 정치 현실도 이러한 변화를 보여준다. 극단적 진영 대립, 도덕주의적 정치 담론, 지역주의와 세대 갈등, 정체성 정치 등은 전통적 이념이나 정책 선호만으로는 설명하기 어렵다. 이는 감정, 기억, 도덕 판단, 정체성 욕구가 복합적으로 작용한 결과이다. 정체성 정치는 존재와 삶의 의미를 건 대립을 형성하고, 도덕 중심의 정치 담론은 타협 불가능한 선악 구도를 조장한다. 이념의 이름을 빌린 믿음의 전쟁이 벌어지고 있는 것이다.

정치적 믿음체계는 동일한 이념 내부의 분화와 충돌을 설명하는 데에도 효과적이다. 보수 진영 내부에는 극우 민족주의, 온건 보수주의, 자유시장주의 등 다양한 분파가 존재한다. 이들은 표면적으로는 같은 '보수'로 분류되지만, 역사 인식, 감정 구조, 상징 자산, 위협 인식, 도덕 기준 등에서 서로 다른 믿음체계를 기반으로 하고 있으며, 때로는 치열하게 충돌한다.

마찬가지로 진보 진영 내부에도 뚜렷한 믿음체계의 차이가 존재한다. 민주주의의 확장과 제도 개혁을 중시하는 개혁주의 계열, 생태·평화·소수자 권리를 중심에 놓는 가치 중심 진보, 계급 해방과 반자본주의를 핵심으로 삼는 급진 좌파 등은 서로 다른 정당과 운동, 담론을 형성한다. 이들은 모두 '진보'라는 동일한 이념적 이름을 공유하지만, 정의의 기준, 정체성의 중심, 감정 동원의 방식, 변화의 전략에서 분명한 차이를 보이며, 때로는 상호 비판과 견제 속에 긴장관계를 유지한다. 이러한 이념 내부의 이질성과 감정적 균열은 단순한 노선 차이를 넘어, 각기 다른 정치적 믿음체계가 작동하고 있음을 보여준다. 정치적 믿음체계는 이처럼 이념의 표면 아래에 숨겨진 정서적, 상징적, 인지적 구조를 분석할 수 있는 유용한 틀이다.

또한 정치 양극화와 극단화, 맹목적 지지, 혐오와 분열의 심화 등은 정책 갈등이나 이념 대립만으로는 설명되지 않는다. 이 적대적 대결 구도는 감정적 확신, 정체성 위협, 인지적 방어 기제가 결합된 구조이며 여기에 정치적 믿음체계가 작동한다. 예컨대 보수 진영의 부정선거 음모론, 진보 진영의 도덕적 우월주의는 이념의 문제가 아니라 특정한 믿음체계가 구성되고 강화된 결과다.

　정치 프레임과 레토릭, 선동의 효과 역시 정치적 믿음체계를 통해 설명할 수 있다. 프레임은 정보를 구조화하고 감정을 유도하며, 믿음체계에 따라 수용 여부가 달라진다. 레토릭과 선동은 믿음체계를 자극하고 강화하며, 정치적 실천으로 연결되도록 감정과 정당성을 조직한다. 믿음체계는 이처럼 정치적 메시지의 해석과 수용 그리고 반응의 방식까지 결정짓는다.

　정치 현상을 분석할 때 우리는 '무엇을 주장했는가'보다 '왜 그런 주장이 가능했는가'를 물어야 한다. 믿음체계는 이 질문에 답할 수 있는 유력한 도구다. 정치적 믿음체계를 분석 도구로 삼는다면, 진영 대립뿐 아니라 진영 내의 분화, 정치적 서사의 형성, 감정 동원의 방식, 대중 설득의 기술까지 입체적으로 조망할 수 있다. 현실에서 작동하는 정치적 믿음체계들의 구조와 지형도를 그리면, 정치 현실을 입체적으로 조망하는 강력한 분석 도구가 될 수 있다.[10]

　그러나 이를 정치학의 분석 방법으로 정립하기 위해선 보완이 필요하다. 조작적 정의가 어렵고, 계량화된 지표가 부족하며, 실증적 일반화에 한계가 있다는 점에서 엄밀한 사회과학적 개념으로는 아

---

[10] 모어인커먼연구소(More in Common)의 미국 사회의 정치적 분열 양상을 분석한 〈Hidden Tribes: A Study of America's Polarized Landscape〉는 이와 관련된 의미 있는 자료이다. 이 보고서는 8,000명의 미국인을 대상으로 한 설문조사와 심층 인터뷰를 통해 미국인의 신념과 가치관을 기반으로 7개의 '숨겨진 부족들'(Hidden Tribes)이라 명명된 정치문화적 집단을 제시한다. 이는 각 집단의 세계관, 도덕적 가치, 사회적 태도 등을 반영하는 정치적 믿음체계에 대한 미국판 믿음의 지도라 할 수 있다.
〈Hidden Tribes: A Study of America's Polarized Landscape〉, More in Common, 2018.

직 미완이다. 또한 구조적 조건이나 제도적 요인을 충분히 반영하지 못할 수 있고, 단기적 정치 변화를 설명하는 데 한계도 있다.

그럼에도 불구하고 정치적 믿음체계는 기존의 이념 중심 분석이 포착하지 못한 정치의 감정적·정서적·심리적 차원을 해석할 수 있는 중요한 분석틀이다. 정치학뿐 아니라 사회심리학, 커뮤니케이션학, 인지과학 등 인접 학문과의 융합을 통해 더욱 풍부하고 정교한 설명력을 확보할 수 있으며, 오늘날의 정치 양극화, 정체성 정치, 극단화된 담론 구조를 이해하는 데 유용한 해석 도구가 된다.

2장

우리 정치의 믿음 지도

보수주의와 진보주의

우리 정치에서 작동하는 믿음체계의 지형도를 그린다면 어떤 풍경이 펼쳐질까. 보수주의와 진보주의라는 두 흐름을 중심으로 민족주의, 급진주의, 지역주의, 환경주의, 여성주의 등의 여러 정치적 믿음체계들이 교차하며 나타난다. 이들은 저마다 고유한 배역을 맡아, 때로는 협연하고 때로는 충돌하며 우리 정치의 복잡한 드라마를 빚어 왔다.

정치적 믿음체계는 복합적 인식 구조이지만, 그 기초적인 틀은 전통적 이념에서 비롯되는 경우가 많다. 그리고 이념은 가장 잘 체계화된 믿음체계의 한 유형이자 하위 구조이기도 하다. 보수와 진보, 자유와 평등, 시장과 국가라는 구도는 정치적 세계관을 조직하는 철학적 기반이었다. 그러나 오늘날 우리 정치에서 이념은 점차 그 영향력을 잃어가고 있으며, 진영의 상징, 정체성의 기호, 정치 동원의 레토릭으로 소비되고 있다. 이념은 여전히 정치 언어의 맨 앞자리에 등장하지만 현실 정치의 실제 동력은 정치적 믿음체계이다.

정치적 믿음체계는 이념을 포함하면서도 감정, 정체성, 도덕 판단, 문화적 배경, 인지 구조 등 정치 판단의 심층 요소들을 함께 통합하는 분석 단위다. 믿음체계는 이념을 대신하는 개념이 아니다. 오히려 감정, 도덕, 문화와 같은 요소들을 통해 이념이 현실 정치에서 어떻게 작동하는지를 더 깊이 이해하게 해주는 해석의 틀이다. 이러한 믿음체계의 관점에서 보수주의와 진보주의 이념이 우리 정치에서 어떤 역할을 해왔으며, 어떤 한계에 봉착했는지를 분석하고자 한다.

아울러 이러한 전통적 이념만으로는 우리 정치의 역동성과 다양한 정치 집단의 행동을 충분히 설명할 수 없다. 보다 구체적이고 생생한 정치적 믿음체계를 추출하는 노력이 필요하다. 그래야 정치 양극화와 극단적 대립에 접근할 수 있다. 우리 정치의 실제 동력은 이러한 이념형 믿음체계들의 왜곡된 변종들이다. 현실의 정치 세력들은 보수주의나 진보주의를 표방하지만, 실상은 적대적 대립, 배타적 정체성, 감정적 동원에 최적인 '종북좌파 망국론', '반민주세력 청산론', '냉소주의', '중도회의론' 같은 변종들을 통해 정치적 극단화를 재생산하고 있다.

이 변종 믿음체계들을 비판적으로 다루기에 앞서, 먼저 우리 정치에서 작동하는 이념들이 어떤 역사적 경험과 맥락 속에서 형성되어 왔는지 살피는 것은 충분히 의미가 있다. 변종의 원류를 이해하는 것은 왜곡이 낳은 폐해를 체감하는 데 도움이 되고, 현재 우리 정치 무대를 점령하고 있는 변종들에 대한 이해를 풍부하게 할 수 있다.

보수주의: 안정과 성장에 대한 믿음

보수주의conservatism는 인간 사회가 축적해 온 전통, 제도, 관습의 가치를 신뢰하며, 급진적 변화보다는 점진적 개혁과 질서 있는 발전을 통해 공동체의 안정과 지속 가능성을 추구하는 정치적·사회적 이념이다. 보수주의는 인간 이성과 제도의 한계를 전제로, 사회는 점진적 조정을 통해 발전해야 한다는 신중한 인식 위에 서 있다.

보수주의 핵심은 안정과 질서에 있다. 사회는 역사 속에서 형성된 질서를 바탕으로 유지되며, 전통은 공동체의 정체성과 안정을 지키는 기반으로 간주된다. 따라서 보수주의는 전통적 질서와 가치를 보호하고, 자유와 책임, 법치주의, 사회적 규범을 강조한다. 보수주의는 완성된 사회를 지향하지 않는다. 오히려 인간 조건의 불완전성과 현실의 복잡성을 인정하며, 이상주의보다는 신중한 현실 조정을 중시한다. 그 철학적 본질은 변화 자체를 거부하는 것이 아니라, 변화를 절제된 방식으로 관리하려는 태도에 있다. 보수주의는 개인의 자유와 공동체의 연속성 사이의 균형을 통해 사회적 안정과 도덕적 질서를 함께 추구한다.

한국 보수주의가 남긴 가장 분명한 정치적 성과는 자유민주주의 체제를 지켜냈다는 점이다. 물론 이 체제 수호가 보수주의만의 공로로 귀속되지 않으며 보수주의만이 해낼 수 있었다고 볼 수는 없지만, 그 기여와 역할 자체를 부정할 수는 없다.

그러나 한국의 보수주의는 서구의 보수주의와는 다른 궤적을 밟아 왔다. 한국 보수주의의 형성은 분단과 냉전, 권위주의 체제라는 특수한 역사적 맥락 속에서 진행되었다. 이 믿음체계에서 가장 강력한 축은 단연 반공주의다. 북한에 대한 적대감과 안보 불안은 한국 보수주의의 원형적인 감정이며, 정치적 정당성의 핵심 근거였다. 여기에 국가주의가 결합되면서 애국심이 집단 정체성의 중심 가치로, 권위주의 리더십은 안정과 질서의 상징으로 자리했다.

이 믿음체계는 박정희 체제 하에서 완성되고 제도화되었다. 군사정권의 산업화 성공은 '국가 주도 경제 성장'은 안보와 함께 보수의 가장 중요한 정당화 자원이 되었다.

1987년 민주화 이후, 보수주의는 자유시장경제와 작은 정부, 개인의 책임 강조라는 자유주의적 정치 언어를 수용했지만, 자유주의 철학과 정책을 현실에서 통합해 내지 못하고 있다. 현실에서는 부유층과 기득권의 이해를 옹호하고 안정지향적·현상유지적 노선을 지속해 왔다. 그리고 사회문화 영역에서 전통적 가치의 사회 규범을 강하게 유지하고 있다. 이로 인해 성역할 고정관념, 가부장제 옹호, 페미니즘에 대한 반감 등 시대착오적인 사고가 남아 있다.

한국의 보수주의는 정치 세력으로는 견고하지만, 철학적 깊이와 사상적 정합성 면에서는 놀라울 만큼 취약하다. 오랜 집권 경험과 대중적 기반, 언론 및 관료 집단과의 긴밀한 연결을 통해 정치 권력으로서의 영향력을 유지해 왔지만, 자신이 수호하고자 하는 가치에 대한 철학적·사상적 일관성과 축적을 보여 주지 못한다. 한국 보수는 자유주의나 보수주의 전통과의 사상적 연속성보다는 반공주의, 성장주의, 안정주의 같은 현실 정치의 필요에 따라 형성된 전술적 보수주의에 가까웠다. 그 결과 체제 수호와 질서 유지를 외치고 진보주의에 대한 비판은 넘쳐 나지만, 정작 어떤 체제를 어떤 철학으로 방어하고자 하는지에 대한 설명은 부실하거나 구호 수준에 머무르고 있다. 이러한 사상적 취약성은 오늘날 한국 보수주의가 진정한 가치 보수로 나아가기보다는, 종종 정체성과 감정 동원에 의존하는 보수 정치의 구조적 한계로 나타나고 있다.

보수주의는 현재 정치적으로는 국민의힘을 중심으로 세력화되어 있으나, 이들이 보수주의의 본령을 제대로 실천하고 있다고 보기는 어렵다. 이들에게 보수주의는 철학이라기보다 정치 전략이며 진보주의에 대한 관념적 대립항 수준으로 수용되어 있다. 정치적 정체성 강화와 지지층 결집이라는 전략 수준에서 보수주의가 발현되고 있는 것이다.

이 같은 사상적 취약성은 한국 보수주의의 역사적 기원과 무관하지 않다. 해방 이후 반공주의, 산업화 중심 국가주의, 권위주의적 리더십에 뿌리를 둔 한국 보수주의는 민주주의와 시민 자율성, 보수적 자유주의 전통의 축적 없이 국가 중심 질서를 정당화해 왔다. 따라서 보수 정치의 정당성은 점차 진보 진영의 실패로부터 얻는 반사이익에 의존하게 되었으며, 이는 보수 정치의 생명력을 소진시키는 자기 파괴적 경로로 이어지고 있다. '선진화담론', '동반성장론' 등의 보수 쇄신을 제기한 담론도 주류가 되지 못했다. 변화보다 기득권 질서 유지와 지지층 결속에만 몰두한 결과다. 1987년 체제 이후 보수 정치의 성과로 언급할 수 있는 사례는 제한적이다. 노태우 정부의 북방정책,

김영삼 정부의 금융실명제나 과거 청산 등이 거론되지만, 이조차도 냉전 해체와 민족주의 정서라는 외부 조건에 기댄 일회적 성과라 할 수 있다.

지난 수십 년간 보수주의는 반복적으로 정치적 실패를 경험했다. 이명박 정부의 성장 담론은 현실과 괴리된 과장으로 드러났고, 박근혜 정부는 국정농단과 무능으로 탄핵을 맞았다. 윤석열 정부는 '반국가세력 척결'이라는 시대착오적 적대 담론에 기대어 지지층을 동원했으나, 헌정질서를 파괴하는 비상계엄령 선포로 또다시 탄핵되었다. 이처럼 반복되는 실패에도 불구하고, 보수 진영은 스스로의 쇄신과 개혁을 외면하고 있다.

보수 진영 내부의 정체성 혼란과 분열도 심각한 수준이다. 국민의힘 내부에는 강경 보수와 온건 보수의 이념적 방향성과 리더십을 둘러싼 갈등이 반복되고 있다. 강경 보수는 여전히 반공주의, 민족주의, 권위주의적 문화에 기반한 전통적 보수성을 고수하고, 온건 보수는 자유주의적 경제관, 중도실용주의, 점진적 개혁을 주장하지만 정치적 영향력은 제한적이다. 이로 인해 보수주의의 정치적 메시지는 일관성을 잃고 전략적 혼란과 지지층 간 분열이 심화되면서 국민적 신뢰가 무너지고 있다. 결국 보수주의가 정치적 기능을 회복하려면 내부의 믿음체계 분화를 조정하고 방향성을 재정립해야 한다.

아울러 한국의 보수주의는 사회 전반에 걸쳐 있는 구조적 위기를 돌파할 설득력 있는 비전과 대안을 제시하지 못하고 있다. 과거의 규범적 언어를 반복할 뿐 변화된 시대에 적합한 가치의 재해석과 정책적 상상력을 보여주지 못하고 있다. 자유, 질서, 책임, 안보 등의 보수주의 가치는 여전히 유효할 수 있지만, 이를 바탕으로 구체적인 미래 전략과 현실적 국가 과제에 대한 실질적 해법을 담은 정치 담론을 전혀 생산하지 못하고 있다. 특히 성장 중심의 경제 정책은 불평등과 고용 불안정, 저성장 구조가 고착화된 현실에서 한계가 분명하다.

보수주의는 우리 사회가 직면한 민주주의 위기, 사회적 분열, 저출생과 고령화, 지방소멸, 불평등, 기후위기 등 복합적 위기에 대해 독자적인 기획을 거의 내놓지 못하고 있다. 이는 보수주의의 한계도 있겠지만, 보수주의를 자신의 정치적 정체성이라고 말하면서도 그 철학과 정책을 제대로 구현하지 못하는 한국 보수 정치 세력의 무능과 직결된다. 무엇보다 보수는 부패와 무능, 권위주의로 점철된 과거 정치의 유산을 제대로 청산하지 못한 채, 당내 민주주의와 리더십 쇄신에 실패하고 있다. 그 결과 보수는 여전히 과거에 갇혀 있으며, 변화에 대한 대중적 기대를 외면하고 있다.

세계적으로도 보수 정당들은 전환의 기로에 서 있다. 유럽에서는 극우 포퓰리즘과 전통적 보수 간의 분열이 가시화되었고, 미국에서는 '트럼피즘'으로 전통적인 공화당의 철학이 흔들리고 있다. 그러나 일부 국가에서는 실용적 보수주의, 녹색 보수주의, 공동체 중심의 보수 철학으로 전환을 모색하는 흐름도 등장하고 있다. 이에 비해 한국 보수주의는 여전히 과거의 정서와 위기 담론에 머무르며, 미래 사회의 변화에 능동적으로 대응하지 못하고 있다.

이제 보수는 무능과 무책임을 털어내고 시대에 맞는 가치의 재해석과 실용적 정책 역량을 복원함으로써 다시금 국민의 신뢰를 얻어야 할 때이다. 철학의 정립, 신념의 갱신, 정체성의 유연한 확장, 미래 세대를 설득할 수 있는 정책적 비전이 마련되지 않는다면 보수주의는 하나의 정치 세력으로 명맥을 이어갈 수는 있겠지만, 더 이상 우리 정치를 주도하는 역할은 할 수 없을 것이다.

그러나 문제는 이러한 변화 시도가 반복적으로 좌절된다는 데 있다. 보수주의 내부에 깊숙이 자리 잡고 있는 반공주의적 안보 담론, 전통주의적 사회문화 가치, 권위주의적 리더십에 대한 신념이 보수적 대중의 정서와 강하게 결합되어 있기 때문이다. 이 정서는 보수 정치의 변화를 가능하게 할 개방성과 실용성, 다양성과 유연성에 대한 조직적 저항으로 작동하고 있다.

한국 보수주의는 결정적인 기로에 서 있다. 극우적 배타성과 감정 정치에 머무를 것인가, 아니면 실용주의와 개혁성, 사회적 포용성을 수용하며 새로운 보수로의 전환을 시도할 것인가. 이 선택은 보수주의 미래를 결정하는 문제만은 아니다. 우리 정치 전체의 구조와 양극화 극복, 정치적 다양성을 좌우할 핵심 변수다. 지금, 보수주의는 스스로를 개혁하거나, 스스로를 소멸시키거나 둘 중 하나를 선택해야 한다.

진보주의: 변화의 열망을 담은 믿음

진보주의progressivism는 사회의 구조적 모순과 불평등을 인식하고, 평등, 자유, 정의의 가치를 실현하기 위해 제도적 개혁과 공동체의 역할을 중시하는 정치적·사회적 이념이다. 진보주의는 차별과 억압, 불평등과 같은 기존 질서의 문제를 제도 개혁과 공공의 개입을 통해 개선함으로써, 보다 정의롭고 포용적인 사회를 지향한다. 그 철학적 기반에는 '기존의 사회 구조는 고정불변이 아니며, 개선 가능한 대상'이라는 인식이 자리하고 있으며, 이에 따라 약자와 소외된 집단의 권리 회복과 사회적 연대 확대에 중점을 둔다. 또한 시장의 자율성보다는 공공성, 복지, 교육, 보건 등 국가의 책임 있는 개입을 정책 방향으로 삼는다. 기본적으로 역사에 대한 낙관적 관점을 바탕으로, 도덕적 정당성과 정의 구현을 정치 실천의 핵심 동력으로 본다.

세계적으로 진보주의는 20세기 중반 이후 복지국가의 기반을 닦았고, 최근에는 불평등 해소, 젠더 정의, 생태 전환, 디지털 권리 보장 등으로 의제를 확장하고 있다. 북유럽의 사회민주주의, 독일 녹색당의 생태사회정책, 미국 민주당 내 진보파의 '그린 뉴딜'과 같은 사례는 진보주의가 시대 변화에 대응하며 재구성되고 있음을 보여준다. 반면 일부 국가에서는 진보 정당이 포퓰리즘의 도전에 밀리거나 이념적 분열을 겪으며 위기를 맞고 있기도 하다. 이러한 흐름 속에서 한국 진보주의도 정체성 재정립과 정책적 구체화가 요구되고 있다.

한국에서 진보주의는 단일한 이념적 체계보다는 역사적 맥락에서 형성된 개혁주의 정치 성향으로 자리 잡아 왔다. 군사독재와 권위주의에 저항한 민주화운동의 역사에 그 뿌리를 두며, '진보'라는 개념은 정치적 맥락에 따라 상대적인 의미로 사용되어 왔다. 민주당을 중심으로 한 정치 세력은 개혁을 내세우며 진보주의 외연을 넓혀 왔고, 보다 명확한 이념적 지향을 가진 정의당 등 소수 진보 정당은 원칙적이고 급진적인 개혁 노선을 견지해 왔다. 그러나 진보 정당은 강고한 양당제 구조와 선거 제도의 제약 속에서 영향력이 제한적이었다. 한편 1980년대 민중운동 연장선상에 있는 인권·노동·환경·여성운동 시민사회 그룹들은 보다 전투적이고 일관된 정치적 목표와 실천을 통해 사회적 불평등 문제와 맞서고 있다.

진보 진영은 스스로를 진보주의자로 명명하거나 그 이념을 전면에 내세우는 것을 주저해 왔다. 이는 권위주의 시절의 탄압과 정치적 낙인을 피하려는 전략이자, 정치적 소구를 대중의 눈높이에 맞추려는 정치적 고려였다. 그럼에도 불구하고 민주화운동의 가치와 개혁 정치의 일관된 실천은 결과적으로 한국 진보주의의 사상적 토대를 구성하며, 사실상 진보주의의 이념으로 기능해 왔다.

한국 진보주의는 세 가지 핵심 요소를 중심으로 정치적 믿음체계를 형성해 왔다. 먼저 민주주의와 인권 중심의 정체성이다. 진보주의는 민주주의의 정당성과 시민의 권리에 대한 확고한 신념을 토대로 한다. 5·18광주민주화운동과 6월항쟁은 진보 진영이 스스로를 '민주주의 수호자'로 자기 규정하게 한 역사적 기반이다. 이러한 믿음체계는 정치적 자유의 확대, 참여민주주의, 공정한 선거 제도 개혁 등 제도적 민주주의의 심화를 지향한다.

또한 사회적 평등과 경제 정의의 추구도 진보 진영의 정치적 목표이다. 구조적 불평등 해소와 약자 보호는 진보주의의 출발점이다. 진보 진영은 재분배 강화, 보편적 복지, 노동시장 개혁을 통해 국가의 적극적 개입을 정당화하며, 비정규직, 주거 불안, 청년 실업 등의 위기에 대응하고자 한다. 남북관계 개선, 반일 정서, 한미동맹 비판 등도 진보 진영의 민족주의적 경향과 맞물려 보수주의와의 뚜렷한 차이를 형성해 왔다.

진보 진영은 도덕적 정당성과 정치적 우월성에 대한 자기 인식이 매우 강하다. 자신을 도덕적 정당성과 역사적 정통성을 갖춘 정치 세력으로 인식하며, '서민'과 '민중'을 대변하는 정치 주체로 자임해 왔다. 그러나 이러한 인식은 때때로 정치적 반대 세력을 '악'이나 '반민주'로 규정하는 이분법적 태도로 나타나며, 우리 정치의 양극화와 진영 대립을 심화시키는 요인으로 작용하기도 한다.

현재 진보 진영을 주도하는 민주당은 실제로 진보주의 이념 정당으로 보기 어렵다. 당의 정체성, 정책 기조, 당내 권력 구조, 가치 추구 전반에 걸쳐 이념적 일관성과 실천적 기준이 충족되지 않는다. 물론 민주당 스스로도 자신을 진보주의 이념 정당으로 인식하지 않고 '개혁', '중도', '민주세력'이라는 포괄적 수사를 사용한다. 민주당은 진보주의가 강조하는 사회경제적 불평등 해소, 복지 강화, 노동권 보장, 생태 전환 등에서 지속적이고 구조적인 개혁 의지를 보여주지 못하고 있다. 오히려 부동산 정책, 공공개혁, 노동 유연화 등에서 기존 질서 수용에 가까운 태도를 취하고 있다. 김대중, 노무현, 문재인 정부에서 실질적 진보 정책은 남북관계 외에는 매우 제한적이었다.

민주당은 과거 권위주의와의 투쟁 경험, 민주화운동 계승 정당이라는 도덕적 정통성을 정치적 자산으로 삼고 있지만, 이것이 정치적 행동이나 정책 판단의 일관된 진보 이념으로 귀결되지는 않는다. 특히 민주당은 선거 정당, 동원 정당의 특성을 강하게 갖는다. 이념 교육, 정책 토론, 당내 정책 노선 경합보다는 조직 충성, 지역 기반, 인물을 기점으로 한 파벌 정치가 당내 역학을 지배한다. 시민사회운동과의 긴밀한 연계도 약하다. 정의당, 녹색당 등과는 달리 노동, 젠더, 생태, 인권 이슈에 대해 일관된 연대보다는 정치적 유불리에 따른 전략적 대응을 해왔다.

정의당과 진보당은 진보주의 이념을 보다 명확하게 실천하는 정당으로 사회적 약자 보호, 불평등 해소, 민주주의 심화, 생태 전환, 노동 중심의 사회 정의 실현 등을 핵심 가치로 삼고 있다. 정의당은 지향 이념이 사민주의로 진보주의의 이념적 본령에 가장 가깝다. 평등, 복지, 인권, 젠더 정의, 생태주의를 핵심 가치로 정책 대안 세력을 자임하면서 노동, 환경주의, 페미니즘, 기후위기, 차별금지법 등 가치 중심 진보를 강조하고 있다. 진보당은 민중주의적 계열의 급진 진보주의에 가깝다. 노동 중심, 반재벌·반자본, 민중 주체성, 통일 지향을 핵심 가치로 삼고 있다. 계급 문제와 반자본주의 노선이 중심축이며 특히 북한 관련 노선에서 매우 민족주의적 성격이 강하고 북한에 대한 우호적 태도를 보인다. 하지만 두 정당 모두 제도 정치 진입 장벽과 이념적 폐쇄성으로 인해 정치적 영향력 확대에 한계를 겪고 있다.

오늘날 우리 사회에서 진보주의는 문화적 가치나 불평등 인식 면에서는 널리 공유되고 있지만, 정치적으로는 진보주의 정치를 실감하기 어렵다. 그 이유는 진보주의가 이상과 현실 사이의 괴리를 극복하지 못하고, 정책과 담론으로의 구성력이 부족하기 때문이다. 진보 정치 세력은 불평등 해소와 복지국가 실현을 내세우지만, 시장과 국가의 역할을 현실적으로 조정하지 못했고, 현실적 정책 설계와 실행 전략은 빈약했다. 또한 정치·사회 개혁에서도 보수의 견제를 의식한 타협적 태도와 전략적 후퇴가 반복되었다.

오늘날 한국 진보주의는 새로운 정치적 정당성과 설득력을 구축해야 할 전환점에 서 있다. 진보주의는 오랫동안 분배 정의, 복지 확대, 노동권 보호, 공공성 강화 등의 가치를 중심으로 정치적 정당성을 구축해 왔다. 그러나 이러한 가치들이 현실의 경제 정책으로 구체화되는 데는 지속적인 한계를 보여 왔다. 진보는 분배 정의를 강조하면서도, 이를 어떤 생산 구조와 사회 시스템 위에 구축할 것인지에 대한 비전이 부재하다. 세금과 규제를 통해 기존 시장 구조를 보완하는 방식은 점점 정책적 설득력을 상실하고 있다.

노동 중심 정책의 경직성도 한계이다. 여전히 조직 노동 중심의 정책 기조에 머무르며, 플랫폼 노동, 프리랜서, 청년 비정형 고용 문제 등 새로운 노동 현실에 효과적으로 대응하지 못하고 있다. 아울러 복지국가에 대한 막연한 이상주의적 태도도 문제다. 복지국가에 대한 요구는 강하고 기본소득까지 이야기하고 있지만, 제도 설계와 재정적 지속 가능성에 대한 구체적 논의는 빈약하다. 특히 조세 구조 개편, 사회보험 재구성, 공공 서비스 확충을 위한 현실적인 재정 전략이 결여되어 있다.

진보는 더 이상 '정의로운 비판자'의 위치에 머물러서는 안 되며, 성장과 분배를 동시에 견인할 수 있는 실질적 경제 비전을 정립하고 그것을 집행할 수 있는 정책 역량을 보여주어야 한다. 그것이 진보이든 보수이든 우리 사회의 구조적 변화 앞에서 생산·고용·소유·거버넌스 구조 전반에 대한 대안적 설계를 요구하고 있다. 이에 대한 답이 진보주의에서 제시되지 못한다면 사회는 오히려 보수주의의 성장 담론에 더 귀 기울이게 될 것이다. 아울러 기후위기, 고령화, 지역소멸 등 새로운 정치·사회적 의제에 대한 선도적 의제 설정과 해법 제시를 주도해야 한다.

진보는 이제 과거의 정통성과 도덕적 우월성에만 기대지 않고 현실을 설계할 능력과 역량을 보여주어야 한다. 진보는 '정의로운 분배의 설계자'로서 거듭나야 한다. 이러한 재구성 없이는 사회 개혁의 중심축이 될 수 없으며, 대중과의 괴리를 좁히지 못한 채 점차 정치적 설득력을 상실하는 길로 나아가게 될 것이다.

이념의 조연들

보수주의와 진보주의가 우리 정치의 믿음 지도에서 거대한 산맥과 강줄기를 이룬다면, 그 주변에는 다양한 이념적 지향과 정체성 기반 또는 신념 확장형 이념들이 분포하며 전체 지형을 더욱 복잡하고 역동적으로 구성하고 있다. 이들은 독자적인 의제와 고유한 세계관으로 현실 정치에 개입하기도 하지만, 보다 일반적인 양상은 보수주의 혹은 진보주의와 결합하거나 종속되는 방식으로 정치적 영향력을 발휘하고 있다. 이러한 이념들은 정치의 중심부에서 독립적인 헤게모니를 형성하기보다는, 보조적이면서도 때로는 결정적인 방식으로 정치적 동원과 정체성 형성에 기여한다.

민족주의: 단일 민족 신화와 역사적 기억

민족주의nationalism는 공통의 언어, 역사, 문화, 혈통을 공유하는 '민족'을 정치적 정체성으로 삼고 하나의 자율적 공동체로서 국가를 구성하거나 유지해야 한다는 정치 이념이자 정서적 태도이다. 이는 역사적 경험과 사회적 기억, 집단적 서사를 바탕으로 정치적 태도와 행동을 이끄는 인식틀로 작용해 왔다. 민족주의는 역사적으로 강력한 사회·정치적 동원력을 발휘해 온 '이념'보다 강한 '이념'이자, 민족국가 수립의 정당성을 제공하고 민족 구성원을 정치적 주체로 묶어세우는 결정적 힘이었다.

우리의 민족주의는 혈통적 동질성의 신화, 역사적 고난과 극복의 기억이 뭉친 굳건한 감정 구조[11]이기도 하다. 한국의 민족주의는 일제강점기 독립운동, 해방과 분단, 냉전 체제라는 역사적 맥락 속에서 형성되어 왔다. 반일, 반공, 자주, 통일이 민족주의의 핵심 가치로 자리 잡았으며, '민족 감정'은 정치 동원의 정당성과 수단으로 활용되어 왔다. 민족의 역사적 서사는 정치적 정체성을 구성하고, 위기와 갈등 상황에서는 동원의 도구로 기능하며 특정 정치적 입장을 정당화하는 핵심 자원이 되었다.

민족주의는 보수와 진보를 가리지 않고 강력한 정치적 정체성의 토대가 되어 왔다. 남북관계, 외교 정책, 경제보호주의, 다문화 정책 등 주요 의제에서 민족주의는 여전히 반복적으로 작동하고 있다. 특히 독도·위안부·강제징용 문제와 중국의 동북공정·문화적 원류 논쟁 등 역사 인식 문제에서 국민 감정 구조의 바탕이 되고 있다.

또한 민족주의는 보수와 진보 양진영에 서로 다른 방식으로 정치적 정당성을 제공한다. 보수 진영은 민족주의를 반공주의와 국가 정체성으로 연결해 왔다. 안보, 한미동맹, 자주국방, 경제 성장, 국내 기업 보호, 외국 자본 견제 등에서 민족주의를 적극 활용한다. 진보 진영은 민족주의를 한민족 공동체 인식, 자주외교, 경제적 자율성과 연계해 왔다. 양진영 모두 민족주의라는 감정 동원 장치를 활용하지만, 외교·안보의 지향과 대외 정책의 기조에서 서로 다른 전략을 보여 준다.

민족주의는 현실 정치에서 여전히 유효한 동원 장치로 기능하고 있다. 선거 국면이나 외교 안보 위기 상황에서 민족주의는 감정적 동원과 정치적 프레임으로 신속하고 강하게 소환된다. 친일파, 토착왜구, 친미사대주의, 반중 등의 거칠고 감정적인 수사들이 빈번하게 사

---

[11] 감정 구조(emotional structure)란 감정이 단순한 개인의 반응이 아니라, 사회적 맥락 속에서 일정한 방식으로 인지되고, 조직되며, 표현되는 감정의 패턴과 체계를 의미한다. 감정은 특정 서사나 가치, 규범과 결합되어 정치적 동원, 집단 정체성, 문화적 기호로 작동하며, 이러한 반복적 작동 방식이 구조를 형성한다.

용되며, 대중 동원과 상대 진영 공격의 효과적 수단이 된다. 이러한 동원은 보수든 진보든 공통된 폐해를 야기한다. 민족 감정이라는 정당성에 호소하며 '반민족' 프레임의 가동은 이성적 토론의 실종과 공론장의 심각한 왜곡을 초래한다.

정치권의 민족주의 동원과는 달리, 사회 전반에서 민족주의의 영향력은 점차 약화되는 추세다. 분단 고착화와 북한의 핵무장은 민족 공동체 의식을 자극하기보다 안보 불안감을 증폭시키며, 통일을 중심으로 한 민족주의 서사와 담론의 설득력을 약화시켰다. 더불어 세계화된 경제 구조와 다문화사회로의 이행은 민족주의 영향력 약화를 가속화하고 있다.

오늘날 우리 사회는 다문화사회로의 전환, 글로벌 네트워크의 확장, 이주와 이동의 일상화 등 정체성의 다층성과 복합성을 경험하고 있다. 과거와 같은 단일 민족, 단일 문화 중심의 배타적 정체성은 더 이상 강고하지 않다. 혈통 중심의 배타적 민족주의는 점차 설득력을 잃어가고 있으며, 특히 젊은 세대에게는 영향력이 미미한 수준이다.

그럼에도 불구하고 최근에는 이민자, 이주노동자, 난민 문제와 관련해 배타적 민족주의 정서가 다시 부상하고 있다. 이처럼 민족주의는 퇴조하는 동시에, 특정 이슈를 계기로 재활성화되기도 하는 복합적 양상을 보인다. 따라서 개인이 여러 정체성 층위(국가, 지역, 문화, 성별, 계급 등)를 유연하게 받아들이며, 상호존중과 공존을 지향하는 태도인 포용적 정체성이 요구되는 시점이다.

이제 민족주의를 바라보는 새로운 관점이 필요하다. 민족주의를 단순히 과거의 유산으로 치부하기보다, 그것의 정치사회적 작동 방식을 재해석하고 재구성해야 한다. 민족주의는 구성 방식에 따라 공동체의 통합과 연대, 공존의 문화적 기반이 될 수 있으며, 세계화된 경제 질서 속에서는 국가 공동체의 경제적 자율권을 지키는 저항 기제로 작동할 수도 있다.

우리의 정체성 역시 단일 민족 중심을 넘어서, 보편성과 상호책임성, 초국적 연대를 수용하는 세계시민적 정체성으로 확장될 필요가 있다. 이는 새롭게 논의되고 있는 '세계시민'global citizenship 담론과도 맞닿아 있다. 세계시민 담론은 인권, 환경, 평화, 정의와 같은 보편적 가치를 추구하며, 국경을 넘어 윤리적 주체로서의 시민상을 지향한다. 이는 기후변화, 전쟁과 평화, 빈곤 등 인류 공동의 과제에 능동적으로 대응해야 하는 윤리적 책임의 문제이기도 하다. 민족주의의 새로운 정체성을 모색하는데, 세계시민적 관점은 배타성과 갈등을 넘어서는 중요한 대안이 될 수 있다.

급진주의: 혁명적 열망의 소진과 대안 부재

급진주의radicalism는 기존 체제와 사회 구조를 근본적으로 변혁하려는 정치적 경향 또는 사상적 입장이다. 여기에는 사회의 근본 질서를 급격하게 재구성하고자 하는 이상적 모델이 있고 이를 향한 정치적 열망과 사회운동의 동력이 함께 작동한다.

한국에서 급진주의는 민주화운동, 학생운동, 노동운동, 사회운동 등 다양한 역사적 장면에서 등장해 왔다. 오늘날까지도 좌파 급진주의(반자본·반미·사회주의적 경향), 우파 급진주의(극우 민족주의·반자유주의적 경향) 양쪽 모두에서 다양한 형태로 나타나고 있다.

한국의 급진주의는 일제강점기의 독립운동의 일부 흐름에서 출발하여, 군사독재에 대한 저항한 민주화운동, 노동운동, 학생운동을 통해 뿌리를 내렸다. 이 시기 마르크스주의, 민족해방NL, 민중민주주의 PD 등 급진 좌파 담론이 확산되며 반자본주의, 반미주의, 노동해방 등 급진적 의제와 결합했다.

좌파 급진주의는 이후 진보정당운동, 노동·시민사회운동, 반세계화운동 등으로 연결되었으며 기본소득, 대기업 해체, 종전협정 체결,

한미동맹 해체, 생태사회주의, 급진적 페미니즘 등 다양한 주장으로 확장되었다. 하지만 이러한 흐름은 대중에게 수용되지 못했고 제도적 대안없이 주장되어 점차 주변화되었다.

한편, 우파 급진주의는 최근에 보수 정치 위기에서 정치적 에너지를 얻어 부상하고 있다. 극우 민족주의, 반이민·반다문화 정서, 극단적 반공주의, 반페미니즘, 종교적 보수주의가 주창되며 기존 보수주의보다 훨씬 더 배타적이고 반체제적인 성향을 드러낸다. 자유민주주의의 제도적 절차마저 부정하는 이 흐름은 포퓰리즘적 정치 선동과 음모론으로 지지층을 결집시키고 있다.

보수와 진보의 각 진영에 포진한 급진주의 세력은 때때로 제도권 정치와 전략적 연대를 시도해 왔다. 진보 진영에서는 급진적 노동·사회운동 세력과 연합해 개혁 동력을 확보하려 했고, 보수 진영에서는 극우적 민족주의 정서를 자극해 강성 지지층을 결집시켰다. 그러나 급진주의는 대중성과 실천 전략의 부족, 타협 불가능성, 이념적 경직성 때문에 제도권 정치에서의 독자 세력화에는 실패해 왔다.

좌파 급진주의는 현실과 유리된 이념적 순수성과 제도적 대안 부재로 점점 동력을 잃고 있으며, 일부는 여전히 북한에 대한 우호적 태도와 민족주의적 역사관에 매달리고 있다. 우파 급진주의는 배타적 민족주의와 반공주의에 의존하면서, 극우 포퓰리즘의 형태로 탈주하고 있다. 이들 모두 내부적으로는 순수성 경쟁, 타협 거부, 주류 정치 부정이라는 특징을 보여준다.

우리 사회에서 더 이상 이념 중심의 급진주의는 나타나기 어려울 것이다. 이는 단지 기득권 체제의 견고함이나 사회적 분위기 때문만은 아니다. 급진주의의 쇠퇴는 그 이념이 가진 구조적 한계와 대안의 부재에 기인한다. 현실 정치와 유리된 이념적 경직성으로 인해 복잡한 사회 문제에 대한 유연한 대응보다 이념적 정당성과 선언에 집착하기 때문이다. 급진주의는 체제 비판에는 능하지만, 실행 가능한 정책 대안이나 현실적인 전환 전략은 부족하다. 아울러 급진주의는 대중을 '계몽'의 대상으로 보거나 체제에 안주하는 무력한 이들로 비판하며 대중과의 괴리감만 키우고 있다. 이들의 정치 전략도 제도 내 진입, 운동의 지속성, 연대의 유연성 등을 고려하지 않은 채 정체성과 이념 수호에만 몰두하고 있다.

급진주의는 정치·사회적 의제와 정체성 기반의 급진적 정치 행태로 나타날 수 있으며, 때로는 기존 정치 시스템을 전면적으로 부정하거나 혹은 그것을 긍정적으로 초월하려는 시도로 구현될 수 있다. 또한 제도 정치의 한계를 넘어 직접민주주의의 강화와 시민 참여의 확대를 요구하며, 형식화된 민주주의가 수용하지 못한 사회적 갈등과 위기를 극복하려는 정치적 에너지로 작동할 수도 있다.

우리 사회는 구조적 불평등과 양극화, 세대·계층 간 격차, 지역소멸, 기후위기 등 다층적 위기 속에서 근본적인 변화와 체제 전환에 대한 갈망이 여전히 존재한다. 이와 같은 갈망은 급진주의적 상상력을 통해 제도 밖의 대안 또는 제도 너머의 정치적 상상으로 표현되며, 그 자체로 기존 질서에 대한 급진적 변혁의 근거가 된다. 그러나 급진주의가 정치적 대안으로 기능하기 위해서는 단지 급진성이나 구조적 모순에 대한 인식에 머물러서는 안 된다. 변화의 방향을 설득력 있는 정치 언어로 구조화하고, 직접민주주의의 이상을 실현 가능한 정치 전략으로 전환하며, 감정과 논리를 아우르는 공감의 정치로 구체화해야 한다. 그렇지 않으면 급진주의는 대중의 불만과 분노를 선동하는 포퓰리즘의 언어로 전락할 위험이 있다. 실제로 급진적 담론은 반정치적 정서나 반엘리트주의와 결합해 민주주의의 절차와 규범을 위협하는 정치적 감정의 극단화로 이어질 수 있으며, 이는 결과적으로 급진주의의 몰락은 물론 정치 전반의 실패를 불러 올 수 있다.

따라서 급진주의가 대중의 불만을 단순히 표출하는 정서적 반응에 머무르지 않고, 비판적 상상력과 실천 가능성 사이의 긴장을 창조적으로 조율하려는 정치적 노력으로 나아갈 때, 비로소 급진주의는 우리 사회의 근본적 전환을 이끄는 의미 있는 정치적 동력으로 역할할 수 있다.

급진주의는 언제나 전환의 가능성과 파열의 위험을 동시에 가지고 있다. 급진주의는 대안의 언어가 될 수도, 선동의 도구로 전락할 수도 있다. 그 미래는 무엇을 부수느냐보다 무엇을 어떻게 세우려 하는가에 달려 있다.

지역주의: 균열의 감정, 정체성의 인질

지역주의regionalism는 특정 지역에 대한 소속감이 정치적 정체성으로 고착되어 정치적 선택과 행동의 일관성과 감정적 충성심이 나타나는 집단적 태도와 사회적 현상을 말한다. 이는 집단적 정체성과 정치적 태도를 형성하는 구조적 인식틀로 작동해 왔다. 정치가 만든 균열의 감정 구조이자 정치적 정체성이 차별과 혐오 정서의 인질로 잡혀있는 병리 현상이기도 하다.

우리 정치에서 지역주의는 오랜 기간 강력한 동원 기제이자 정치 권력의 기반이었다. 군사정권 시기 특정 지역 출신 정치 지도자들이 중앙 권력을 장악하고 지역별 불균형발전이 지속되면서 지역주의는 제도화되었다. 이는 민주화 이후에도 쉽게 해소되지 않았다. 영남과 호남을 중심으로 형성된 정치적 대립 구도는 정당 지지와 투표 행태에서 뚜렷한 정치적 편향성을 보여 주었다.

지역주의는 정치적 배타성, 타 지역에 대한 적대감, 지역 간 불균형에 대한 상징적 불만이 결합되면서, 우리 정치에서 갈등의 구조화와 정책 논의의 왜곡을 낳는 주요 원인이 되었다. 특정 지역 출신이라는 이유만으로 지지를 받거나 거부되고 정책보다 출신지가 정당 선택의 기준이 되는 현실은 민주주의 발전에 심각한 장애물로 작용해 왔다.

최근 들어 전국 차원의 선거에서 지역주의의 영향력은 점차 약화되고 있다. 수도권을 중심으로 정책과 이념, 후보자의 역량과 실용성이 투표 기준으로 부상하고 있으며, 충청권의 표심이 '캐스팅보트' 역할을 하면서 지역주의의 결정력이 희석되고 있다. 특히 젊은 세대를 중심으로 정책적 실용성과 개인의 삶에 대한 직접적 영향을 중시하는 투표 행태가 확산되면서, 정체성 중심의 지역주의 정치가 점차 설 자리를 잃고 있다.

이제 지역주의는 새로운 형태의 사회적 갈등으로 전환되어 작동하고 있다. 수도권 집중 현상이 심화되고 지방의 인구 감소와 경제 침체가 심각해지면서, 과거의 '영남 대 호남' 대립은 '수도권 대 지방'이라는 새로운 갈등 구도로 재편되고 있다. 이 과정에서 지역주의는 정치적 정체성보다 경제적 소외감과 구조적 불균형에 대한 불만으로 표현되고 있으며 균형발전, 수도권 규제, 지방분권 등과 맞물린 새로운 정치 의제로 부상하고 있다.

그럼에도 불구하고 지역주의는 여전히 진영에 상관없이 선거 국면마다 정치적 동원의 수단으로 활용되고 있다. 지역 정체성에 호소하는 감성적 정치 수사와 특정 지역을 대변하겠다는 구호가 반복되며, 정책 경쟁보다 지역 대립을 자극하는 전략이 재생산되고 있다. 이는 합리적인 정책 토론을 저해하고, 실존하는 사회경제적 문제를 지역 차원의 감정 문제로 은폐하거나 왜곡하며, 정치적 책임 회피에 이용되고 있다.

지역주의는 특정한 역사적 조건 속에서 형성된 시대적 산물이지, 지속되어야 할 정치적 가치나 우리 정치를 이끌어 가는 데 필요한 정치적 정체성이 아니다. 우리 정치가 한 단계 도약하기 위해서는 지역주의를 동원의 수단으로 활용하는 정치적 관성과 구태를 단호히 벗어나야 한다. 정책 중심의 정치 문화 정착, 선거 제도 개혁, 지역 균형 발전 전략의 추진을 통해 지역주의를 극복해 가야 한다.

정치적 정체성의 기반을 출신 지역이 아닌, 가치와 정책, 공익과 미래 비전에 두지 않는 한, 우리 정치의 실질적 발전은 여전히 멀다. 지역주의의 극복은 단지 낡은 투표 관행의 해체가 아니라, 정치가 진영을 넘어 공통의 미래를 설계할 수 있는 성숙함에 이르렀다는 증표가 될 것이다.

환경주의: 삶의 방식의 전환 요구

환경주의environmentalism 또는 생태주의ecologism는 생태계의 위기를 인간 사회의 생존 위기로 인식하고, 생태계의 보전과 회복을 통해 지속 가능성을 실현하려는 사상적·정치적·윤리적 운동이다. 이는 환경 문제를 단지 과학기술적 차원이 아닌 사회적·정치적·윤리적 전환의 과제로 바라보며, 인간과 자연의 관계를 근본적으로 재구성하려는 시도이기도 하다.

오늘날 환경주의는 단순한 환경보호운동을 넘어, 전 지구적 문명 전환의 흐름 속에서 인류의 생존 전략으로 인식되고 있다. 기후위기라는 문명사적 도전에 직면하여 환경주의의 정치적 영향력은 점차 확대되고 있다. 이미 여러 국가에서 녹색당 등 환경 정당이 등장해 기후위기 대응, 재생에너지 전환, 녹색산업 기반 구축과 같은 핵심 의제를 주도하고 있다.

그러나 우리 사회에서 환경주의는 아직 뚜렷한 정치 세력으로 정착하지 못한 상태다. 정의당 등 일부 진보 정당이 환경 의제를 수용하고 있으나 지속적인 정치적 기반으로 발전하지 못한 채, 정치의 주변부에 머물러 있는 것이 현실이다.

한국에서 환경주의는 1980년대 산업화에 따른 환경 파괴에 맞선 시민운동에서 비롯되었으며, 1990년대 이후 국제 환경 규범의 도입과 제도화 과정을 거치며 점차 정치화되었다. 그러나 탄소중립, 개발

제한, 에너지 전환 등 다양한 환경 의제는 여전히 정치적·경제적 우선순위에서 밀려나 있으며, 환경 문제가 핵심 정책 의제로 자리 잡지 못하고 있다.

환경주의가 우리 사회의 현실 정치에서 구체화되지 못하는 이유는 세 가지로 설명될 수 있다. 먼저, 경제 성장 중심 패러다임과의 구조적 충돌이다. 탈원전, 탄소세, 신재생에너지 확대 등 환경주의적 정책은 산업계의 비용 부담, 경쟁력 약화 우려와 충돌한다. 성장만이 최고의 가치로 인식되어 온 우리 사회에서 성장과 개발 정책을 넘어서는 산업 구조를 바꾸는 선택은 아직은 폭넓은 지지를 받지 못하고 있다. 여기에 더해 우리의 일상생활에서 여러 이해관계의 충돌이나 환경 정책이 가져올 단기적 고통에 대한 시민들의 저항도 무시할 수 없는 문제이다.

또한 설득력 있는 정책 대안과 전환 시나리오가 아직 마련되어 있지 못하다. '탄소중립', '지속 가능성', '그린뉴딜' 등의 의제는 거의 모든 정당이 언급하지만, 선거 전략이나 핵심 정책으로 밀고 나가는 경우는 없다. 특히 에너지 전환이나 탈원전 정책은 충분한 사회적 합의나 장기적 비전 없이 단기 성과 중심으로 추진되어 정치적 신뢰를 얻는 데 한계를 드러냈다.

환경주의를 일관성 있게 추진할 정치적 동력도 부족하다. 환경 이슈는 시민사회에서 꾸준히 제기되어 왔지만, 이를 실질적인 정치 의제로 끌어갈 수 있는 정치 세력화에는 실패했다. 이로서 복지, 경제, 안보 등 다른 이슈에 밀려 환경 문제는 선거와 정책 결정에서 항상 후순위로 밀려 부차적 의제로 남아 있다.

환경주의 자체가 지닌 한계 역시 숙고할 지점이다. '지속 가능성'과 '생태적 전환'은 도덕적으로 강한 호소력을 지닌 이상적 비전이지만, 복잡하게 얽힌 현실의 경제 시스템, 소비 문화, 기술 패러다임을 실제로 어떻게 변화시킬 것인지에 대한 구체적인 이행 전략은 여전히 부족하다. 환경 담론은 종종 정책으로 구체화하기 어려운 추상적 수준에 머물며, 실천 가능한 경로를 제시하지 못하는 경우가 많다. 이러한 한계는 환경주의가 과연 자본주의의 '무한 성장' 논리를 대체할 수 있는 실질적 대안체계가 될 수 있는지 그리고 자본주의와의 싸움이 반드시 요구되는 일인지에 대한 보다 근본적인 논의를 촉발시킨다.

환경주의가 산업 정책의 재편, 삶의 방식의 변화, 소비 문화의 전환 등으로 이어지기 위해서는 정치적 비전과 사회적 연대 전략이 뒷받침되어야 한다. 특히 지속 가능 발전의 추구 과정에서 '정의로운 전환'Just Transition의 구체화와 사회적 합의가 필요하다. 기후위기 대응과 사회 불평등 해소를 동시에 고려하는 공정한 전환 전략으로 기존 산업 종사자, 저소득층, 지역 공동체의 피해를 최소화하고 함께 전환에 참여할 수 있는 조건을 만들어야 한다.

기후위기의 가속화는 이제 환경주의를 선택 가능한 부차적 의제가 아니라, 경제 시스템과 사회 운영 전반의 근본적 패러다임 전환을 요구하는 중심 과제로 만들고 있다. 환경주의는 단순한 생태 보전을 넘어, 정의롭고 지속 가능한 사회를 설계하고 실현하기 위한 정치 철학으로 점점 더 절실하게 요청되고 있다.

환경주의의 철학과 가치에 대한 사회적 공유 또한 보다 강력하게 확산되어야 한다. 환경주의는 하나의 정책이 아니라, 삶의 철학이자 존재 방식을 전환하는 믿음체계이다. 따라서 정치적 실천에 앞서, 그 가치를 사회적으로 내면화하고 일상 속에서 공유하는 과정이 선행되어야 한다.

지금 환경주의는 우리 정치가 가장 준비하지 못한 '방치된 어젠다'로 남아 있다. 이제 환경주의는 미래 전략의 변두리가 아닌 중심에 놓여야 한다. 이는 단지 정치적 이상이 아니라, 삶의 방식이 바뀌지 않으면 생존조차 보장받을 수 없는 전 지구적 위기가 요구하는 실질적 윤리이자 전략이기 때문이다.

여성주의: 오래된 불평등에 맞서는 신념

여성주의feminism는 성별에 따른 사회적, 경제적, 정치적 불평등을 해소하고 여성의 권리와 평등한 사회적 지위를 실현하려는 사회적·정치적 운동이다. 단순한 성차별 문제를 넘어 가부장적 사회 구조의 개혁, 사회적 관계와 문화 가치의 재구성, 경제 시스템의 성인지적 전환을 목표로 하는 폭넓은 신념과 실천으로 나아가고 있다.

한국에서 여성주의는 1980년대 이후 여성단체의 활발한 활동과 민주화운동과의 결합을 통해 제도 정치로 본격적 진입이 시작되었다. 성폭력 근절, 여성 노동권 보호, 성인지 감수성 확산, 성평등 교육 등의 의제를 중심으로 우리 사회의 불평등과 젠더 위계를 드러내고 이를 극복하기 위한 사회운동으로 역할해 왔다. 2010년대 이후 '미투'MeToo운동과 여성혐오범죄 대응운동이 확산되며, 특히 20대 여성층을 중심으로 한 디지털 기반의 정치적 연대가 새로운 흐름을 만들어 냈다.

여성주의가 사회적으로 확산되면서 젠더 이슈는 정치권의 주요 쟁점으로 떠올랐다. 진보 정당은 여성주의 담론을 적극 수용해 성평등 실현을 정책 목표로 제시해 온 반면, 보수 정당은 전통적 가족 질서와 사회적 역할 분담을 중시하면서 젠더 이슈에 대해 상대적으로 소극적인 입장을 보여 왔다. 보수 일각에서는 페미니즘을 이념적·도덕적 적대의 상징으로 부각하여 공격하기도 한다.

여성주의는 점차 단일 의제를 넘어서 기후위기 대응, 노동권, 반세계화운동 등과의 연대를 확대해 가고 있다. 에코페미니즘ecofeminism, 유리천장 극복, 돌봄 노동의 재조명 등은 여성주의가 기존 정치 담론을 넘어서 사회 전체의 구조 변화를 요청하는 믿음체계임을 보여준다.

동시에 여성주의의 확산은 강한 반발과 젠더 갈등의 격화를 동반하고 있다. 일부 남성들은 여성주의를 '남성 혐오'로 받아들여 반발하며, 특히 20대 남성층을 중심으로 여성주의에 대한 반감을 공개적으로 표출하고 있다. 아울러 젠더 이슈가 성별 대립을 넘어서 취업 불안, 기회의 불균형과 같은 구조적 불만과 맞물리며 사회경제적 갈등과 젠더 갈등이 중첩되는 양상이 나타나고 있다.

앞으로 여성주의는 노동시장 변화, 4차 산업혁명, 기후위기, 돌봄 노동의 사회적 재평가, 성평등 복지 정책 등의 의제와 결합하며 사회적·정치적 영향력을 더욱 키워갈 것이다. 여성의 정치적 대표성 확대는 정치 의사결정 구조 전반에 변화를 가져올 수 있으며, 이는 곧 성평등의 제도화와 실질적 진전으로 이어질 수 있다.

현재는 여성주의가 독립된 정치 세력에 의해 구현되기보다 진보·보수 양진영의 정치적 동원 전략에 편입되어 소비되는 경향이 강하다. 특히 여성주의가 제기하는 과제들이 실질적 정책 실현보다는 상징 정치와 감정적 동원에 머무르는 한계가 지속되고 있다. 선거 국면에서 젠더 이슈가 청년 남성 표심 확보를 위한 역페미니즘 선거 전략으로 이용되기도 한다.

여성주의가 지속 가능한 정치적 믿음체계로 자리 잡기 위해서는 정책 중심의 제도화운동으로 발전해야 한다. 성평등을 단순한 구호가 아닌 노동, 돌봄, 육아, 복지, 정치 대표성 전반에 걸쳐 구체적인 정책 대안으로 제시해야 한다.

여성주의는 우리 사회의 다양한 사회적 갈등을 조율하고 해소하는 책임을 함께 짊어져야 한다. 세대, 계층, 이념의 관점을 존중하면서 공통의 목표를 설정하고 새로운 정치적 연대를 형성해야 한다. 무엇보다 여성주의운동의 언어와 전략에 포용과 연대의 철학을 담아야 한다. 여성주의는 미래세대의 생존 불안, 기회 불평등 문제와 통합적으로 대응할 때 불평등한 구조를 재구성하려는 목적에 다달을 수 있을 것이다.

종교의 정치화를 경계함

우리 정치의 믿음 지도를 그리면서, 민감한 믿음체계 하나를 피해 갈 수 없다. 그것은 정치에 깊숙이 침투한 종교적 믿음체계이다. 종교는 이미 우리 정치의 중요한 동력으로 작동하고 있으며, 최근에는 종교적 신념과 정치적 신념이 결합하거나 뒤섞이는 현상이 더욱 뚜렷하게 나타나고 있다. 이러한 경향은 자연스런 상호 작용을 넘어, 종교가 정치적 판단과 공론장 자체에 영향을 미치는 심각한 수준에 이르렀다.

우리 사회에서 종교의 정치 참여는 결코 단순하게 다룰 수 없는, 매우 미묘한 문제다. 실제로 우리의 민주화 과정에서 종교계는 자유, 평등, 인권의 실현을 위해 적극적으로 참여해 왔으며, 그 결과 종교적 가치 역시 민주주의의 정신적 기반으로 인식되어 왔다. 당시 종교는 권위주의 권력에 맞서 시민 저항의 윤리적 동력으로 기능했고, 오랜 시간 동안 종교는 이러한 순기능 중심으로 평가되어 왔다. 그러나 민주주의가 제도화되고 정치가 제도 안에서 작동하는 오늘의 조건에서는 과거의 긍정적 기억만으로 종교의 정치 참여를 정당화하기는 어렵다.

우리 사회는 더 이상 종교의 정치화나 종교의 정치적 무기화의 안전지대가 아니다. 지금은 종교와 정치의 건강한 경계를 성찰하고, 종교의 정치화에 대한 대응책을 진지하게 고민할 시점이다.

종교의 정치화는 종교가 정치 권력과 결합하거나 정치적 정당성의 근거로 활용되는 현상이다. 이때 종교는 도덕적 기준, 집단 정체성, 신성한 권위의 언어를 정치에 투입하여, 정치적 분열을 조장하고 민주주의 공론장을 왜곡한다.

종교의 정치화는 정치에 도덕 절대주의를 강화한다. 종교적 신념이 정치적 선악 판단의 기준이 되면 정치는 '도덕적 선민'과 '타락한 악인'이라는 이분법 속에서 작동하기 시작한다. 그 결과, 정치는 타협과 조정의 공간이 아니라 도덕적 전장이 되고 만다.

종교의 정치화는 또한 정치적 정당성과 정책 선택을 현실의 이성적 판단이 아닌 신성한 사명과 교리의 차원에서 규율한다. 특정 정치세력이나 지도자가 종교적 사명이나 계시의 수행자로 해석되기도 하고, 정책 결정이 합리적 토론이 아니라 신의 뜻에 따른 것으로 정당화되며, 비판은 신성 모독으로 낙인찍힌다.

더욱 심각한 문제는 종교 집단의 정체성이 정치적 동원의 핵심 기제가 되는 것이다. 종교가 가진 강력한 집단 결속력과 감정적 충성심을 정치적 동원에 조직적으로 활용하는 사례가 실제 나타나고 있다.

이러한 종교의 정치화는 합리적·세속적 논의의 장인 공론장이 종교적 언어와 상징에 점령되어, 합리적 토론은 봉쇄되고 비판적 사고나 숙의 민주주의의 기반이 무너지는 결과를 낳는다. 그리고 정치는 신앙이 되고, 반대는 이단으로 취급되며, 민주주의는 절차만 남고 본질은 훼손된다.

종교가 일정한 정치적 참여를 넘어 정치적 판단, 정당 지지, 선거 개입, 정책 강제 등 다양한 방식으로 개입하는 현상이 점점 뚜렷해지고 있다. 이제는 종교 단체가 노골적으로 특정 정당이나 후보를 지지하거나 반대하는 수준에 이르렀다. 특히 일부 보수 성향 개신교 단체는 선거 시기마다 정치적 지침을 발표하고 특정 진영과 결합해 조직적으로 정치적 동원에 참여하고 있다. 이는 종교적 권위를 통해 여론을 왜곡하고, 선거의 공정성과 선거 중립을 훼손하는 심각한 문제이다. 진보적 종교인의 참여 또한 그 도덕성과 방향성만으로 무한정 긍정할 수는 없으며, 그것이 시민적 사유를 억압하거나 정치적 다양성을 침묵시키는 방향으로 작동하기도 한다.

종교의 정치 개입은 선거 시기에만 국한되지 않는다. 최근에는 낙태법, 차별금지법, 교육 정책 등 다양한 정책 영역에서 종교적 신념을 반영하고 관철하려는 조직적 압력이 거세지고 있다. 일부 종교 단체는 입법 과정에 적극 개입하며, 공공 정책의 결정이 세속적 논리보다 종교적 교리에 따라 좌우되도록 영향을 미치고 있다. 이러한 현상은 민주주의가 지녀야 할 다원성과 실용성을 심각하게 훼손하는 구체적 위협이다.

가장 우려스러운 양상은, 정치적 분열에 종교의 믿음체계가 앞장서는 현상이다. 보수 성향 개신교 단체들이 반공, 좌파 척결, 진보 정책 반대 등을 '신앙의 적극적 실천'으로 받아들여 정치 투쟁에 참여하고 있다. 이는 정치적 분열에 신앙이 도구가 되는 것으로 종교 본연의 윤리성과 사회적 연대를 파괴하고 종교를 정치적 적대 구조에 끌어들이는 것이다.

우리 헌법은 "국교는 인정되지 아니하며, 종교와 정치는 분리된다."(헌법 제20조 2항)고 명시하고 있다. 이는 국가가 특정 종교를 편들거나 종교가 정치 권력에 개입해 정책 결정, 선거, 입법 등에 영향을 미치는 것을 제한함으로써, 종교의 자유와 민주주의의 다원성을 동시에 보장하기 위한 민주주의의 기본 합의이다. 종교의 정치 중립성은 종교가 특정 정당, 정치인, 정책에 대해 직접적인 지지나 반대를 표명하거나, 정치 권력과 결탁하여 공적 결정에 영향을 미치지 않도록 함으로써, 종교 본래의 영적·윤리적 기능과 정치의 세속적 자율성을 상호 존중하는 원칙이다.

정교분리가 무너진 경우를 상상해 보자. 먼저 모든 국민의 자유로운 정치적 선택이 제한된다. 종교적 권위가 정치적 판단에 개입하면, 교리가 정치적 결정의 기준이 되어 비종교인에 대한 차별과 배제를 정당화할 수 있다. 다른 종교를 가진 이들은 더 심각한 배제를 당할 수도 있다. 또한 정치 권력의 정당성이 신이나 다른 초월적 존재의 뜻으로 정당화되는 위험이 발생하며, 이는 주권재민 원칙에 대한 전면적 부정이다.

나아가 정치가 특정 종교의 윤리관을 행정과 입법에 반영하기 시작하면, 공공 정책이 보편적 합리성과 세속적 기준을 벗어나 특정 종교의 가치체계에 종속될 수 있다. 종교적 가치와 규범은 현실의 삶의 복잡하고 다층적인 문제를 포괄적으로 해결하거나 규율할 수도 없으며, 그 내재된 비합리성으로 심각하게 왜곡할 수 있다. 종교는 그 본질상 합리적 검증이 불가능한 믿음과 교리, 상징과 계시의 체계로 구성된 폐쇄적 구조를 가지기 때문이다.

동시에 종교 공동체 내부의 자율성과 질서 역시 무너질 수 있다. 정치적 입장을 이유로 신앙 공동체 내에서 소외되거나 배제되는 일이 벌어지며, 신앙보다 정치가 우선되는 왜곡된 위계질서가 고착될 수 있다. 이는 종교의 본질을 훼손할 뿐 아니라, 정치적 다양성과 종교적 내면성을 동시에 파괴하는 심각한 결과를 초래한다.

결국 종교의 정치화는 민주주의와 종교 모두를 훼손한다. 정치적 다양성과 공론장의 합리성과 개방성을 위해 종교적 믿음체계로부터도 독립되어야 한다. 종교인이 정치적 목소리를 내는 것은 표현의 자유이지만, 종교의 상징 자원과 도덕 권위가 정치적 진실을 대체하는 순간, 민주주의는 더 이상 시민의 이성 위에서 작동할 수 없다.

종교의 가치와 규범은 삶의 의미와 도덕적 지향을 제공할 수 있다. 그러나 그 자체가 현실 정치나 정책을 인도하는 절대적 기준이 될 수는 없다. 정치가 세속의 갈등을 조정하고 종교가 내면의 구원을 추구할 수 있으려면, 공론장의 논의는 정치적 이성과 합리성의 원리를 통해 작동해야 한다. 오직 그럴 때에만, 정치와 종교는 서로의 영역을 존중하면서도 민주주의와 신앙의 본령을 동시에 지킬 수 있다.

종교의 정치화는 민주주의의 위기다. 정치가 종교를 도구화할 때 종교는 신앙의 본래 의미와 영적 권위를 잃고, 종교가 정치를 장악할 때 우리는 자유와 평등의 가치를 잃는다. 정교분리는 어떤 경우에도 포기할 수 없는 민주주의를 지탱하는 근본 원리다.

나아가 정치적 믿음체계 자체에 종교적 신념이 과도하게 개입되는 현상 역시 깊이 성찰해야 할 문제다. 정치적 믿음체계는 본래 현실을 해석하고 판단하기 위한 인식 구조이지만, 여기에 종교적 절대성과 초월적 규범이 결합되면, 그것은 신앙이나 교리처럼 닫힌 체계로 굳어질 위험이 있다. 이는 정치를 논쟁과 타협, 숙의가 아니라 선과 악, 구원과 배척의 전장으로 만드는 에너지가 될 수 있다. 또한 정치적 믿음체계가 절대적 진리의 언어로 구성되어 정당한 반론과 비판의 여지를 차단할 수 있다.

정치적 믿음체계의 형성에서 종교적 신념의 작용을 피할 수 없고 이 또한 개인의 자유로 존중되어야 한다. 그러나 그 영향이 정치적 판단의 이성적 토대를 잠식하지 않도록 조율하려는 시민적 자각과 성찰은 반드시 필요하다. 이는 정치적 믿음체계를 왜곡 없이 정립하려는 민주 시민의 기본 소양이라 할 수 있다.

정치적 믿음체계가 과학적 사고와 종교가 지닌 보편 윤리, 특히 사랑, 연민, 자비의 가르침과 균형을 이룰 때, 민주주의는 더 건강하고 포용력 있는 공론장을 만들어갈 수 있다.

이념 이후의 정치

"낡은 이념에서 벗어나자."

많은 사람들이 그렇게 말한다. 이는 단순한 유행어가 아니다. 실제로 '진보냐 보수냐'는 질문은 정치적 실천이나 정체성을 구분하는 기준으로서 점점 힘을 잃고 있다. 보수는 더 이상 전통과 권위를 대표하지 못하고, 진보는 정의와 변화를 독점하지 못한다. 정당은 선명한 이념보다 선거 전략에 민감하고, 유권자들은 자신이 어느 쪽에 서 있는지를 규정하는 일에 지쳐버렸다. 사람들은 정당이 아니라 인물을 보고, 정책이 아니라 감정으로 투표한다. 이념의 경계는 흐려지고, 정치는 감정과 서사와 정체성의 전장으로 바뀌고 있다.

그러나 이념은 정말 소멸했는가? 그렇지 않다. 이념은 단지 '다른 모습'으로 돌아왔을 뿐이다. 여전히 사람들은 정의를 말하고 공정을 외치며 자유를 갈망한다. 단지 그 언어가 더 이상 고전적인 좌우의 도식 안에 머물지 않을 뿐이다. 낡은 이념이라는 말은, 실제로는 기존의 이념 분류와 구도가 더 이상 현실을 설명하지 못한다는 진단에 가깝다. 보수 진영 안에도 다양한 분파가 생겨났고, 진보 진영 내부에서도 세대와 가치관, 감정 구조에 따라 이질적인 흐름들이 떠오르고 있다. '민족주의적 보수', '시장자유주의적 보수', '도덕적 급진 진보', '정체성 중심 진보'처럼 같은 이념 이름 아래에서 서로 다른 믿음체계가 경쟁하고 있다.

우리 정치에서 이념은 그동안 매우 선명하게 작동했다. 냉전 구도 속에서 반공과 자유, 산업화와 권위주의로 이어졌던 보수의 담론은

1987년 민주화 이후 진보적 개혁주의와 충돌하며, 우리 정치의 기본 좌표축을 구성했다. 그러나 IMF사태, 세대 변화, 촛불혁명과 같은 사회적 전환은 이념 지형을 급속히 유동화시켰다. 오늘날의 우리 정치는 진보와 보수라는 이름을 유지하고 있지만, 그 내용은 이전과 다르다. 기존의 경제적 분배나 정치 제도 개혁보다 정체성, 감정, 서사, 도덕의 문제가 더 중요한 정치적 쟁점으로 부상했다. 이제 사람들은 '나는 진보다' 혹은 '나는 보수다'라고 말하기보다, '그 정치인은 기본이 안 되어 있다', '이건 도저히 용납할 수 없다'는 현실적 정치 감각과 감정의 언어로 정치적 판단을 내린다.

이념의 소멸이 우리 정치를 과연 구원할 수 있을까? 우리는 여전히 정의를 요구하고 자유의 확대를 바라며 평등의 꿈을 버릴 수 없다. 우리는 '새로운 이념의 재구성'을 고민해야 한다. 정치가 다시 공동체의 미래를 상상하고, 사회가 공유할 수 있는 윤리적 기준과 실천적 방향을 갖기 위해서 일련의 가치체계로서 이념은 여전히 필요하다. 이념이란 궁극적으로 '우리는 어떤 세상을 원하는가'라는 질문에 대한 정치적 응답이다. 이념은 다시 태어나야 할 시점에 와 있다.

새로운 이념은 기존 이념의 재포장이 아니라, 정치적 감정과 도덕 판단, 정체성의 언어를 담고 있는 정치적 믿음체계 위에서 재구성되어야 한다. 그래야만 그것은 단지 추상적 이상이 아니라, 실제 정치적 판단과 선택을 이끄는 실천적 가치체계가 될 수 있다.

비록 이념이라는 단어가 피비린내 나는 역사의 악몽과 지긋지긋한 대립의 상징으로 오염되었다 해도, 그것이 가진 정치적 가치체계로서의 의미와 기능마저 버릴 수는 없다. 차라리 개념의 대체어를 찾아 사용하더라도, 공동체가 함께 살아갈 방향을 설정하고 논쟁할 수 있는 공통의 논의 기반인 이념의 존재 이유는 여전히 유효하다.

지금 우리에게 필요한 것은 이념의 폐기가 아니라, 현실의 복잡성과 다양성에 대응할 수 있는 유연하고 실천적인, 더 나은 정치적 가치체계를 마련하는 것이다. 이념 없는 정치적 믿음체계는 방향을 잃기 쉽고, 정당성과 설득력의 풍부함과 일관성을 상실할 수밖에 없다. 우리가 지향해야 할 이념은 고전적 좌우의 도식을 벗어나 정치의 가치 지향성과 사회적 규범의 기준을 유지하면서 작동해야 한다. 그것은 탈이념이 아니라, 다층적이고 복합적인 현실을 반영하는 새로운 이념의 재구성이며, 변화하는 사회 조건에 유연하게 적응하고, 포용성과 실효성을 함께 갖춘 가치체계여야 한다.

새로운 이념은 시대적 과제와 '지구공동체' 책임, 삶의 감각과 윤리, 공동체적 상상력 위에서 다시 짜여져야 한다. 기존의 이념 프레임이 유권자의 현실적 판단을 억압했다면, 새로운 이념은 판단력을 회복시키고 정치적 선택을 개방하는 열린 구조여야 한다. 정치적 믿음체계가 도덕화될수록 타자를 악마화하는 경향이 강해지는데, 새로운 이념은 이를 과감히 벗어던져야 한다.

돌봄과 생태, 연대와 자유, 공존과 책임 같은 가치는 이제 전통적 이념의 구획을 넘어 사람들의 삶에 깊이 들어와 있다. '돌봄 보수주의'나 '생태적 진보주의' 같은 혼합적 이념의 가능성도 충분하다. 시민들은 이미 그러한 이념의 단초들을 감정과 경험 속에서 만들어가고 있다. 이들을 명확한 언어와 제도로 다듬어낼 수 있다면, 이념은 다시 공동체를 묶는 정신적 기초가 될 수 있다.

이처럼 새로운 이념은 추상적 언어가 아니라, 구체적 제도와 실천을 통해 현실화되어야 한다. 정당의 이념 구조를 재구성하고, 시민 삶의 현장(돌봄, 생태, 주거, 노동)을 중심으로 정책의 우선순위를 조정하며, 사회적 감정과 윤리를 담은 정치 담론을 확장하는 것이 그 경로가 될 수 있다.

정치는 결국 믿음의 언어로 이루어진다. 이념이 낡았다는 말이 참이라면, 우리는 더 나은 이념을 만들라는 요청을 받은 셈이다. 우리는 무엇을 믿고 있는가? 우리는 무엇을 위해 정치에 참여하고 분노하고 희망을 거는가? 이 질문에 대한 새로운 대답이야말로, 이념 이후의 정치가 아니라 이념의 귀환, 더 나아가 이념의 진화를 가능하게 할 것이다.

새로운 정치적 믿음체계는, 단지 기존 이념을 바꾸는 작업이 아니라, 민주주의의 감정 구조와 판단 구조를 건강하게 재설계하는 작업이기도 하다. 그 위에서만 우리는 왜곡된 믿음체계를 넘어서고, 공통의 미래를 논의할 수 있다.

3장

믿음의 총격전, 정치 양극화

양극화 레일과 진영의 늪

　우리 정치에는 하나의 레일이 가로지르고 있다. 이 단선적 레일 위에서 두 거대한 적대적 집단이 속도를 높이며 방향 전환이나 교차, 우회 없이 양극단으로 치닫고 있다. 타협과 새로운 정치의 가능성을 열어갈 정치적 믿음체계들은 레일 위에서 밀려나 두 믿음 덩어리의 질주를 망연자실 바라보고 있다.

　우리 정치는 적대적 대립 속에 놓여 있다. 선거는 '전쟁'으로 비유되고, 국회는 타협의 공간이 아니라 충돌의 무대로 전락했으며, 시민들마저 일상 속에서 분열되어 있다. 이러한 상황은 단지 정당 간의 경쟁이나 정책 노선의 차이를 넘어선 것이다.

　정치 양극화란 정치적 입장과 이념이 극단적으로 대립하면서, 합리적 조율의 공간이 붕괴되고, 타협과 대화의 가능성마저 사라지는 현상을 말한다. 이는 정치적 의견 차이가 '다름'으로 받아들여지지 않고, 서로의 존재 자체를 인정하지 않는 적대 구조이다.

　정치 양극화야말로 우리 정치의 가장 구조적이고 심각한 문제이며, 이를 해결하지 않고는 정치가 본래의 역할을 하리라 기대하기 어렵다.

　첫째, 정치의 본래 기능인 갈등 조정 능력이 마비된다. 민주주의는 다양한 이해관계를 대화와 타협을 통해 조율하는 정치 체제다. 그러나 우리 정치에서는 타협은 '배신'으로, 양보는 '굴복'으로 비난받는다. 정책은 정쟁에 파묻히고, 법안은 정파의 도구가 되고, 협치는 실종된다.

둘째, 사회적 분열이 극심해진다. 정치 양극화는 정당 간 경쟁만이 아니라 시민 간의 적대감까지 확산시킨다. 자신과 정치적 견해가 다른 사람들을 비합리적이거나 비도덕적인 존재로 간주하게 되고, 이는 공적 토론의 기반과 사회적 신뢰를 심각하게 훼손한다.

셋째, 정치적 판단의 기준이 진영의 충성도로 변질된다. 대립의 본질은 정책의 차이가 아닌 정체성의 대립, 의견의 차이가 아닌 감정의 대결이다. 정치권은 자기 진영의 서사를 절대화하고, 상대 진영의 모든 주장을 악의적으로 해석한다. 이 구조에서는 프레임 전쟁과 도덕적 응징의 정치만 남게 된다.

마지막으로, 이러한 양극화는 중도·무당층의 고립과 정치 혐오의 확산으로 이어진다. 진영 밖에 있는 시민들은 '정치는 다 똑같다'는 냉소 속에 방치되며, 이는 투표율 저하와 민주주의 참여 기반의 약화로 이어진다. 진영에 속하지 않은 정치인은 살아남기 어렵고, 시민들은 선택지의 빈곤 속에서 정치에 환멸을 느끼게 된다.

결국 정치 양극화는 정치의 구조, 담론, 시민성 자체를 왜곡시키는 총체적 병리 현상이다. 갈등이 없는 상태가 아니라, 갈등을 풀어갈 능력과 의지가 상실된 상태다.

이제 우리 정치의 양극화는 민주주의의 지속 가능성 자체를 위협하는 수준에 이르렀다. 공통의 사실, 공통의 기준, 공통의 문제의식이 사라진 사회에선 그 어떤 민주주의 제도인들 제 기능을 수행할 수 없다.

이념이 아니라 진영

양극화 레일 위를 달리는 두 개의 엔진은 무엇인가? 이념보다 강고한 정체성, 도덕적 자기 확신, 감정적 연대를 기반으로 하는 '진영'이다.

전통적 의미에서 보수주의와 진보주의는 사회 질서와 불평등에 대한 태도로 구분된다. 보수주의는 기존 질서의 안정과 불평등의 불가피성을 수용한다. 반면 진보주의는 기존 질서의 구조적 한계를 비판하고, 불평등을 적극적으로 해결해야 할 문제로 본다. 그러나 우리 정치에서는 이러한 이념이 실제 정당의 정책이나 유권자의 정치적 선택에 충실하게 반영되지 않는다.

우리 정치를 움직이는 두 거대 정당은 보수와 진보의 이름을 내걸지만, 이념적 차별성이 뚜렷하지 않다. 보수 정당은 자유시장과 작은 정부를 표방하면서도 국가주의와 권위주의에 기대고, 진보 정당은 평등과 복지를 주장하면서 신자유주의 경제 정책이나 민족주의, 도덕주의와 결합하는 모습을 보여 왔다. 정당의 철학은 정세에 따라 그리고 권력 게임의 유불리에 따라 수시로 바뀌었고, 정책에 대한 태도는 누가 정권을 잡고 있느냐에 따라 요동쳤다.

이념이 정치의 중심에서 밀려난 자리에 정체성과 감정, 진영 충성심이 정치적 판단을 결정짓는다. 이념 대립이 작동하려면, 유권자와 정치인이 각자의 정책적 비전과 철학에 기반해 선택과 논쟁을 해야 한다. 그러나 오늘의 정치에서는 그런 접근과 기준이 사라졌다. 정치는 '무엇을 말하는가'가 아니라 '누가 말했는가'에 따라 평가된다. 정책의 내용이 아무리 합리적이어도, 상대 진영에서 나온 것이라면 자동적으로 거부된다. 언제나 판단 기준은 '우리 편인가 아닌가'이다.

이는 정당이 내세우는 정치적 정당성 그리고 정치적 동원 전략에서도 확인된다. 정당은 정책을 통한 경쟁이 아닌 도덕적 정당성에 승부를 걸고 있다. 보수는 반공과 안보, 전통 가치, 반페미니즘을 강조하고, 진보는 민주화의 역사, 약자 보호, 도덕적 우위를 내세운다. 모든 전략은 '우리가 누구인가'라는 정체성 감각에 대한 호소로 채워진다.

유권자 역시 진영의 감정과 도덕적 확신을 중심으로 정치에 반응한다. 동일한 정책이나 사건도 진영에 따라 평가가 달라지고, 상대 진영에 대한 판단은 이성적 비판보다 도덕적 낙인과 감정적 적대로 표현한다. 실제로 진보와 보수 모두 진영 내부에 다양한 이념 스펙트럼이 있지만, 현실은 '우리와 그들'이라는 이분법으로 수렴된다.

따라서 정치 양극화의 본질은 보수 진영 믿음체계와 진보 진영 믿음체계라는 고착된 신념 구조의 충돌이다. 정치적 판단은 정책의 옳고 그름이나 공익의 실현 가능성이 아니라, 어느 진영에 속해 있는가, 어떤 믿음체계에 충성하는가에 따라 이루어진다. 정치는 더 이상 협의와 숙의의 공간이 아니라, 단선 레일 위를 질주하는 두 진영의 충돌 무대가 되었다.

정당과 유권자 모두 진영의 감정 구조 속에 갇혀 있으며, 정치적 판단은 상대 진영에 대한 적대의 강도 혹은 공격의 파괴력에 따라 결정된다. 양진영은 서로를 '반민주', '반국가', '비상식', '악'으로 낙인찍고, 상대를 설득의 대상이 아닌 척결과 응징의 대상으로 간주한다. 정책의 다름은 정상적 정치 과정의 일부로 인정되지 않으며, 적대의 신호로만 해석된다.

정치 양극화는 갈등의 격화가 아니라 감정화된 충성 구조와 폐쇄된 믿음체계를 기반으로 재생산되는 구조적 병리 현상이다. 우리 정치의 양극화를 극복하려면, 이념의 균형을 맞추는 것이 아니라 진영 믿음체계의 극복과 그것이 작동하는 적대적 진영 대결 구조를 해체하고 재조정하는 작업이 필요하다.

정치 양극화, 사회경제적 양극화 때문인가?

사회경제적 양극화는 소득과 자산의 불균형이 심화되며 중산층이 붕괴하고, 계층 간 격차가 확대되는 현상이다. 우리 사회는 소득 불평등, 자산 격차, 고용 불안, 기회의 불공정으로 불평등이 구조화되고, 계층은 물론 세대와 지역으로 확산되고 있다.

정치 양극화가 이념 때문이 아니라면, 사회경제적 양극화가 그 배경일까? 이와 관련하여 두 견해가 있다. 하나는 사회경제적 양극화가 정치 양극화의 주요 원인이라는 입장이다. 계층 간 이해관계와 경제적 불평등이 정치적 분열을 초래하며, 특히 소득 격차와 자산 불평등이 정치적 선택과 정치적 정체성에 직접적인 영향을 준다는 설명이다. 다른 하나는 양극화의 주된 동인을 정치 문화, 정당 시스템, 미디어 환경, 역사적 경험, 정체성 정치와 같은 사회·정치적 요인에서 찾는다. 사회경제적 불평등이 정치 양극화에 미치는 영향은 제한적이라고 본다.

우리 정치의 대결 양상을 보면 후자의 입장이 타당하다. 사실 우리 정치의 양극화는 사회경제적 양극화와 따로 놀고 있다고 해도 과언이 아니다. 정치 양극화를 경제적 격차에 따른 사회적 균열의 반영으로 설명하기엔 현실 정치의 대립의 내용과 양상이 기대 이하, 수준 미달이다. 권력 쟁탈을 위한 진영 동원 게임이지 문제 해결을 위한 대결이 아니기 때문이다. 두 진영을 대표하는 국민의힘과 민주당 모두 사회경제적 불평등 해소를 위한 일관된 정책이나 계층적 기반에 충실하지 못한 것이 현실이다.

그 결과 사회경제적 불평등 문제는 정치적 경로에 제대로 올라타지 못하고 있다. 두 정당은 대립 구도에서 불평등 문제를 정치적 연료로 소모하고, 경제적 격차는 상징적 자원으로만 활용할 뿐이다. 정치가 사회경제적 불평등을 해결하기는커녕 오히려 그 실체를 가리는 방식으로 작동하고 있다. 불평등은 심화되고 있지만, 정치는 이를 언어화하거나 해결 의지를 보이지 않는다. 분노는 정체성 감정으로 전환되고, 구체적 삶의 고통은 진영의 구호에 묻힌다.

결국 믿음체계와 정체성 대결이 정치 양극화의 주요한 동인임을 직시해야 사회경제적 불평등 해소를 위한 실질적 접근도 가능하다.

진영이라는 덫과 늪

원래 군사적 맥락에서 사용되던 영어 단어 'camp'는 우리 정치에서 새로운 의미망을 형성하며 정치적 대결 구도를 설명하는 핵심 개념으로 자리 잡았다. 우리 정치에서 진영은 정치적·사회적 입장이나 정체성을 공유하는 집단 또는 세력의 결집체로 설명될 수 있다. 진영은 이념, 역사적 경험, 지역 기반, 세대, 가치관 등을 매개로 구획되며, 구성원들은 진영 내에서 일관성과 일체감을 갖고 정치적 태도와 행동을 결정한다.

진영은 단순한 정치적 입장이나 선호를 공유하는 유권자 집합이 아니다. 그것은 정치적 당파성과 감정적 동일시가 결합된 '당파적 정체성'partisan identity으로 기능한다.

당파적 정체성이란 자신이 특정 정당이나 정치 집단 혹은 진영에 속해 있다는 감정적 동일시의 상태를 말한다. 이는 단순히 '나는 이 정당을 지지한다'는 수준을 넘어, 정당과 자아를 동일시하는 심리 구조에 이른다. '우리가 이겨야 나라가 산다', '저들은 절대 용서할 수 없다'는 식의 진술은 정치적 선호의 표현이 아니라 존재의 선언이며, 정치적 소속이 개인 정체성의 중심축으로 기능하고 있음을 보여준다. 이는 학습된 정치 취향이 아니라, 자아에 내면화된 정체성의 일부로 작동한다는 점에서 정치적 태도 형성의 심층 구조로 이해되어야 한다. 이 정체성은 집단적 소속감과 도덕적 우월감을 강화하며, 정치적 판단을 사실이나 논리에 기반하기보다, 소속에 대한 감정적 직관에 따라 이루어지도록 만든다. 진영의 핵심적 작동 원리는 바로 이 당파적 정체성에 있다.

당파적 정체성은 강한 감정 반응을 동반한다. 정치학자들은 이러한 감정적 대립 현상을 '정서적 양극화'affective polarization라 부른다. 충성심, 분노, 응징, 방어, 혐오, 동일시 같은 감정들이 당파적 경계를 중심으로 집약되며, 정치는 집단 감정과 정체성 간의 충돌 무대로 전락한다. 이때 정책의 정당성이나 실효성은 부차적인 문제가 된다. 어떤 정책이 '무엇을 말하는가'보다 '누가 말했는가'가 판단의 기준이 되고, 내용이 아무리 합리적이어도 상대 진영의 제안이라는 이유만으로 즉각적인 거부 반응을 불러일으킨다.[12]

당파적 정체성은 진영 믿음체계의 심장부에서 작동한다. 그것은 타 진영에 대한 도덕적 적대감을 정당화하고, 내부 구성원 간의 감정적 결속과 정치적 정당성을 강화한다. 이러한 구조 속에서 정치적 판단은 사실, 논리, 공익보다 정체성 충돌과 소속 감정에 의해 내려지며, 정치는 점점 더 파편화된 감정 공동체 간의 전쟁터로 재편되고 있다.

우리 정치에서 보수 진영과 진보 진영은 각각 폭넓은 스펙트럼을 가진 연합체다. 보수는 극우에서 온건 보수까지, 진보는 급진 좌파에서 중도 개혁 세력까지 다양한 분파가 공존한다. 이처럼 진영은 하나의 고정된 이념의 사회적 실체라기보다, 정치적 믿음체계를 공유한 집단적 연대체이다.

우리 정치에서 '진영'은 정치적 분열을 상징하는 부정적 의미를 지닌 하루 빨리 폐기할 용어로 치부되지만, 정치 양극화를 설명하는 적절하고 유효한 개념이다. 첫째, 정체성과 감정의 정치가 두드러진 현실에서 진영은 이념, 정당, 역사적 기억, 감정, 정체성 등이 복합적으로 결합된 정치 세력의 성격과 특징을 정확히 포착한다. 둘째, 진영은 내부적으로도 다양한 분화와 유동성이 존재하는 정치 연합체

---

[12] 정당 지지자들의 정서적 양극화가 소속 정당에 대한 정체성을 근거로 발현된다는 사회정체성 이론의 설명에 입각하여 한국 유권자의 당파적 정체성을 직접적으로 측정한 이 논문은 결론으로 다음을 제시한다. "한국 유권자들 역시 지지정당을 하나의 정체성으로 인식했으며, 이러한 당파적 정체성은 특히 정당일체감의 강도 및 정치이념의 강도와 유의미한 상관성을 가지는 것으로 확인되었다. 그리고 내집단 정당에 대한 편애와 외집단 정당에 대한 반감으로 표현되는 정서적 양극화의 현상 역시 나타났다." 김기동·이재묵, 〈한국 유권자의 당파적 정체성과 정서적 양극화〉, 한국정치학회보 제55집 2호, 한국정치학회, 2021., 78쪽.

로서, 향후 변화 가능성과 탈진영화 등 전략적 재구성을 설명하는 데도 적절하다. 셋째, '민주 대 반민주', '개혁 대 수구', '종북 대 극우'와 같은 프레임 경쟁 역시 진영 간의 정치적 정당성 다툼으로 설명할 수 있다.

정치 양극화는 우리 정치의 문제만은 아니다. 미국 정치에서도 정당 양극화partisan polarization, 정서적 양극화 논의를 필두로 문화 전쟁culture wars, 분파주의sectarianism, 정치적 부족주의political tribalism 등 대립과 분열적 양상에 대한 논의가 활발하다.

각각의 논의에 차별적 강조점은 있지만, 모두 민주당과 공화당 양당을 축으로 하여 적대감이 심화되고, 정당 충성도가 정체성 수준으로 강화되고 있음을 지적한다. 여기에는 이념 차이보다는 감정적 적대감이 나타나며, 상대를 비도덕적이고 무지한 집단으로 여기는 도덕적 직관이 작용한다고 본다. 정당 충성도와 일체감으로 분석하던 기존의 정치적 분열을 정체성 기반의 집단적 감정 분열과 도덕적 충돌로 보는 것이다.

우리 정치를 평하며 '정치적 부족' 개념이 거론되고 있지만, 이를 진영의 대체어로 사용하는 데는 몇 가지 한계가 있다. 먼저, '부족'tribe이라는 용어는 혈통적·전근대적 뉘앙스를 동반하며, 우리 정치의 역사적 복합성과 사회적 연대 구조를 과도하게 단순화하거나 비하할 우려가 있다. 다음으로 부족주의는 폐쇄적 일체성을 전제하는 반면, 진영은 전략적 연합과 내부 분화와 유동성을 포함하고 있다. 셋째, 진영은 혈통이나 문화가 아니라 감정 구조, 지역, 세대, 역사적 기억 등의 사회적 의미 구조를 통해 형성된 연대체에 가깝다. 나아가 우리 정치에서 나타나는 진영 내 다양한 분파도 부족으로 부르기엔 무리가 있다. 진영이라는 정체성을 기반으로 일정한 연대를 이루며, 유사한 믿음체계를 공유하고 있기 때문이다. 정치적 부족은 인종, 종교, 피부색 등으로 인한 차별적 정체성이 강한 미국의 문화적 배경에서 제안된 개념으로 우리 정치의 역사적 특수성과 정치문화적 맥락을 설명하기엔 한계가 있다.

진영과 함께 '진영 논리'도 자주 쓰이는데, 이 역시 '편 가르기 하는 정치적 수사'라는 부정적 의미, 정치적 대립 구조의 본질적 요인들을 충분히 담아내지 못하는 정치 행태에 대한 비판 개념으로만 소비되고 있다. 이를 '진영 믿음체계'라는 폭넓고 구조적인 개념으로 이해할 필요가 있다.

진영 믿음체계는 개인이나 집단이 정치적 판단을 이념이나 정책보다 정치적 정체성, 감정, 도덕적 확신이 복합적으로 구조화된 집단적 자아이다. 이 믿음체계는 모든 정치적 사안을 '우리 대 그들'의 이분법으로 단순화하고, 정책보다 그것을 누가 말했는지를 판단 기준으로 삼는다. 또한 상대 진영은 본질적으로 부정의하다고 간주하고 반대 진영을 도덕적으로 추방하는 기제로 기능한다. 아울러 감정적 동원과 도덕적 정당성 경쟁을 통해 정치를 구성한다. 이러한 진영 믿음체계는 정당 정치의 정책 조정 능력을 약화시키고, 공론의 장을 도덕적 대결의 장으로 바꾸며, 정치적 혐오와 사회적 분열을 확대시킨다.

아울러 진영 대결 구조에 대한 피로와 환멸은 중도 무당층의 증가와 정치적 냉소주의로 이어지고 있다. 이들은 특정 진영에의 귀속보다, 정치 전반에 대한 회의와 거리를 택하며, 탈진영적 정치 감각을 형성하고 있다. 그러나 이 탈진영은 대안적 믿음체계나 정치적 비전으로 이어지지 못한 채, 냉소와 무관심에 머무는 경우가 많다.

결론적으로, 오늘날 우리 정치의 양극화를 분석하고 설명하는 데 가장 유효한 개념은 '진영'이며, 이를 작동시키는 내면의 인식 구조는 진영 믿음체계다. 정당 구도만으로는 설명할 수 없는 우리 정치의 복합성과 감정 구조를 이해하려면, 이 두 개념이 핵심 분석틀로 활용되어야 한다.

진보 진영: 민주적 정통성과 도덕적 우월감

　진보 진영의 정치적 정체성은 단순한 이념적 입장이나 정책 선호의 차원을 넘어서, 도덕적 감정, 역사적 서사, 감정적 연대, 문화적 개방성, 제도 개혁의 실천성, 시민사회와의 네트워크 등으로 구성된 복합적 믿음체계의 총체이다. 이 정체성은 정치에 대한 태도뿐 아니라, 자아의 윤리적 위치, 소속감, 분노와 연민의 감정 구조, 도덕적 정당화의 기준까지 함께 조직하며, 진보 정치의 판단과 실천을 형성하는 심층적 인식 구조로 작동한다.

　무엇보다 진보 진영은 정치적 실천을 도덕적 행위로 인식하는 경향이 강하다. '정의', '공정', '약자 보호', '불의에 대한 분노'는 단지 정치적 수사가 아니라 자기 정체성을 구성하는 핵심 윤리 감각이다. 진보적 시민은 '나는 약자의 편에 선다', '나는 민주주의를 위해 행동한다'는 자기 인식을 통해 자신의 정치적 위치를 규정하고, 이 감정적 자기 확신은 정치적 판단의 도덕적 근거로 작동한다. 정치는 타협이 아니라 윤리적 실천의 연장이며, 이는 상대 진영에 대한 응징의 감정과 도덕적 우월의 확신으로 이어질 수 있다.

　이러한 도덕적 정체성은 우리 현대사의 민주화 서사와 밀접하게 결합되어 있다. 진보 진영은 4·19혁명, 5·18광주민주화운동, 6월항쟁 그리고 촛불시위를 자신들의 정통성과 도덕적 기반으로 삼는다. 이 경험은 민주주의의 역사적 계승자라는 강한 정통성 인식으로 연결되고, 정당성 있는 정치 주체로서의 자긍심을 형성한다. 진보 진영은 이러한 역사적 정체성을 통해 스스로를 '민주주의 수호자'로 자기 규정하며, 현재의 정치적 실천 또한 그 연장선으로 이해한다. 따라서 정치적 반대 세력은 단지 다른 의견이 아니라, '반민주', '적폐', '기득권'이라는 도덕적 프레임 안에서 규정되기 쉽다.

감정 구조 역시 진보 진영 믿음체계의 핵심이다. 진보 정체성은 분노와 연민이라는 감정의 이중 구조 위에서 작동한다. 개혁의 좌절과 불의에 대한 분노는 정치 동원의 감정을 구성하며, 사회적 약자와 소외된 계층에 대한 연민은 연대와 보호의 정당성을 부여한다. 진보적 감정 구조는 정당성과 정책 평가의 기준을 감정적으로 재구성하며, '누가 말했는가'와 '그 말이 어떤 정의의 정동과 연결되는가'가 정치 판단의 중요한 기준이 된다.

문화적 정체성 측면에서도 진보 진영은 전통적 국가 중심의 동일성과 권위적 가치체계에 저항하며, 다양성과 보편성, 세계시민적 가치를 중시한다. 다문화주의, 젠더 감수성, 생태 감수성, 인권과 평등의 가치에 대한 수용성은 진보 정체성의 상징이자 실천의 기반이 되며, 특히 보수 진영의 문화적 폐쇄성과 비교될 때 더욱 강화된다. 이는 문화적 경계의 해체와 가치 지향의 정치화를 추동하는 기반이 된다.

이념적 정체성 측면에서 진보 진영은 전통적인 좌파 이념에 기반한 복지국가, 공공성 강화, 국가의 적극적 개입을 중요한 목표로 삼는다. 그러나 최근에는 생산과 분배 중심의 구조 개혁보다는, 정체성 기반의 가치를 중심으로 한 담론이 부각되고 있다. 페미니즘, 기후위기 대응, 성소수자 권리, 차별금지법 등 새로운 시대의 가치들이 진보 정체성의 주축으로 이동하고 있다. 이는 기존의 계급적 진보주의와는 다른 문화·정체성 기반 진보주의로의 전환을 보여준다.

이러한 정치 정체성은 특정 정당에 대한 충성으로 고정되기보다는, '촛불시민'이라는 새롭게 형성된 정치적 시민성과의 동일시로 나타난다. 진보 진영의 당파적 정체성은 민주당, 정의당 같은 정당이 아니라, 시민이 주체가 되어 권력을 감시하고 개혁을 견인해야 한다는 자각 속에서 구성된다. '개혁의 주체는 정당이 아니라 시민'이라는 인식은 정당 정치에 대한 냉소와도 결합되며, 제도 정당과의 비판적 거리두기를 감정적 정체성의 일부로 포함시킨다. 이는 진보적 당파성의 건강성을, 다른 한편으로는 진보 진영 대표 정당의 후진성을 보여 준다.

또한 진보 진영은 분단 체제 극복과 한반도 평화, 자주적 외교와 민족주의의 재구성을 통해 외교·안보 정체성도 구성해 왔다. 남북의 화해와 평화는 진보적 정치 감각 속에서 중요한 자리를 차지하며, 미국 중심 외교 질서에 대한 비판, 반일 감정, 자주적 안보 논의와 맞물려 진보 정체성의 일부로 작동한다.

무엇보다 진보 진영의 정체성과 믿음체계는 다양한 시민사회 세력과의 긴밀한 연계를 통해 현실 정치 속에서 구체화되어 왔다. 노동, 여성, 청년, 환경, 인권운동을 비롯한 사회운동 세력과의 협력은 진보 진영의 감정적 기반이자 실천의 네트워크를 형성했고, 이는 정당의 담론 형성과 정치 동원의 주요 자원이 되었다. 권력 감시와 정치 참여, 시민 역량 강화라는 목표 속에서 시민사회는 단순한 지지 집단이 아니라, 믿음체계를 공유하는 정치 공동체로 기능한다.

결국 진보 진영의 정치적 정체성은 도덕적 확신, 역사적 계승 의식, 감정적 동일시, 문화적 수용성, 제도 개혁의 신념, 사회운동 연계성을 포괄하는 총체적 구조이며, 이것이 진보 정체성을 단순한 '입장'이 아니라 하나의 정치적 믿음체계로 작동하게 만든다.

누가 진보를 대표하는가: 분파와 경쟁의 지도

진보 진영은 '민주주의', '평등', '개혁'이라는 공동의 대의 아래 결집되어 있지만, 그 내부를 들여다보면 서로 다른 이념적 기반, 정체성 구성, 정치 전략을 지닌 다수의 분파들이 병존하며 복합적인 긴장과 경쟁 구도를 이루고 있다. 이는 이념 스펙트럼 상의 위치, 도덕적 우위에 대한 해석, 정치적 정통성에 대한 자의식, 전략적 실천의 방식에 따라 진보 내부가 분화되어 있음을 의미한다.

우선, 민주화 정당성 중심 그룹은 1980년대 민주화운동의 역사적 서사를 계승하고 있다는 정체성을 기반으로, 시민의 자유와 절차적 민주주의, 검찰·사법 개혁과 같은 제도 개혁을 핵심 과제로 내세운다. 민주당 내 주류 계파가 이 흐름에 해당하며, 진보 진영의 상징 자산을 가장 강력하게 점유한 채 헤게모니를 행사하고 있다. 이들은 정치적 정통성과 도덕적 우위를 내세워 진영을 주도하고 있으나, 역량의 한계와 성과 미흡에 대한 비판도 존재한다.

복지국가 중심의 실용 진보 그룹은 보편적 복지, 공공성 강화, 사회안전망 확충을 주요 의제로 삼으며, 시장과 국가의 조화를 중시하고 감정적 동원보다는 정책의 실현 가능성과 사회적 설득력에 무게를 둔다. 이들은 중산층의 정치적 안정성과 경제적 정의를 함께 고려하려는 실용적 노선을 추구하지만, 당내 조직력과 대중적 동원력은 상대적으로 약하며, 상징 정치에서 뒤처지는 한계를 안고 있다.

정의당과 진보 정당 계열은 사회민주주의, 노동중심 진보주의, 반신자유주의적 경제관을 기반으로 독립적인 진보 정치 공간을 확보하고자 한다. 이들은 노동권 강화, 대기업 개혁, 비정규직 문제 해결, 탈탄소 전환 등을 급진적 의제로 제기하지만, 제도 정치 내 영향력은 선거 제도의 한계와 정당 조직력의 분산으로 인해 제한적이다. 민주당의 중도화 노선에 지속적인 비판적 거리를 유지하며 진보의 정체성과 정통성을 재정립하려 하고 있다.

정체성 중심의 급진 진보 그룹은 젠더, 성소수자, 생태, 기후위기, 인종 등 사회적 다양성과 문화 정치 의제를 전면화한다. 이들은 정체성의 정치화를 통해 차별과 혐오의 구조에 맞서며 포용성과 윤리 감수성을 중심 가치로 제시하지만, 진보 진영 내부에서 소수성을 유지하며 문화적 갈등이나 담론의 분열 요인이 되기도 한다. 특히 젠더 이슈는 진보 진영 내부에서도 세대 간 갈등이나 대중과의 괴리로 이어지는 복합적 과제를 안고 있다.

민족주의 계열의 급진 그룹은 분단 체제 극복, 자주적 외교노선, 반미적 시각을 강조하며 한반도 평화와 통일 의제를 진보의 핵심 가치로 삼는다. 과거 통합진보당 계열이나 진보당의 일부 흐름이 여기에 속하며, 강한 반외세 정서를 기반으로 외교·안보 정체성을 구성한다. 그러나 북한 인권 문제에 대한 침묵이나 현실 정치와의 괴리로 인해 대중적 지지를 획득하지 못하고, 진보 진영의 이미지를 왜곡하는 요인으로 작용하기도 한다.

이러한 다층적 분파들은 단일한 노선이나 정당 구도로 정렬되지 않으며 서로 중첩되기도 하고, 특정 이슈에서만 일시적으로 연합하는 유동적 연대를 형성한다. 진보 진영 내 경쟁은 크게 세 가지 핵심 구도를 중심으로 이루어지고 있다.

첫째, 중도 개혁 진보 대 급진 개혁 진보의 구도이다. 전자는 민주당 중심의 점진적 제도 개혁, 현실 정치 연합, 상징 자산 계승을 통한 통합 전략을 추구하며, 전통적으로 김대중-노무현-문재인으로 이어지는 계보의 연속성을 자임한다. 반면 후자는 정의당·진보당·시민운동 그룹을 중심으로 구조적 불평등, 재분배, 노동해방, 직접민주주의 확대 등을 통한 체제 전환 수준의 급진 개혁을 요구하며, 독자적 실천과 정당성 경쟁을 병행한다.

둘째, 경제 중심 진보와 정체성 중심 진보의 긴장 구도이다. 경제 중심 진보는 복지국가 건설, 소득 재분배, 노동시장 개혁 등 구조적 불평등의 해결을 정치의 핵심 과제로 삼는 반면, 정체성 중심 진보는 젠더, 생태, 인권, 혐오 구조 해체 등의 문화 정치에 주력한다. 이는 노동자와 젊은 세대, 생태주의자와 중산층 유권자 간의 우선순위 충돌로 이어지기도 하며, 정치 담론을 둘러싼 내부 균열을 발생시킨다.

셋째, 도덕 진보와 실용 진보의 대립 구도이다. 도덕 진보는 민주화 서사, 역사적 정통성, 정의 실현의 윤리적 책임을 중심으로 정치를 구성하며, 도덕적 선민의식을 바탕으로 정치적 행동을 정당화한다. 이들은 반민주세력 청산론, 개혁 완수 프레임 등을 통해 진보의 정당성을 지속적으로 환기한다. 반면 실용 진보는 정책 효과와 정치적 연합 가능성, 권력 획득 이후의 집행 역량에 주목하며, 도덕적 선악 구도보다는 전략적 유연성과 정책 조정을 우선시한다.

이러한 분파와 경쟁 구도는 단지 이념의 차이만이 아니라, 정체성·감정 구조·정당화 방식의 차이로까지 확장된다. 그러나 '도덕적 정당성'과 '민주화의 정통성'을 누가 대표할 것인가를 둘러싼 헤게모니 경쟁이 진보 진영 내부의 가장 결정적인 경쟁 구도를 형성하고 있다.

결국 진보 진영의 내부 균열은 누가 진보를 정의할 것인가, 어떤 가치와 감정 구조가 진보의 중심이 될 것인가를 놓고 벌어지는 복합적이고 유동적인 헤게모니 투쟁이다. 이 투쟁을 제대로 이해할 때, 진보 진영의 가능성과 한계 그리고 재구성의 방향도 선명해질 수 있다.

패권화된 인물 정치, 진보의 그늘

오늘날 진보 진영의 중심축은 민주당이다. 그러나 민주당의 구조적 문제, 특히 인물 중심의 계파 패권 정치는 진보 정치 전반에 그늘을 드리우고 있다. 이 구조는 단순한 당내 권력 투쟁을 넘어, 우리 정치의 양극화 구조를 고착시키는 데 기여해 왔다.

민주당 내 정치 경쟁은 이념이나 정책 노선의 대결이라기보다는, 특정 인물(지도자)과 그를 중심으로 형성된 계파 간의 세력 다툼으로 작동한다. 계파는 대개 정치적 생존, 공천권과 권력 자원, 조직 동원력 등 실리적 이해관계에 기반하며, 이념적 정체성이나 정책적 철학은 부차적인 요소로 밀려나 있다. 그 결과 민주당은 '인물 동맹 정당'에 가깝고, 정책 중심이 아닌 충성 중심의 정치가 당의 작동 원리가 되고 있다.

또한 민주당은 제도화된 정당의 일정 수준을 형식적으로 갖췄지만, 실질적으로는 선거 중심의 동원형 정당에 머무르고 있다. 당원 민주주의, 정책 개발, 시민의 정치 참여 확대와 같은 정당 본연의 기능은 약화되어 있고, 선거 승리와 권력 유지를 위한 감정 동원이 일상화되었다.

민주당의 역사적 출발 또한 제도 정당보다는 권위주의 체제에 저항한 정치운동적 성격에 가까웠다. 진보 정당이라기보다 지역 기반과 민주화투쟁의 도덕적 정통성을 바탕으로 성장해 온 조직인 셈이다. 386세대 정치인들이 일시적으로 진보적 색채를 부여했지만, 이들 역시 계파 정치에 편입되며 제도 정당의 발전을 이끌지 못했다.

이러한 정치 구조 속에서 감정 동원 전략은 정책 경쟁을 주변화시키고, 진보 진영의 전략적 무기력과 자기 정당화만을 강화시켜 왔다. 감정적 프레임들인 '피해자 서사', '적폐 청산', '불의에 대한 분노'는 정치적 정당성을 구축하는 데 기여했으나, 동시에 정책에 기반한 설득 정치를 후퇴시켰다.

이 구조적 문제는 세 가지 치명적인 결과를 낳고 있다.

첫째, 정책 역량의 상실과 의제 주도 실패다. 계파 간 경쟁은 정당의 자원을 내부 권력 다툼에 집중시키며, 불평등, 기후위기, 저출생, 디지털 전환 등 구조적 의제에 대해 실질적 해법을 내놓지 못하고 있다. 진보 정치는 점점 공허한 언어의 반복과 감정적 호소에 의존하게 되었다.

둘째, 중도층 이탈과 외연 축소가 가속화된다. 합리성과 실용성을 중시하는 중도 유권자들에게 민주당은 사법 리스크 방어와 계파 갈등으로 점철된 집단으로 비춰지고 있으며, 진보 진영은 자기 내부의 결속에는 성공했을지 모르나, 정치적 확장성은 갈수록 약화되고 있다.

셋째, 진영 정치의 고착화와 감정 정치의 극단화다. 계파 중심 정치는 당내 분열뿐만 아니라, 정치 전반을 편 가르기와 충성 경쟁 중심으로 전환시키며, 정책 토론과 정치적 타협의 공간을 구조적으로 축소시킨다. 이는 곧 정당의 사유화, 시민의 배제, 정치 혐오의 확산으로 이어진다.

사실상 계파 이해와 인물 정치에 좌우되는 인물 중심의 정치 조직에 가까운 정당 구조가 지속된다면, 진보는 더 이상 '새로운 사회를 설계하는 세력'이 아니라, '기득권 방어에 급급한 정치 권력'으로 퇴행할 위험이 크다.

현재 진보 정치의 헤게모니는 중도 개혁 진보와 도덕 중심 진보가 공유하고 있다. 이들은 대중적 기반과 선거 전략을 주도해 왔지만, 실제 정책 비전이나 제도적 혁신에서는 한계를 드러냈다. 민주당 내부에서도 중도 실용주의와 정체성 진보 간의 긴장은 공천, 메시지, 리더십, 정책 노선에서 반복적으로 표출되고 있다. 그러나 반복되는 충돌의 결말은 늘 인물 중심 패권의 재편일 뿐, 진보 정체성의 창조적 갱신은 이뤄지지 못하고 있다.

따라서 진보 진영의 주도권 경쟁은 단지 당내 권력 구도의 문제가 아니라, '진보란 무엇인가'라는 존재론적 질문과 직결된 과제다. 정당의 사유화를 넘어서 공공성에 기반한 비전 경쟁, 권력 쟁탈이 아닌 시대 전환의 응답, 감정 동원을 넘어 제도 설계의 실천이 절실하다.

진보 진영의 자기 갱신은 결국, 우리 정치의 구조적 양극화를 극복할 수 있는 민주주의 발전의 선결 조건이자, 더 나은 정치로 나아가는 유일한 출구일 수 있다.

승리의 착시, 정체성의 함정:
대선 이후 진보 진영에 필요한 자기 성찰

 이번 대선에서 진보 진영이 승리는 단지 정권교체 이상의 정치적 의미를 가질 것이다. 윤석열 정부의 탄핵과 보수 진영의 몰락이 가져온 여론 지형의 변화는, 진보 진영이 다시금 권력의 중심에 서게 되는 조건을 만들어 주었다. 그러나 문제는 바로 여기에 있다. 정치적 승리가 곧 정치적 정당성을 보증하지 않으며, 대선 승리 자체가 진보 진영의 자기 혁신을 대체할 수는 없다.

 진보 진영 내부의 핵심 문제는 오랜 야권 정체성과 민주화 서사에 기반한 도덕적 우월감과 당파적 정체성의 자기 강화다. 진보는 언제나 '피해자'와 '민주주의 수호자'의 자리를 점유해 왔고, 이로부터 자신의 정치적 정당성과 정체성을 정당화해 왔다. 하지만 대선 승리 이후에도 여전히 이러한 인식에 머문다면, 진보는 더 이상 사회를 바꾸는 정치가 아니라, 자신을 방어하는 권력으로 고착될 위험에 처하게 된다.

 진보는 지금까지 정권을 잡을 때마다 '개혁의 주체는 시민이며, 정당은 그것을 실현하는 도구'라는 이상을 말해 왔다. 그러나 현실의 정치는 종종 그 반대의 궤도를 그렸다. 촛불혁명으로 탄생한 정부조차도, 곧 당파적 이익과 내부 결속의 정치로 회귀했고, 정책 개혁보다는 프레임 전쟁과 적폐 청산이라는 도덕주의 정치로 정체되었다. 이번 대선에서의 승리 또한 동일한 함정에 빠질 가능성이 있다.

 승리는 쉽게 착시를 낳는다. 유권자의 선택이 진보 이념과 정책에 대한 신뢰라기보다, 보수 정치에 대한 실망과 회피에서 비롯된 것이라면, 그 승리는 결코 진보의 도덕적 정통성을 재확인한 결과가 아니다. 그럼에도 불구하고 진보 진영이 자신들의 정체성과 전략을 재점검하지 않고, '우리가 옳았고, 이제는 우리가 할 차례'라는 식의 서사로 권력을 행사한다면, 결국 과거 보수 정치가 보여준 실패의 길을 반복할 뿐이다.

특히 우려되는 지점은, 진보 진영 내부의 도덕주의 정치, 정체성 정치, 계파 중심 정치가 권력화된 뒤 오히려 제도 개혁과 사회 구조 개선이라는 본래의 과제를 회피할 가능성이다. 시민사회의 다양한 목소리는 다시 주변부로 밀려나고, 정권의 정당화 논리는 '우리를 반대하는 자는 반민주세력'이라는 도식적 적대 구도로 회귀할 수 있다.

따라서 진보의 승리는 혁신의 면죄부가 아니라, 혁신의 기회이자 책임이어야 한다. 권력의 재획득은 새로운 믿음체계와 가치 설계를 위한 공간을 확보한 것일 뿐, 그것이 자동적으로 정당성과 미래 비전을 담보하지는 않는다. 진보는 자기 성찰을 통해 다음 다섯 가지 물음을 던져야 한다.

우리는 과연 사회적 불평등과 구조적 문제에 실질적 해법을 제시할 준비가 되어 있는가? 정체성 기반의 분열적 정치가 아니라, 공통의 미래 비전과 사회적 연대를 조직할 능력을 갖추었는가? 시민의 자율성과 제도적 투명성을 보장하며, 당파성에서 벗어난 공공성을 확보할 수 있는가? 감정적 정치 동원을 넘어, 숙의와 설득의 민주주의를 실현할 수 있는 정치 언어와 문법을 갖고 있는가? 권력 그 자체가 아니라, 정치가 풀어야 할 문제를 향해 정당성과 실용성을 균형 있게 실천할 수 있는가?

이 질문들에 제대로 응답하지 못한다면, 진보의 승리는 보수 정치의 자멸에 기댄 '우연한 권력'일 뿐이며, 결국 보수에게 복권의 기회를 제공하게 될 것이다. 진보가 진정한 대안을 제시하는 정치 세력으로 거듭나기 위해서는 승리 이후의 자기 혁신이야말로 가장 절실한 과제임을 잊지 말아야 한다. 그것이야말로 진보 정치가 단순한 정권 교체를 넘어, 시대의 질서를 새롭게 설계할 수 있는 유일한 길이다.

보수 진영: 안정의 감정, 체제 수호의 서사

　보수 진영의 정치적 믿음체계 또한 역사적 경험, 정체성 서사, 감정적 연대가 얽힌 집합적 인식 구조이자 정치적 실천과 동원의 기반이다. 보수 진영의 정치적 정체성은 국가의 질서와 안보를 수호한다는 사명감, 전통과 권위를 존중하는 태도, 사회의 근간을 지킨다는 도덕적 자기 확신으로 조직된 믿음체계이다. 이 정체성은 감정과 인식, 도덕과 역사, 당파적 충성심이 복합적으로 얽혀 있는 집단적 자아의 구조로서 작동한다.

　보수는 스스로를 '국가를 지키는 세력', '상식과 질서의 대표자'로 인식한다. 보수 진영의 정치적 정체성은 안보에 대한 민감한 감정 구조와 체제 수호의 명분, 전통과 질서를 중시하는 문화적 관성, 성장과 효율을 중시하는 경제적 신념 그리고 자유민주주의에 대한 역사적 정통성의 전유를 축으로 형성되어 있다.

　이 정체성의 기반에는 무엇보다 국가 안보를 도덕 질서의 핵심으로 여기는 사고방식이 자리 잡고 있다. 북한의 위협과 안보 불안은 정치적 정당성과 애국심의 기준으로 작동한다. 진보 진영을 '종북', '주사파', '반국가세력'으로 규정하는 언어는 단순한 비난이 아니라, 자기 진영 내부의 결속과 정체성 유지를 위한 감정적 자산이 된다. 이러한 인식은 정치적 판단을 선악의 문제로 전환시키며, 체제 수호를 가장 높은 윤리적 명령으로 간주하게 만든다.

　여기에 전통과 질서를 중시하는 문화적 정체성이 결합된다. 가부장적 가족 질서, 종교적 도덕 규범, 권위주의적 리더십에 대한 존중은 보수적 세계관을 구성하는 핵심 가치다. 이는 페미니즘, 문화적 다양성 등에 대한 본능적 거부감으로 이어지며, 급진적 변화에 대한 불안과 혐오로 표출된다. 문화적 안정성과 질서 유지가 보수 진영의 도덕적 자부심과 깊이 결합되어 있는 것이다.

경제적 관점에서 보수는 자유시장과 기업 중심의 경제체계를 이상적 모델로 간주하지만, 실제로는 산업화 시대 국가 주도 성장의 기억과 자긍심이 강하게 내면화되어 있다. 성장 우선주의, 분배에 대한 경계, 복지에 대한 의심은 '책임 있는 국가 운영'이라는 현상유지적 담론으로 정당화된다. 효율성과 경쟁, 시장 논리는 보수 정체성의 일환으로 기능하며, 이를 통해 정치적 현실 감각과 정책적 안정성을 동시에 강조한다.

이와 더불어 보수 진영은 자유민주주의 체제의 정통성을 자신들이 보유하고 있다는 인식을 강하게 내면화한다. 6·25전쟁, 산업화 성공, 반공주의는 '국가를 지킨 역사'로 기억되며, 민주주의 발전조차도 보수의 성과로 귀속시키려는 서사가 형성되어 있다. 체제 수호의 대상인 자유민주주의는 '자유'만을 강조한 채 평등과 권리는 배제된 협소한 개념으로 인식하고 있다. '자유'에 대한 인식 또한 반공주의와 동일시되거나, 안보 관념의 체제 수호 구호거나, 시장 질서에 국가 개입 반대의 저항 개념으로 한정되고 있다. 사회적 권리나 평등의 가치는 이들의 자유민주주의에서는 설 자리가 없다. 오히려 실질 민주주의 가치를 주장하는 이들은 체제 밖의 또는 체제 부정의 주장처럼 낙인찍는다. 이런 맥락에서 보수는 진보를 체제 외부의 세력으로 규정하며, 자유민주주의라는 이름 아래 자신들의 정치적 정당성을 강화하고자 한다.

결국 보수 진영의 정체성은 안보와 질서, 성장과 효율, 자유와 체제 수호라는 개념들이 서로를 정당화하며 결속된 구조로 구성되어 있다. 이는 단지 보수적 정책 성향을 넘어, 자신들이야말로 '국가를 안정적으로 운영할 유일한 세력'이라는 정치적 자기 확신으로 이어진다.

보수 진영은 이러한 정체성을 기반으로 특정 정당(국민의힘), 미디어 생태계(보수 유튜브, 언론), 종교 세력(개신교 우파), 산업계(보수 경제 단체) 등과 연결된 강고한 진영 네트워크를 구성하고 있다. 여기서 '우리가 아니면 안 된다', '국가는 위기다', '진보는 무질서다'라는 담론은 단지 동원 구호가 아니라 믿음체계의 핵심적인 정서 구조로 기능한다.

또한 보수는 정당 정치보다는 인물 중심, 경험주의, 엘리트주의 정치 문화를 선호한다. '검증된 사람', '국가 운영 경험자', '상식과 안정'이라는 언어는 이러한 정체성 구조의 문화적 표현이며, 급진성과 급변에 대한 불안은 항상 보수적 정당성과 감정적 결속을 강화하는 동력이 되어 왔다.

결론적으로, 보수 진영의 믿음체계는 안보 불안, 질서 유지, 경제 성장, 자유민주주의의 전유, 도덕적 책임감이라는 정서와 인식의 결합체이며, 이는 정치적 판단과 정당화, 동원 방식에까지 일관되게 작용하는 체계적 구조다.

이 믿음체계는 종종 민주주의의 복잡성과 다양성을 제한하며, 정치적 타자를 '체제 부정자'로 낙인찍는 경직성을 보이지만, 동시에 국가 운영의 안정성과 정책의 연속성, 기성 제도의 질서 유지에 있어 일정한 역할을 수행해 왔다.

그러나 현재의 보수 믿음체계는 변화하는 사회 현실, 세대 감수성, 세계적 흐름과 충돌하고 있으며, 보수 정치의 자기 쇄신과 해석틀의 확장이 이뤄지지 않는 한, 이 믿음체계는 현실을 설명하는 힘을 잃고 도그마로 경직될 위험이 크다. 보수는 자신이 수호하는 체제와 가치를 새롭게 가다듬고 실용성과 연대의 언어로 미래 비전을 구성할 수 있어야 한다. 지금 필요한 것은 수구적 보수가 아니라, 변화에 대응하는 책임의 보수다.

보수가 과연 무슨 일을 해야 하는가: 분파와 경쟁의 지도

보수 진영은 '안보', '성장', '질서', '국가'라는 공통 언어 아래 결집되어 있지만, 실제로는 단일한 정치적 믿음체계라기보다 서로 다른 감정 구조, 정치 전략, 이념적 기초를 지닌 다양한 분파들의 연합체에 가깝다. 이들은 각기 다른 역사 인식과 정치적 과업을 중심으로 형성되어 있으며, 보수 정당 내부에서 끊임없는 주도권 경쟁을 벌이고 있다. 그 경쟁은 단순한 세력 다툼이 아니라, 보수 정치가 어떤 가치를 중심에 둘 것인가 그리고 누가 그 가치를 대표할 자격이 있는가를 둘러싼 헤게모니 투쟁이다.

보수 진영의 가장 강고한 축은 반공과 권위주의에 뿌리 둔 강경 보수 그룹이다. 이들은 박근혜 전 대통령을 중심으로 형성된 전통적 국가주의 세력으로, 안보 중심의 감정 정치, 권위주의적 리더십에 대한 향수, 전통적 가족 가치 그리고 보수 개신교의 도덕주의적 세계관을 공유한다. 태극기 집회 세력, 극우 유튜브 채널, 개신교 정치 집회 등과 결합해 강한 조직 동원 능력을 갖추었으며, 윤석열 정부 출범 이후 다시 한번 보수 진영의 중심부를 장악했다. 이들은 진보 진영을 '체제 위협 세력'으로 규정하면서, 감정적 적대감과 정치적 응징 서사를 기반으로 보수의 도덕적 정통성을 주장한다.

반면, 경제자유주의 중심의 실용 보수 그룹은 작은 정부, 규제 완화, 친기업 정책, 글로벌 시장 경제와의 연계를 핵심 가치로 삼는다. 과거 바른정당, 새누리당 개혁 계열 정치인들이 여기에 속하며, 전문가 중심의 정책 개발과 유연한 협상 전략을 선호했다. 그러나 이들은 보수 진영 내에서 감정 정치에 밀려 점점 주변화되었고, 보수 정당의 핵심 권력 구조에서 배제되는 경향이 강해지고 있다. 이들은 보수의 본령을 '책임 있는 국가 운영'과 '정책 경쟁'에서 찾고자 하지만, 진영 대결의 도덕주의 구도 속에서 설 자리를 잃어가고 있다.

이와 별도로 중도 실용 보수 계열은 세대 교체와 정치 개혁을 주요 목표로 하며, 공정, 경쟁, 기회의 가치를 중시한다. MZ세대를 일정 부분 흡수하고 있으며, 젊은 남성 유권자들의 '공정 감수성'에 기대고 있다. 그러나 이들은 뚜렷한 정치 조직 기반이 없고, 감정 동원 능력에서도 열세를 보이며, 정당 내 주도권 경쟁에서 영향력을 확보하지 못하고 있다.

보수 진영 내 가장 급진적인 흐름은 신정神政 보수 그룹이다. 보수 개신교 기반의 이 세력은 정치와 종교의 결합을 추구하며, 반동성애, 반페미니즘, 반낙태 등의 극단적 도덕 담론을 보수 정당 내로 확산시키고 있다. 이들은 유튜브와 교회 네트워크를 중심으로 강력한 감정 동원 기반을 구축하고 있으며, '문화적 타락에 맞선 신앙적 전투'라는 서사로 진보 진영 전체를 악마화한다. 그 영향력은 일부 정치인과의 결합을 통해 선거 국면에서 강하게 표출되며, 보수 정당의 정체성과 메시지를 더욱 극단화시키는 원인이 되고 있다.

최근 부상한 또 하나의 흐름은 청년 중심 신新보수 그룹이다. 이들은 전통적 이념과 거리를 두면서도, 반페미니즘 정서와 능력주의·공정 중심의 정치 감각을 결집 도구로 삼는다. 감정의 직접성, SNS 중심의 소통, 탈정당적 행보를 특징으로 하며, 보수 정당은 이들의 감정 코드를 흡수하려 노력하고 있다. 그러나 이들은 감정 기반의 참여 성향이 강해 이탈과 회귀를 반복하며 조직적 안정성은 매우 낮다. 동시에 이들의 정체성은 보수주의와의 이념적 접점이 약하기 때문에, 단일한 세력화에는 한계가 있다. 이러한 다양한 분파들은 보수 진영 내부에서 다음과 같은 세 가지 주요 경쟁 구도를 형성하고 있다.

첫째는 온건 보수 대 강경 보수의 구도다. 온건 보수는 자유주의, 합리성, 정책 중심의 실용 정치를 강조하지만, 조직 기반과 감정 동원 능력의 부족으로 주류 형성에 실패했다. 반면 강경 보수는 체제 수호와 반공 정서, 도덕주의를 앞세워 감정의 전선에서 유리한 고지를 점하고 있으며, 진영 내 영향력을 공고히 해 왔다.

둘째는 경제 실용 보수 대 정체성 보수의 경쟁이다. 전자는 시장 논리와 규제 개혁을 중시하며 정책 설계를 기반으로 한 행정 능력을 내세운다. 반면 후자는 민족주의, 반공, 안보, 전통 가치라는 정서적 동원 자산을 중심으로 감정적 정치 프레임을 구축하고 있다. 최근 보수 정치의 언어는 정책보다 정체성에 가까우며, 경제 실용 보수는 보수주의의 중심에서 밀려나 있다.

셋째는 보수 지지층의 세대 간 균열이다. 60대 이상 중심의 올드 보수는 산업화, 반공, 권위주의 경험을 배경으로 체제 수호의 감정 구조에 익숙하며, 윤리적 보수성을 기반으로 보수의 정당성을 주장한다. 반면 2030세대를 중심으로 한 새로운 보수는 전통 가치보다 '공정', '능력주의', '경쟁'이라는 키워드를 선호하며, 자신을 과거의 보수와는 다른 '새로운 보수'로 규정하고자 한다. 이 새로운 보수는 기존 보수 정치의 기득권과 낡은 정치 문화에 대한 불신을 가지고 있으며, 자기 주도적이고 실용적인 정치를 선호한다. 보수 정당은 이 두 세력 간의 전략적 조율에 실패하고 있으며, 이 균열은 보수 재구성의 기회이자 불안 요인으로 공존하고 있다.

결국 보수 진영의 분파 경쟁은 단순한 계파 다툼을 넘어서, 보수주의의 미래 정체성과 정치적 방향을 둘러싼 헤게모니 전쟁이다. 보수는 과거의 체제 수호를 넘어, 새로운 사회 의제에 대해 어떤 비전과 실천을 내놓을 수 있는가를 기준으로 다시 정비되어야 한다. 그렇지 않다면, 현재의 분파 구조는 단지 감정 동원에 편승한 퇴행적 권력 경쟁으로 끝날 위험이 크다.

탄핵, 대선 패배 그리고 보수의 재구성

윤석열 대통령의 탄핵은 보수 정치에게 있어 일종의 붕괴를 상징하는 정치적 단절이었다. 이는 단지 한 정부의 실패가 아니라, 보수 정치가 스스로 감당하지 못한 권력의 무게 그리고 시대 변화에 둔감했던 체질의 한계를 드러낸 사건이었다. 그로부터 이어지는 보수 진영의 대선 패배는 이제 보수 정치 전반에 대한 총체적 재구성을 요구하는 국민들의 명령이었다.

탄핵이라는 위기의 폭발은 국민의힘 내부의 리더십 구조를 근본적으로 뒤흔들었고, 친윤계라는 극우적 세력이 잠시 단결했지만, 이후 정치적 영향력은 급속히 축소되고 있다. 반면 비윤계 및 중도 실용주의 세력은 리더십 공백을 메우기 위한 새로운 전면에 등장하고 있으며, 한동훈 전 대표를 중심으로 한 이들 세력은 윤석열 정부의 리더십 부재와 정책 실패를 정면으로 비판하며 당의 방향 전환을 요구하고 있다. 그러나 여전히 이러한 변화의 흐름은 인물 교체의 차원을 넘어서지 못하고 있으며, 보수주의 자체의 가치 재정립과 믿음체계의 혁신이라는 과제에는 다가서지 못하고 있다.

대선에서의 패배는 보수 진영에 한 차례 더 거대한 구조적 충격을 가할 가능성이 높다. 보수가 더 이상 과거의 명분과 감정 동원만으로는 국민 다수의 신뢰를 확보할 수 없다는 점은 이미 명백해졌다. 이번 대선은 그러한 현실을 정치적 결과로 확인하는 사건이었다. 이 패배는 단지 정권의 실패가 아니라, 보수 정당 전체가 정치적 대표성과 시대적 감각을 상실한 결과라는 점에서, 패배 이후의 진로는 단순한 리더십 교체나 선거 전략 수정만으로는 결코 해결될 수 없다.

보수 진영이 다시 국민의 신뢰를 회복하고 정치적 회생의 발판을 마련하기 위해서는 세 가지 근본적인 전환이 필요하다. 첫째, 보수의 핵심 가치들을 시대에 맞게 재정의하는 작업이다. 안보와 성장, 질서와 전통은 여전히 유효한 정치적 자산이지만, 그것이 오늘날의 세대와 유권자 감각 속에서 어떻게 다르게 번역되어야 하는지를 묻지 않는다면, 보수는 과거의 유물로 전락할 수밖에 없다. 보수는 이제 '수호'의 언어가 아니라, 공존과 혁신의 언어로 자신의 가치를 다시 말할 수 있어야 한다.

둘째, 실용성과 도덕성의 균형 복원이 필요하다. 윤석열 정부의 실패는 무능한 극우적 보수 정치의 파산이자, 도덕성의 자가당착이었다. 권력을 행사할 도덕적 자격과 현실을 조정할 정책적 능력이 동시에 결여되었을 때, 보수는 극단적 감정 동원과 음모론의 구렁텅이로 스스로를 몰아넣었다. 대선 패배 이후 보수가 도덕적 성찰 없이 다시 진영 대결의 프레임으로 회귀한다면, 그것은 재기가 아닌 자멸의 반복이 될 것이다.

셋째, 조직의 구조 개편과 정당 민주주의의 회복이 절실하다. 국민의힘은 여전히 인물 중심, 계파 중심의 구조에 머무르고 있으며, 당내 민주적 소통 구조는 형해화되었다. 세대 교체, 정책 기반 정치, 정당의 공공화 없이는, 혁신은 공허한 구호로 남을 것이다. 특히 대선 패배 이후는 단지 계파 경쟁이 아니라, 보수 정당의 존재 이유를 다시 묻는 정치적 해체의 시간이 될 것이다.

정치적 패배는 반드시 쇠퇴를 의미하지 않는다. 패배는 자기 갱신의 기회이며, 위기의 본질을 정확히 진단하고 미래의 질서를 새롭게 설계할 수 있는 드물고 소중한 정치적 계기다. 지금 보수는 그러한 순간에 서 있다. 탄핵과 대선 패배라는 연속된 정치적 파국 앞에서, 보수는 감정이 아니라 이성으로, 수사학이 아니라 구조 개편으로, 반복이 아니라 재정의로 응답해야 한다. 그렇지 않다면, 보수 정치가 주도 세력으로서의 위치를 상실하는 역사적 분기점으로 남게 될 것이다.

중도: 실용, 균형, 탈진영

중도주의: 분별, 거리, 유동의 감정 구조

중도주의centrism는 보수와 진보의 이념적 극단 사이에서 이념적 틀에 갇히지 않는 접근과 실용적 해결을 모색하는 정치적 태도로 정의할 수 있다. 중도는 이념에 종속되지 않고, 탈이념적 실용주의와 합리성을 바탕으로 정치적 판단을 시도한다는 점에서 진영 대립이 첨예한 우리 정치에서 하나의 이상적 대안으로 주목받아 왔다. 특히 사회적 통합, 협치, 상생을 강조하는 정치 개혁 담론 속에서 대결 정치의 균열을 조정하고, 대화와 절충의 공간을 확장하는 기회의 땅이다.

중도는 단지 진보와 보수의 사이에 위치한 절충적 입장이 아니라, 독자적인 감정 구조와 인식틀을 가진 정치적 정체성이다. 진보와 보수 양진영이 도덕적 확신과 정체성의 절대화, 감정적 동원을 통해 정치적 판단을 조직하는 반면, 중도는 그로부터의 거리두기와 회의, 분별의 태도 속에서 정치적 자아를 형성한다. 이는 무관심이나 탈정치화가 아니라, 정치적 피로와 적대적 양극화에 대한 자기 방어이자 실용적 지향으로 이해할 수 있다.

중도 정체성의 핵심은 '누가 옳은가'가 아니라 '어떻게 해결할 것인가'를 묻는 실용주의적 태도이다. 감정적으로는 양진영의 과도한 도덕주의와 감정 과잉에 피로감을 느끼고, 인식적으로는 특정 이념에 기반한 일방적 해석을 경계한다. 그 결과 중도는 진영의 감정 구조에 깊이 동일시하지 않으면서도, 각 사안에 따라 입장을 유동적으로 구성하는 유연성을 갖는다.

　정치적 믿음체계로서 중도는 몇 가지 특징을 지닌다. 첫째, 이념보다 정책의 실현 가능성과 문제 해결 능력을 중시한다. 공공성, 실용성, 공정성과 같은 가치들이 중도의 핵심 신념을 이룬다. 중도주의는 특정한 이념적 진영보다는 현실에 대한 냉정한 진단과 실행 가능성을 중시하는 정치적 믿음체계이다.

　둘째, 감정 구조에서는 도덕적 분노나 응징 감정보다는 피로감, 실망, 냉소와 같은 탈동원적 감정이 우세하다. 정치에 대한 환멸과 동시에, 여전히 정치가 해결해야 할 문제에 대한 기대와 조건부 신뢰가 공존한다. 이는 중도가 흔히 정치적 부동층으로 분류되면서도 선거 시기에는 결정적 영향력을 발휘하는 이유이기도 하다.

　셋째, 정체성 구조는 당파적 동일시가 약하고, 일상생활과 정치 사이의 경계를 유지하려는 성향이 강하다. 이는 진영의 감정적 충성 구조와 비교될 때, 더 유동적이며 전략적인 정치 참여 형태로 나타난다. 중도는 자신을 특정 진영의 일부로 동일시하지 않으며, 정치적 판단의 기준 역시 인물, 정책, 상황에 따라 다르게 구성된다.

　넷째, 중도는 민주주의의 기능적 회복, 정치의 절제와 균형, 성찰과 절차의 중요성을 강조하는 경향이 있다. 정체성의 자기 과잉이나 감정의 극단화를 경계하며 조정자적 태도를 갖는다. 따라서 중도는 정치적 심판자, 조율자 혹은 비평가의 역할을 자임하며, 공론장의 복원이라는 정치적 윤리를 추구할 수 있다.

　그러나 중도 역시 정체성의 취약, 동원력의 부족, 가치의 모호함, 실현 가능성의 불투명함 등의 한계를 가진다. 또한 중도가 때로는 회피와 방관의 태도로 인식되거나, 현실 정치에서 자기 목소리를 조직하지 못하는 수동적 위치에 머물 수 있다는 점은 큰 약점이다.

　그럼에도 불구하고, 중도 정체성은 진영 정치의 병리를 해소하고 새로운 정치적 상상력과 제3의 가치 질서를 탐색하는 데 있어 중요한 가능성을 지닌다. 중도는 분열된 정치 구조 속에서 조정과 절제의 정치 윤리를 회복하는 데 기여할 수 있으며, 당파적 정체성을 넘어선 다층적 시민 정체성의 실험장이 될 수 있다.

결국, 중도는 정치적 신념과 감정, 현실과 이상 사이에서 조정과 통합의 질서를 모색하는 적극적 실천이자 성찰적 태도이다. 우리 정치의 양극화를 넘어서는 데 필요한 것은, 바로 이 중도의 성숙한 정치적 자기 인식일 수 있다.

중도는 과연 성공할 수 있는가: 분파와 가능성

중도 정체성은 내부적으로도 다양한 흐름으로 구성된다. 첫째, 실용주의 중도는 문제 해결 중심의 정책 능력을 우선하며, 정당 구조 내에서의 변화와 균형적 개혁을 추구한다. 이들은 자유시장과 복지를 조율하고, 안보와 인권을 병행하며, 중산층과 청년층의 현실적 요구에 초점을 맞춘다. 둘째, 개혁적 중도는 정치 구조 자체에 대한 회의에서 출발하여, 제3세력의 창당, 시민 기반의 정치운동, 탈정당화된 정치 실험을 추구한다. 이들은 진보와 보수 양진영 모두의 책임을 지적하며, 정치를 리셋해야 한다고 주장한다.

또한 중도 보수 계열은 안보와 시장의 원칙을 중시하지만, 극우적 정서와 감정 동원 정치를 경계하며, 전통과 실용의 균형을 강조한다. 반면 중도 진보 계열은 복지와 약자 보호의 필요성을 인정하지만, 도덕주의 정치와 급진적 정체성 담론에는 비판적이다. 이들은 보수 진영의 배제성과 진보 진영의 도덕적 우월성 모두에 문제의식을 가지고 있다.

중도 진영 내부의 분화도 존재한다. 하나는 경제 중심 중도와 정체성 회피 중도의 구도다. 전자는 정책과 제도 개혁 중심의 실용주의를 추구하고, 후자는 정치 피로와 혐오에 기반한 비진영적 태도를 표방한다. 또 하나는 제도 내 중도와 제도 밖 중도의 구분이다. 전자는 양당 구조 내부에서 합리적 개입을 시도하고, 후자는 새로운 정당 또는 정치운동을 통해 기존 정치 질서에 도전한다.

이처럼 중도주의는 '무엇을 믿느냐'의 문제보다 '어떻게 정치할 것인가'라는 태도의 문제다. 정치를 절제와 균형, 문제 해결의 기술로 간주하며, 도덕 전쟁이나 정체성 대결의 정치로부터 스스로를 분리하려는 실천적 믿음체계다. 이들은 극단으로 치우친 정치 구조에서, 협상과 타협, 공통 기반 형성의 가능성을 복원하려는 역할을 자임한다.

그러나 중도주의 역시 한계가 뚜렷하다. 정치적 유연성은 때로 무정견과 기회주의로 오해되며, 감정 동원이 어려운 구조는 대중적 호소력에서 취약하다. 또한 중도는 연합의 정치로 작동할 때만 영향력을 발휘하기 때문에, 독자적 정치 공간을 확보하기 어렵다는 구조적 제약을 안고 있다.

그럼에도 불구하고, 중도는 오늘날 우리 정치에서 가장 중요한 실험 공간이다. 중도의 재구성은 곧 양극화의 해체를 위한 전략적 축이며, 민주주의의 복원과 정치 신뢰 회복을 위한 균형의 정치, 절제의 감정, 실용의 사고를 위한 시민적 대안이다.

끊이지 않는 중도의 중도 포기

중도에 대한 냉소와 비판도 만만치 않다. 중도는 실체가 없고 결국 좌우 어느 한 편에 흡수되며, 명확한 가치나 원칙 없이 상황에 따라 움직이는 신념 없는 태도일 뿐이라는 비판이다. '중도는 존재할 수 없다. 정치에서 중립은 환상일 뿐이다', '중도는 살아남을 수 없다. 좌우 어디든 편입될 수밖에 없다', '중도는 그냥 회색지대일뿐, 실체가 없는 개념이다', '정치는 선택이다. 애매한 중도보다 확실한 선택이 낫다', '성공한 중도 정당은 없다. 정치는 좌우 대결로 귀결된다' 이 언명들은 단지 정치적 평가를 넘어서 중도 자체를 부정하고 배제하는 주장들이다.

중도에 대한 부정적 인식은 어떻게 형성되었는가? 중도회의론은 정치 양극화의 심화, 승자독식 선거 제도, 지역주의 영향 그리고 역사적으로 실패한 중도 정당의 경험을 통해 점진적으로 강화되어 왔다.

우리 정치의 적대적 이념 대립 구도에서 중도 정치는 해방 이후부터 설 자리가 없었다. 우리 정치에서 중도는 처음부터 환영받지 못하는 개념이었다. 이념 대립과 냉전 구도는 보수와 진보의 정체성을 강화하며 주류 정치 세력으로 부상시켰다. 이 과정에서 중도를 표방한 세력은 '기회주의자'라 비판받으며 좌우 어느 쪽에서도 신뢰받지 못하게 되었다. 이러한 양극화된 정치의 유산이 있었고, 1987년 민주화 이후에도 지속적으로 보수 진영과 진보 진영의 극단적 대립이 정치 경쟁의 기본틀을 형성하였고 이는 시간이 흐를수록 더 강화되었다.

지역주의도 중도 배제에 한몫을 했다. 지역주의의 할거는 중도 정당의 시작과 생존을 어렵게 만들었다. 중도 세력이 지역 기반을 갖지 못하였기 때문이다. 이런 구도에서 '중도'는 언제나 회색지대에 놓인 채, 신뢰를 얻기도 어렵고 공간을 확보하기도 힘든 위치에 있었다.

중도 정치 실패의 반복과 축적도 중요한 원인이다. 역대 총선과 대선에서 중도 혹은 '제3의 길'이나 '제3지대론'을 표방한 정당과 인물들이 여러 차례 등장했지만, 유의미한 성과를 내지 못했다. 2007년 창조한국당, 2012년의 국민의당도 정치적 기반을 확장하지 못하고 사라졌다. 이처럼 중도를 표방한 정당들이 독립적으로 생존하지 못한 경험은 '중도는 결국 불가능하다'는 믿음을 강화하는 요인이 되었다.

중도를 표방한 대표적 정치인들의 '중도 정치의 중도 포기'도 결정적이었다. 중도 정치를 표방한 안철수는 세 번의 대선에서 부각되었지만, 좌우 진영의 대립에서 벗어나지 못하고 결국 2022년 대선에서 보수 정당과 합당하였다. '새로운물결' 김동연 대선후보도 완주하지 못하고 2022년 대선에서 민주당과 단일화하였다. 이러한 '중도의 중도 포기'가 반복되면서, '중도 정당은 결국 보수 또는 진보 중 하나로 편입될 수밖에 없다'는 인식이 더욱 강해졌다.

가장 큰 문제는 다당제 정치 질서가 존재할 수 없는 제도적 제약 때문이다. 중도 정치가 가능한 다당제 정치 질서는 중대선거구제와 대통령선거 결선투표 도입 없이는 불가능하다. 중대선거구제는 특정 정당이 1위를 독식하는 구조가 아니라 2~3위까지 당선되기에 중도 정당의 생존 공간을 넓힌다. 대통령 결선투표제 도입도 마찬가지다. 결선투표제가 도입되면 1차 투표에서 다양한 후보들이 경쟁한 뒤, 최종적으로 중도적 성향을 가진 후보가 선택받을 수도, 아니면 정치적 연합을 통해 영향력을 가질 수도 있다.

아울러 중도 정치와 중도층을 일대일로 대응하는 오해도 결정적이었다. 많은 사람들이 중도 정치를 중도층을 기반으로 하는 정치로 인식한다. 물론 중도 정치가 중도층을 기반으로 하기는 하지만, 반드시 중도층과 일대일로 대응하는 것은 아니다.

중도층은 정치적 이념 스펙트럼의 중앙에 위치한 유권자로 정의된다. 진보와 보수 사이에서 명확한 이념적 편향을 보이지 않으며, 특정 정당에 대한 지속적인 지지보다 이슈와 상황에 따라 지지 대상을 변경하는 특징을 가진다. 정치적 관심도와 참여도 비교적 낮고, 정당 지지도 일관성을 가지지 않으며 상황에 따라 지지 정당을 변경한다. 이들이 '스윙보터' swing voter 로서의 역할을 하는 것은 사회경제적 이슈에 따라 정치적 유동성을 가지기 때문이다. 또한 이들 중에는 정치적 불신으로 인해 정치적 지지를 보류하거나 참여에 소극적인 냉소주의 성향을 가지고 있기도 하다.

반면 중도 정치는 실용주의적 정치 철학으로 양극단의 이념을 배제하고 합리적 실용적 접근을 근간으로 한다. 이념의 경직성이 없고, 정책적으로 유연하며, 정치 행태와 태도에서 합리성과 타협의 가치를 높게 둔다. 이런 이유로 중도 정치는 양극단 이념에 포섭된 유권자층이 아닌 중도층을 1차 지지 기반으로 삼게 된다. 하지만 중도층의 성향과 유동성을 중도 정치로 이해하는 것은 심각한 오해이다. 중도 정치는 중도층만이 아니라 실용적 합리적 정치를 원하는 국민 대다수가 지지층이 될 수 있다. 불행하게도 우리에게는 이 오해가 뿌리 깊게 퍼져 있다.

중도회의론은 단지 정치적 태도가 아니라, 구조적·문화적·심리적 조건들이 누적된 결과로 존재한다. 때문에 이 회의론은 쉽게 사라지지 않으며, 정치적 상상력과 실험을 사전에 억제하는 강한 억압의 힘으로 작동한다.

'중도의 중도 포기'에 대해 단지 중도 정치를 표방하는 정치 세력의 무능력을 비판하는 데 그쳐서는 안 된다. 그것은 중도적 선택을 구조적으로 불가능하게 만드는 우리 정치의 질곡 그리고 유권자들이 보수와 진보라는 양극단 사이에서 체념하듯 강요받는 양자택일의 현실까지를 포함하는 비판이어야 한다. 우리 정치에서 중도는 끊임없이 포기당하고 있는 것이다.

양극화를 넘는 다리이자 새로운 지평

중도 정치는 정말 불가능한가? 중도 정치에는 어떤 상상력이 필요한가? 중도주의는 단순한 좌우 이념의 절충점이 아니다. 그것은 양극화 정치의 병리와 진영 중심 정체성 정치의 피로를 넘어서는 정치적 실험이며, 실용과 통합의 새로운 좌표계이다. 특히 오늘날과 같은 진영 구도의 경직화, 당파적 감정 동원의 과잉, 정당 정치의 극단화 속에서 중도 정치는 상식, 절제, 협의, 책임의 가치를 기반으로 한 제3의 길을 모색한다. 그러나 지금까지의 중도 정치는 고유한 철학과 비전, 조직적 토대가 부재한 채, 기성 정치에 대한 반작용적 태도에 그치는 한계를 드러내 왔다.

첫째, 중도주의의 철학 정립이 시급하다. 중도는 '보수도 진보도 아닌'이라는 부정의 설명틀에서 벗어나야 한다. 자유와 복지, 공정과 책임, 협치와 포용이라는 긍정적 가치의 조합으로 실용주의적 정치 철학을 정립해야 한다. 이는 현실 문제 해결을 최우선으로 하되, 정책 결정의 근거를 가치 중심으로 명료화하는 작업이다. 중도는 비정체성이 아닌 복합 정체성이며, 정치의 현실성과 시민의 삶을 연결하는 교량으로 자리매김해야 한다.

둘째, 양극화를 넘는 실천 전략을 구체화해야 한다. 중도 정치는 양극단의 대결을 중재하는 '중간의 위치'만으로는 성공할 수 없다. 정책 중심 경쟁 모델, 사회갈등 조정 능력, 합리적 담론 구조라는 세 가지 기둥을 통해, 중도는 정치적 중재자이자 사회적 통합자의 역할을 명확히 수행해야 한다. 갈등에 대응하는 차원만이 아니라 제도적으로 조율하고 해결 가능한 문제로 재구성하는 역량이 중도에게 요구된다.

셋째, 실용성과 포용의 정치적 가치체계를 정립해야 한다. 중도는 청년, 비정규직, 다문화, 기후위기, 지역 소멸 등 기존 보수·진보 양진영이 포착하지 못한 현실의 사각지대에 주목해야 한다. 이는 '모두를 위한 정치'를 가능케 하는 기반이며, 편 가르기 없는 설득 정치, 갈등 조정 중심의 정당성 구성, 문제 해결 중심의 리더십을 요구한다.

넷째, 정치 구조 내에서 중도의 실현 가능성을 전략화해야 한다. 중도 정치의 실현 방식은 독자 정당만이 아니다. 기존 양당 구조 내에서 보수는 중도 보수로, 진보는 중도 진보로의 분화와 확장을 통해 실질적인 탈진영 정치를 실현할 수 있다. 시장 경제와 공동체 책임을 조화시키는 중도 보수, 복지 확대와 현실 개혁의 조화를 이루는 중도 진보의 발전은 중도주의의 전략적 진화를 가능케 하는 대안이다. 이는 곧 '중도 코스프레'를 넘어 실질적 정치 변화의 메커니즘이 되어야 한다.

다섯째, 국민적 신뢰와 정치적 기반을 구축해야 한다. 중도 정치의 실현은 단순히 명분과 가치만으로는 부족하다. 독립된 정당이든 양당 내 개혁 세력이든, 지속 가능한 지지 기반, 정치적 리더십, 대중 설득력이 확보되어야 한다. 이는 감정 정치의 구호가 아니라, 생활 정치의 언어로 시민과 소통하는 방식에서 비롯되며, 구체적인 정책 대안과 정서적 공감 모두를 갖춘 전략이 필요하다.

결론적으로, 중도 정치는 '양극화 정치를 멈추는 정지선'이자, '정치의 미래를 여는 다리'이다. 그러나 그것은 단지 가능성의 형태로만 존재하는 정치적 이상이 아니다. 그것은 정치적 절제와 감정의 조정, 실용적 해결 역량, 상식의 정치라는 새로운 기준으로, 진영 정치가 놓치고 있는 공백을 메우는 제3의 시민적 정치 기획이다. 지금, 중도는 정치의 방향을 다시 묻는 질문이자 대안적 좌표로 자리해야 한다. 양극화의 구조를 넘어서기 위해 필요한 것은 바로 이 '중도의 상상력'이며, 그 상상력을 현실 정치로 전환하는 용기와 설계가 필요한 시점이다.

중도 정치는 그것이 과도기적 도전이든 장기적 미래상이든, 우리 정치의 양극화와 대결 구도를 넘어서기 위한 가장 현실적이고 실용적인 해법임에는 틀림없다. 그 가능성을 실현할 정책적 의지, 독립적 지지 기반, 국민적 신뢰를 쌓아가는 일이 과제이다.

양극화 정치의 극복은 '중도'라는 빈 공간을 어떻게 채울 것인가에 달려 있다. 중도 정치는 정치 양극화를 넘어가는 다리가 될 수도 있고, 정치의 새로운 지평일 수도 있다.

적대적 진영 대결 극복의 세 경로

양대 진영의 대립 구도는 정체성과 이념, 감정과 도덕, 역사 해석과 세계관이 충돌하는 정치적 믿음체계의 전면전이다. 이러한 진영 정치는 정치적 다양성과 유연성을 질식시키고, 모든 사안을 편 가르기로 환원시키며, 민주주의의 공론장을 왜곡시켜 왔다. 진영 대결은 정체성 충돌의 격전장이며 도덕적 정당성이 정치적 무기가 되어 치르는 권력 투쟁이다. 진영이 내세우는 정당성은 설득과 토론을 위한 언어가 아니라 상대를 배제하고 공격하기 위한 도구로 작동한다. 도덕은 협치와 합의를 위한 공통 기반이 아니라 정치적 적대를 정당화하는 명분이 된다. 이 고착된 대립 구조를 넘어서기 위한 세 가지 방향의 전환이 요청된다.

첫 번째 경로는 진영 내부에서의 정치적 균열 전략을 통하여 진영 대결 구도에 변화를 만드는 것이다. 이는 보수와 진보 진영 내부에서의 새로운 헤게모니의 등장으로 가능하다. 적대적 진영 대결은 보수와 진보 내부에서 형성된 각각의 지배적 믿음체계에 의해 지속되어 왔다. 보수는 안보·반공·전통 질서를 중심으로 한 강경 보수주의가, 진보는 민주화 서사와 도덕적 우월성을 핵심으로 하는 도덕주의 진보가 각각 헤게모니를 형성하고 있다. 이들은 서로를 '반국가세력' 또는 '반민주세력'으로 낙인찍으며 정치적 대결 구도를 강화해 왔다.

이 고리를 끊기 위해서는 양진영 내부에서 기존 헤게모니를 대체할 수 있는 새로운 흐름이 부상해야 한다. 보수 내부에서는 반공주의 대신 정책 중심의 실용 보수, 세대 기반의 능력주의 보수, 온건하고 책임 있는 자유주의 보수가 재조명되어야 한다. 진보 진영에서도 민주화 유산 독점과 도덕적 엄숙주의를 넘어, 평등과 복지를 현실적으로 설계하는 실용 진보가 주도권을 가질 필요가 있다.

이러한 진영 내 헤게모니 전환은 외형적으로는 같은 진영 안에 있으나, 내적으로는 다른 언어와 감각, 전략을 가진 새로운 정치 감수성의 등장을 의미한다. 이를 통해 기존 진영의 폐쇄적 구도가 내부에서부터 흔들릴 수 있다. 하지만 비상계엄령 선포와 탄핵 여파로 두 진영에서 종북좌파 망국론, 반민주세력 청산론이 현실 정치의 주도권을 장악하고 있다. 우리 정치의 끊임없는 되돌이표이자 비극이다.

두 번째 경로는 양진영 대결 구도 외부에 새로운 정치적 공간을 형성하는 전략이다. 이는 중도 정치의 부상으로 진영 구도의 균열을 가져오는 것이다. 진보와 보수라는 양극단 사이에 위치한 중도 정치가 정치적 실체로 등장해야 한다. 지금까지 중도는 일관된 이념이나 정책 비전을 갖지 못한 채, 양진영의 완충지대이자 선거 전략의 표적 집단에 머물러 왔다. 그러나 갈수록 강경해지는 진영 대립과 피로감 속에서, 점점 더 많은 시민들이 중도에 의미 있는 대안을 기대하고 있다.

이제 중도는 이념 사이의 좌표 위치보다는 정치적 역할과 지향으로 설명되어야 하고, 극단을 상대화하고 복잡한 현실에 유연하게 대응하는 정치적 대안으로 재정의되어야 한다. 중도는 '이념 없음'이 아니라, 이념을 도구화하지 않는 정치, 맹신이 아닌 숙고와 조율의 정치, 감정 선동이 아닌 현실 기반의 대안적 실천으로 자리 잡아야 한다. 정당 차원에서도 중도 정치는 정책 중심 정당의 모델을 통해 합리성과 실용성, 시민감수성과 미래지향성을 결합할 수 있어야 한다.

이러한 중도의 재정립과 부상은 보수와 진보 양진영 내부의 균열을 가속화하며, 전통적인 이념축을 중심으로 짜인 정치 지형의 재편을 촉진할 수 있다.

세 번째 경로는 시민들이 스스로 양극화 레일에서 내려오는 것이다. 진영 정치 극복의 가장 근본적인 힘은 시민 개개인에게서 나올 수 있다. 정치적 신념이 곧 정체성이 되고, 정체성이 곧 적대의 이유가 되는 양극화 레일에서 내려오는 결단이 필요하다. 정치적 믿음에 대한 성찰과 감정적 동원에서 벗어나 판단 능력을 회복하는 것이 중요하다. 시민 한 사람 한 사람이 정치적 독립성을 회복하고, 정당과 이념을 오롯이 수단으로 여길 수 있을 때, 정치 양극화는 흔들리기 시작할 것이다.

자신의 정치적 믿음체계를 점검하며 성숙한 정치 주체로 홀로 서는 방안을 고민해야 한다. 양극화 구조 속에서도 스스로 정치적 자율성을 확보하고, 건강한 정치적 태도를 형성하는 길을 모색해야 한다. 아무도 올라타지 않는 혹은 극소수만 이용하는 양극화 레일은 이내 자연스럽게 폐선이 될 것이다. 언젠가 그 폐선부지는 과거의 유물을 보관한 공원이 될 수도 있다.

우리는 새로운 길을 만들 수 있다. 양극화의 레일에서 내리는 것은 분명 두려운 일이다. 하지만 다른 선로가 어디에, 어떻게 있는지 모르더라도 멈춰 서는 것 자체가 새로운 시작이 될 수 있다. 우리에게 주어진 선택지는 하나의 선로가 아니다. 어딘가에는 선로전환기가 있을 것이고, 성찰의 플랫폼이 있을 것이다. 레일에서 내린 우리는, 힘들지만 스스로 걸어갈 수 있다.

이 세 가지 전환이 줄탁동시로 이루어진다면 더할 나위 없겠지만, 한 가지라도 제대로 이루어진다면 시간이 걸릴지라도 진영 구도는 균열되거나 해체의 길을 갈 것이다. 우리 정치는 현재의 고착된 진영 전쟁 구도에서 벗어나 정치의 본령인 문제 해결과 공동체 운영의 공간으로 회복될 수 있을 것이다. 진영 너머의 정치를 상상하는 일은 단지 가능성의 문제가 아니라, 더 이상 미룰 수 없는 시대적 요청이다.

세 개의 믿음체계 그리고 일곱 가지 질문

우리 정치에는 이성과 논리만으로는 도저히 설명하기 어려운 믿음의 구조들이 기묘하게 작동하고 있다. '종북좌파 망국론', '반민주 세력 청산론', '냉소주의'가 대표적이다. 앞선 두 가지 믿음체계는 보수 진영과 진보 진영에서 주도권을 장악하고 있는 양극화의 엔진이며, 냉소주의는 양극화의 보조 엔진이라 할 수 있다. 이들은 단순한 주장이나 일시적인 선동을 넘어, 정치 현실을 해석하고 정치 행동을 유도하는 강력한 믿음체계로 작동하고 있다. 그리고 이 믿음체계들은 우리 사회의 정치를 왜곡하고, 민주주의의 작동을 방해하며, 진영 대결을 고착시키는 주범들이다.

이제 이 왜곡된 정치적 믿음체계들을 비판적으로 분석하기 위해, 일곱 가지 질문을 던지고자 한다. 이 질문들은 각각의 믿음체계가 무엇인지, 어떻게 작동하는지, 어떤 해악을 초래하는지 그리고 그것을 어떻게 성찰할 수 있는지를 입체적으로 탐색하려는 시도다.

이 믿음체계는 무엇인가? 개념적 정의와 핵심 메시지는 무엇이며, 일반적인 정치적 신념과 어떻게 구분되는가.

어떻게 형성되었는가? 어떤 역사적·사회적 배경과 사건, 경험이 이 믿음체계 형성과 확산에 영향을 미쳤는가.

현실에서 어떻게 작동하는가? 이 믿음체계는 정치적 인식과 행동에 어떤 방식으로 영향을 미치고, 구체적으로 어떻게 현실에서 나타나는가.

누가 이를 신봉하는가? 이 믿음체계를 수용, 확산, 재생산하는 계층, 집단, 정치 세력은 누구이며, 그들은 이를 통해 어떤 이익을 추구하는가.

이 믿음체계는 어떻게 진영 내 헤게모니를 장악했는가? 해당 믿음체계가 진영 내부의 경쟁 속에서 주도적 위치에 부상한 경로와 이유는 무엇인가.

어떤 폐해를 낳고 있는가? 이 믿음체계는 민주주의, 공론장, 숙의 정치, 사회 통합에 어떤 구체적 위협을 초래하고 있는가.

왜 사라지지 않고 반복되는가? 이 믿음체계는 어떤 구조적 조건, 심리적 기제, 정치적 유용성에 의해 끊임없이 재생산되고 있는가.

마지막으로 어떻게 극복할 수 있는가? 이는 우리가 피할 수 없는 질문이다. 그러나 몇 가지 단초나 제언 수준을 넘어서지는 못할 것이다.

이 질문들은 우리 정치의 왜곡된 구조를 드러내고 비판적으로 성찰하기 위한 분석의 사다리다. 우리 정치가 진영 대결과 정체성 투쟁의 늪에서 벗어나기 위해, 우리는 이 믿음체계들을 직시하고 그 구조와 내면을 해부해야 한다.

4장

종북좌파 망국론

극우 국가주의 믿음체계

"종북좌파(반국가세력)가 나라를 망하게 한다."

우리 정치에 악령처럼 출몰하여 정치를 극단화하는 극우 국가주의 믿음체계는 단연 이 한 문장에 담겨 있다. 우리 정치를 망치는 가장 위험한 믿음체계를 이끄는 태초의 말씀이다.

이것이 몇몇 보수 인사들의 돌출적 발언이나 태극기 집회의 구호 정도이지 영향력 있는 믿음체계가 아니라고 생각할 수 있다. 또 윤석열 대통령 탄핵 국면과 대선 과정에서 일부의 목소리일 뿐이며, 상황이 정리되면 사그라질 정치적 광풍에 지나지 않는다고도 생각할 수 있다. 그렇지 않다. 이는 굳건한 하나의 정치적 믿음체계다.

종북좌파 망국론은 국가의 정체성과 안보를 위협하는 내부의 '종북' 또는 '반국가세력'이 존재하며, 이들이 자유민주주의 체제를 흔들고 국가를 붕괴시킬 수 있다는 위기의식과 자기 정당화를 기반으로, 자신을 '국가 수호자'로 규정하는 보수 진영 강경파의 정치적 믿음체계이다.

이 믿음체계는 이념적 보수주의와는 구별되는 강경 보수, 극우적 국가주의, 감정적 민족주의, 정체성 정치가 어우러진 변종이다. 이 믿음체계를 신봉하는 이들의 정체성은 반공, 국가, 신앙이 결합되어 있는 정서적이며 배타적인 공동체이다.

이 믿음에는 진보적이고 리버럴한 정치적 의견을 적대시하는 극우, 권위주의와 전체주의 유산을 되살리려는 반동적 국가주의, 선동 정치 전략으로서 포퓰리즘이 담겨 있다. 이 믿음을 가진 사람들은 보수 진영의 소수 극렬 신봉자를 거느린 분파에 불과하지만 보수 진영의 헤게모니를 움켜쥐고 우리 정치를 주도하고 있는 정치 양극화와 극단화의 실질적 주범이다.

이 정치적 믿음체계는 다음을 공공연히 선포한다. '종북좌파는 자유민주주의를 파괴하는 암적 존재다', '종북좌파는 국가 안보를 위협하고, 자유를 제한하려 한다', '종북좌파는 대북 지원으로 북한 정권의 생명을 연장시켰다', '반국가세력은 한미동맹을 깨뜨리려 한다', '반국가세력은 시장 경제를 파괴하고, 사회주의를 만들려 한다', '반국가세력이 자유민주주의 대한민국을 전복하려 한다', '반국가세력이 진보로 위장하여 사회적 혼란을 획책한다'. 이 언명들은 종북좌파 망국론의 신앙고백이다. 정치적 반대자를 국가의 적으로, 특정 정치적 태도와 지향을 국가적 위협으로 규정하고, 자신을 자유민주주의 수호자로 정당화한다.

이들은 확신에 찬 사람들이다. 자유민주주의를 부정하는 종북좌파나 반국가세력이 위협적인 수준으로 존재하며, 그 폐해가 실제 확인되고 있다고 확신한다. 종북좌파는 북한과 내통하거나 사회주의에 심취하여 정치권, 언론계, 학계, 시민단체, 노동계에 버젓이 또는 암약하면서 우리 사회의 기본질서를 전복하려 한다고 확신한다. 당연히 이들을 척결하는 것이 자유민주주의를 지키는 가장 중요하고 시급한 일이라 믿어 의심치 않는다.

이 믿음체계는 현실의 다양한 이슈들과 결합되어 쉼 없이 적을 재규정하며 확대 재생산되고 있다. 이 믿음체계는 척결해야 할 적을 종북좌파에서 '반국가세력'으로 확장하였다. 거칠게 정부를 공격하는 의회 다수당인 민주당과 보수 정권에 비판적인 시민단체가 반국가세력으로 규정되었다. 허위 선동, 가짜뉴스, 괴담으로 사회적 혼란을 만드는 행위, 입법권의 남용까지 반국가활동으로 적시되었다. 현직 대통령마저 빠져든 '부정선거 음모'는 명백한 반국가세력의 책동으로 계엄령을 통해서라도 뿌리 뽑아야 할 중대한 문제인 것이다.

2024년 12월 3일. 윤석열 대통령은 반국가세력 척결을 명분으로 비상계엄을 선포했다. "저는 북한 공산 세력의 위협으로부터 자유 대한민국을 수호하고, 우리 국민의 자유와 행복을 약탈하고 있는 파렴치한 종북 반국가세력들을 일거에 척결하고, 자유헌정질서를 지키기 위해 비상계엄을 선포합니다." 이 대국민담화는 이 정치적 믿음체계의 실존과 위력을 입증하는 '스모킹 건'이며 그들의 대헌장이다.

윤석열 대통령의 비상계엄 선포는 근원적인 측면에서 종북좌파 망국론 믿음체계가 작동한 결과로 해석할 수 있다. 이 믿음체계는 대한민국의 자유민주주의를 위협하는 내부의 적이 존재한다는 전제를 중심 서사로 삼고, 체제를 지키기 위한 단호한 조치가 언제든 정당화될 수 있다는 믿음을 내면화하고 있다. 정치적 적대자를 '국가를 위협하는 세력'으로 규정하는 인식과 이들을 억누르기 위해서 계엄령이라는 초법적 수단이 정당화될 수 있다는 판단은 굳건한 인식적 토대 없이는 불가능하다. 계엄령 선포는 보수 진영 강경파에 내재된 종북좌파 망국론이 위기 상황에서 어떤 전략을 선택하는지를 보여주는 전형적 사례이자, 이 믿음체계가 갖는 현실 정치에 대한 영향력과 작동을 입증하는 사건이다.

이 믿음체계는 국가 정체성, 정치적 '적' 설정, 감정적 동원, 정당성 독점, 도덕적 적대성의 구조를 갖추고 있는 정체성 기반의 한국형 극우 포퓰리즘 혹은 극우 국가주의이다. 국가 정체성에 대한 독점적 해석, 정치적 적대의 구조화, 감정 동원의 전략화, 보수 개신교·반공주의와 결합된 정당성 서사, 지속적인 대중 동원 기제라는 다층적 구조를 갖추고 있고 실제적인 정치적 장치로 기능한다.

이 믿음체계는 전형적인 극우 포퓰리즘 성격도 가지고 있다. '선한 국민 대 사악한 내부의 적'이라는 이분법은 모든 정치적 논쟁을 도덕 전쟁으로 전환시킨다. 사법부, 언론, 교육계, 시민단체는 좌파 기득권으로 간주되며, 그들의 말은 왜곡이자 선동이다. 반면 '보수 국민'은 억눌려왔고 침묵해 온 다수이며, 이제는 정의의 이름으로 반격에 나서야 한다는 감정적 서사가 그들을 움직인다.

또한 이 믿음체계는 극우 국가주의의 특성 역시 지니고 있다. 이 믿음체계를 신봉하는 이들은 자신들만이 대한민국의 역사와 존재 의미를 제대로 알고 있다는 국가 정체성의 독점, 자유와 권리보다 질서와 통제를 강조하는 권위주의적 국가관, 국가를 도덕적 실체로 신격화하는 경향을 보인다. 또한 강력한 카리스마와 단호한 응징 서사를 가진 지도자를 선호한다.

종북좌파 망국론은 단순한 보수주의가 아니다. 그것은 국가주의, 정서적 민족주의, 종교적 보수주의, 극우 포퓰리즘이 혼합된 하나의 '정치 종교'이며, 감정과 신념이 정치의 언어를 대신하는 구조화된 '정치 신앙'이다.

반공주의가 키운 정치 신앙

종북좌파 망국론은 보수주의 이념을 가장 극우적이고 광적으로 드러내는 우리 정치 속 한 편의 트래지디tragedy나 아포칼립스apocalypse다. 이 믿음체계는 정치적 정체성, 감정의 구조, 역사적 기억이 결합되어 거대한 음모 서사와 위기 담론으로 진화하였다. 이 위험한 서사는 어떻게 구축되어 왔을까? 이들은 어떤 간증 스토리를 품고 있을까?

반공주의 정치적 유산이 그 믿음의 주춧돌이다. 이 믿음체계의 뿌리는 분단과 한국전쟁 그리고 냉전 체제에서 반공 이념이 국가 정체성과 동일시되었던 역사적 맥락에 있다. 반세기 가까이 우리 사회를 지배했던 독재의 경험으로 이 믿음체계는 안착했다. 이승만, 박정희, 전두환 정권은 정치적 반대자를 종북좌파로 낙인찍고 탄압하며 지배 이데올로기를 완성했다. 권위주의 시대 안보의 정치 도구화와 이념적 정당화가 한국 보수주의의 본령이 되었다.

이 왜곡된 보수주의는 1970~80년대 민주화운동에 대한 탄압의 명분, 김대중·노무현 정부 등 진보 정권에 대한 저항, 대북 화해와 개혁 정책에 대한 반대 논리, 이명박·박근혜·윤석열 정부의 위기 탈출을 위한 정치적 술책인 종북좌파 프레임으로 면면히 이어졌다.

1987년 이후 민주화가 이루어졌지만, 반공 담론은 사라지지 않았다. 오히려 새로운 적응과 재구성을 통해 생존했다. 민주화 세력은 권위주의 체제의 반대편에 서 있었고, 이들은 곧바로 보수 진영의 입장에서 '체제에 대한 위협 세력'으로 재명명되었다. 특히 1990년대 이후 북한의 핵 개발, 김대중·노무현 정부의 햇볕정책은 보수 진영의 위기의식을 더욱 고조시켰고, 이내 '진보=종북=망국'이라는 정치적 믿음체계로 구조화되기 시작했다. 여기서부터 종북좌파 망국론은 단순한 이념적 공격을 넘어, 정체성과 국가 정당성의 체제 전쟁으로 확대되었다.

이 믿음체계가 본격적으로 정치적 조직성과 대중성을 갖춘 시기는 박근혜 정부 전후다. 북한의 도발과 안보 불안이 반복될 때마다, 이 서사는 보수 유권자들을 결집시키는 강력한 감정의 언어가 되었다. 국정원 대선 개입, 통합진보당 해산, 전교조 탄압 등은 모두 '국가를 지키기 위한 정당한 응징'으로 정당화되었고, 종북 프레임은 모든 정치적 반대자를 공격하는 무기가 되었다.

박근혜 대통령 탄핵은 이 믿음체계를 공유하는 세력에게 결정적인 분기점이었다. 탄핵을 '좌파의 쿠데타'로 간주한 이들은 스스로를 '국가를 지키는 마지막 방어선'으로 인식하며 거리로 나왔다. 이른바 '태극기 부대'는 종북좌파 망국론을 정체성의 중심으로 삼고 보수 진영의 극우화를 이끌었다.

실존하는 북한의 위협에 경계심을 높여야 했던 역사적 경험과 진보를 대하는 보수의 적대감이 강고한 믿음체계로 성장했다. 그리고 미국이 공산주의로부터 한국을 지켰다는 '미국 구원론'과 결합하며 자유의 상징으로 태극기와 성조기를 양손에 쥐었다. 북한에 대한 공포를 몸소 겪은 세대에게 이 믿음은 몸이 먼저 반응하는 감각이다. 그 감각을 깨우는 일은 어렵지 않다. 21세기 대한민국 대명천지에서 활동하는 '빨갱이와 진배없는 종북좌파들'을 콕 찍어주면 되는 일이다. 역사적 경험을 절대적으로 규범화하는 사유의 결핍과 권위주의 시절의 왜곡된 기억과 노스탤지어가 강력한 정치 감정이 되었다.

사회적 변화와 갈등에 대한 거부감과 안보와 안정에 대한 집착도 이 믿음 강화에 힘을 더했다. 민주적 질서가 공고화되고 있지만 다원화 사회에서 사회적 갈등과 불안은 피할 수 없다. 사회적 위기, 경제 불황, 정치 혼란, 사회적 재난이 많은 이들을 불안하게 만든다. 이 불안을 외부의 위협으로 전가하려 할 때 안성맞춤의 무리가 반국가세력이다.

한편 개신교 보수주의와 결합으로 이 믿음체계는 정치적 원군을 얻었다. 보수적 개신교계의 반공주의, 권위주의적 세계관, 종교 세계관과 강력한 정치적, 사상적 동맹을 맺었다.

해방 이후 북한 정권이 종교를 탄압하면서, 일부 개신교계는 반공을 자신의 생존의 전제 조건으로 인식하고 반공주의를 신앙생활의 일부로 편입하였다. 로마서 13장은 이들에게 현세의 권력을 어떻게 볼 것인가를 친절히 안내했다. "사람은 누구나 위에 있는 권세에 복종해야 합니다. 모든 권세는 하나님께로부터 온 것이며, 이미 있는 권세들도 하나님께서 세워주신 것입니다. 그러므로 권세를 거역하는 사람은 하나님의 명을 거역하는 것이요, 거역하는 사람은 심판을 받게 될 것입니다." 독재 권력도 '지도자는 하나님이 세운 권위'라는 논리로 옹호하고, 권력에 최대한의 통제력을 부여하는 것이 마땅하고 옳은 일이라는 국가주의적 논리를 종교적 진리로 설파하였다. 또한 이들에겐 도덕과 질서, 가족, 성 역할 조정이라는 새로운 도전에 맞서 정치권과 공동의 전선을 펼칠 필요도 있었다. 여기에 사탄, 종말론, '하나님 나라' 등의 종교적 서사들을 정치로 옮겨와 믿음체계의 기둥으로 삼았다. 이들에게 '하나님 나라'는 개인의 영적 회복과 예수를 따르는 실천으로 세워지거나, 정의롭고 평화로운 나라가 결코 아니다. '영원히 종북좌파가 살지 아니하며 대대로 진보의 무리가 없을 것이라. 하나님께서 소돔과 고모라와 그 이웃 성읍들을 멸하신 것같이' 그런 나라다.

이렇게 극우 세력이 개신교 보수주의와 결합하면서 이 믿음체계는 정치적으로 더욱 왜곡되었으나, 정치적 기반은 한층 확대되고 강력해졌다. 일부 종교 지도자들은 대형 교회 네트워크를 통해 이 믿음체계 확산의 플랫폼 역할을 하고 있다.

윤석열 대통령의 등장과 탄핵은 이 믿음체계의 또 다른 정점이다. 여전히 윤석열 전 대통령의 지지층 상당수는 '좌파가 없어야 나라가 산다'는 위기의식으로 움직인다. 이 믿음체계는 더 이상 단순한 주장이나 프레임이 아니라 정치적 판단과 충성의 기준이 되었고, '종북좌파와의 싸움'이라는 대서사 안에서 모든 정책과 행위가 정당화되었다. 비상계엄은 정당하며, 반국가세력과의 전면전을 통해 대통령의 탄핵을 반드시 저지해야 한다는 결의는, 이 믿음체계가 지닌 내적 동력의 정수이자, 그 정치적 위세가 폭발적으로 확장되는 계기이다. 국민의힘 리더십을 희망하는 이들은 이 물결에 몸을 실어 이들 무리들의 지지를 얻어내는 것이 정치적 진로에서 가장 중요한 일이 되었다.

이들이 연출하는 드라마는 여전히 끝나지 않은 채 우리 정치의 한복판에서 현실을 지배하고 있다. 우리는 이 믿음체계를 광화문의 태극기 물결, 헌법재판소 앞의 '탄핵반대', 'stop the steal' 피켓에서 만났다. 그리고 대통령선거에서는 자유민주주의를 지키는 체제 전쟁의 불길로 다시 타올랐다. 21대 대선에서 이 믿음체계는 '체제 전쟁'이라는 극단적 구도로 재구성되어, 정권 재창출 주장을 넘어서 국가의 존망을 건 전쟁이라는 메시지로 정치적 동원을 시도하였다.

　선거에서의 패배는 이 믿음체계를 일시적으로 약화시키기보다, 진보 정권에 대한 저항의 명분으로 전환시킬 가능성이 높다. '종북좌파 정권의 위험성'을 다시 부각시키며, 야권 결집과 내부 동원, 국정 견제의 정당화 논리로 삼을 것이다. 이는 보수 진영의 재편 과정에서도 여전히 강력한 감정적 정체성과 결속의 자원으로 활용될 수 있으며, 도덕적 위기의 언어로 진보 진영에 대한 지속적인 공격 논리로 작동할 것이다.

　결국 '종북좌파 망국론'은 단지 선거 전략이 아니라, 정치적 패배 이후에도 정당성과 결집을 유지하기 위한 믿음체계의 재순환 구조로 기능하며, 우리 정치의 대결 구도와 진영 감정의 고착화에 주요한 역할을 지속할 것이다. 이 보수주의의 변종은 더 이상 변방의 외침이 아니라 우리 정치를 극단으로 몰아가는 보수 진영의 독보적 메인스트림이다.

신성한 감정 동원 장치

모든 정치적 믿음체계는 정당성 확보, 지지 세력 결집, 경쟁자 공격을 통해 그 힘을 발휘한다. 그렇다면 종북좌파 망국론은 현실 정치에서 어떻게 작동하는가? 이 믿음체계는 권력의 위기 순간마다 호출되고, 적대를 조직하며, 정당성과 충성을 결박하는 실제적인 정치 장치인 믿음체계의 기능을 가장 모범적으로 수행하고 있다.

이 믿음체계는 현실 정치에서 작동할 때 다음의 특성을 보여준다.

반공주의 전면화: 이 믿음체계의 이념적 뿌리는 반공 냉전주의에 있다. 북한의 실재적 위협을 과장하거나 내부 적대자의 음모와 연결시킴으로써, 모든 이견을 '종북' 혹은 '반국가적 행동'으로 낙인찍는다. 이들에게 반공은 공산주의 반대나 외교안보 전략이 아니라 정치적 정당성과 도덕적 정체성의 토대로 기능한다.

진보 정치에 대한 전면적 반대 프레임: 이 믿음체계는 진보 정치에 대한 전면적 부정의 논리로 작동한다. 이들은 진보 혹은 리버럴은 물론, 중도 보수적 개혁 세력조차 자유민주주의 질서를 파괴하거나 수호하지 않는 세력으로 단정 짓는다. 복지 확대, 공정한 시장 질서, 여성과 소수자의 권리, 대북 화해 정책, 국제 협력의 다원주의 등 진보 진영 정책들은 이 믿음체계 안에서는 모두 '안보 위협' 또는 '체제에 대한 도전'으로 프레이밍 된다. 특히 대북 유화 정책은 '적을 이롭게 하는 행위'로 간주되며, 일말의 정치적 의미나 합리적 논의의 여지도 허용하지 않는다. 이 믿음체계는 진보 정치를 단지 이견이나 경쟁의 대상이 아닌 극복해야 할 적으로 삼는다.

보수 개신교와의 결합: 개신교 내 일부 강경 보수 교단과의 결합은 이 믿음체계의 도덕주의 경향을 극대화시킨다. '동성애 반대', '가족 해체 반대', '공산주의 척결'은 종종 성경의 언어로 정당화되며, 이들은 대한민국과 개신교가 하나의 신성한 공동체라는 인식을 공유한다.

감정 동원을 통한 대중 정치: 이 믿음체계는 공포(북한과의 전쟁 가능성), 분노(좌파 기득권에 대한 혐오), 피해의식(진보 정권의 부당한 탄압), 자부심(자유대한민국 건국과 근대화)을 내세우며 정치 행동을 조직한다. 검찰 개혁이나 평화 협정 논의조차도 '국가 해체의 음모'로 프레임되고, 정책 논쟁은 '친북·반북'의 선악 이분법으로 단순화된다. 합리적 토론은 배제되며, 정치적 선택은 도덕적 충성과 적대적 분노에 의해 결정된다.

도덕적 정당성의 독점과 극단화: 이들은 민주주의, 법치, 공정이라는 보편적 가치조차 자신들의 실천 안에서만 유효하다고 주장한다. 진보 진영이 말하는 민주주의는 '가짜'이며, 국가는 자신들이 지킬 때에만 존속 가능하다는 믿음을 공유한다. 이로 인해 정치는 상호 설득이나 협력 대신 척결과 배제의 전쟁 상태가 된다.

정치적 동원 기제: 이 믿음체계는 보수 정치의 결정적인 동원 장치다. 보수 진영이 위기 상황에 처했을 때, 즉 권력 상실의 위기나 정당성의 균열이 발생했을 때 가장 강렬하게 호출된다. 대표적인 예가 박근혜 탄핵 국면에서 등장한 태극기 집회이며, 최근 윤석열 대통령 탄핵 정국에서의 '계엄령 타령' 또한 이 믿음체계의 재현이다. 탄핵을 '반국가세력의 음모'로 재구성하고, 대통령의 권한을 '체제 수호'로 정당화하는 서사는, 이 믿음체계가 현실 정치의 위기 순간에 어떻게 강력한 방패이자 무기로 기능하는지를 보여준다.

이 믿음체계는 제도적 정치 불신과 직접 행동의 정당화 논리이기도 하다. 기존 제도 정치에 대한 불신을 조직하며, 거리 정치, 집회,

사이버 동원 등의 행동을 이끈다. 법적 절차나 제도보다 '애국심'과 '응징'이라는 감정과 도덕의 논리가 직접적 정치 행동을 조직한다. 이로 인해 민주주의 제도의 정당성과 권위는 약화되고, 정치 행동은 종교적 실천처럼 헌신적으로 수행된다.

또한 이 믿음체계는 선거 전략으로 반복적으로 재구성된다. 선거 국면마다 새로운 서사로 재포장되어 등장한다. 정당이나 후보가 '좌파 정권 심판', '자유민주주의 수호', '대한민국 정통성 회복' 등을 내세우며 상대를 '종북', '친북', '사회주의자'로 규정할 때, 그 바탕에는 이 믿음체계가 있다. 이는 단순한 색깔론이 아니라, 유권자의 감정과 정체성에 직접적으로 호소하는 전략적 장치다. 따라서 이 믿음체계는 보수 유권자들의 정체성 확인 욕구를 충족시키며, 투표를 도덕적 실천으로 전환시키는 효과를 낸다.

이 믿음체계는 보수 정당 내부 통제 기제로도 작동한다. 정당 내부에서 이 믿음체계는 진영 내부의 결속을 위한 충성과 정통성의 기준선 역할을 한다. 당내 온건 보수나 개혁 성향 인사들은 '좌클릭', '위장 보수' 등의 낙인을 통해 배제되며, 강경 노선에 대한 비판은 곧 '종북좌파에 동조하는 행위'로 간주된다. 이 믿음체계는 내부 이견과 비판을 억누르는 규율이자, 지도부 장악과 세력 재편의 정당화 논리로 사용된다. 그 결과 정치적 다양성과 개방성은 약화되고, 보수 정당은 점점 폐쇄적 충성 집단으로 변모하게 된다.

요약하자면, 종북좌파 망국론은 보수 진영의 정치적 실천과 전략 전반을 구조화하는 믿음체계다. 그것은 위기를 정의하고, 적을 설정하며, 충성을 조직하고, 정치를 감정화하는 방식으로 작동한다. 이 믿음체계가 현실 정치에서 반복적으로 호출되고, 여전히 유효한 이유는 바로 이 구조화된 작동의 힘 때문이다.

체제 수호자이자 구국의 전사

종북좌파 망국론을 신봉하는 사람들은 대한민국의 정체성을 자신들이 정의하고 수호해야 한다는 강한 사명감 그리고 정치적 대결을 '전쟁'으로 간주하는 극단적 선악 구도를 공유한다. 이들은 종북좌파라는 개념을 실제 정치의 중심 서사로 받아들이며, 이 서사가 작동하는 모든 정치 현장에 자발적이고 조직적으로 개입한다.

이들의 주류는 극우 성향 정치 집단이다. 극우 유튜브 채널 운영자, 보수 성향 시민단체, 일부 정당 내 강경파 의원과 참모진 등은 이 믿음체계를 전략적으로 사용하며 정치적 의제를 설정하고 동원을 기획한다. 이들은 특정 이슈(안보, 역사, 대북 문제 등)를 '종북-반국가' 프레임으로 재구성하여, 논쟁의 여지를 사전에 차단하고 정적을 도덕적으로 응징할 수 있는 '정의의 전장'으로 만든다.

보수 개신교 단체와 종교 지도자들도 이 집단의 핵심을 이루고 막대한 영향력을 행사한다. 일부 대형 교회 목회자들은 반공, 반동성애, 반페미니즘, 전통적 가족 질서를 복음의 가치로 변환하여 이 믿음체계와 결합시킨다. 이들은 정치적 설교와 집회를 통해 신자들을 정치적 행동에 동원하며, 신앙, 국가, 자유민주주의를 정치적 삼위일체로 신성화한다.

노년 보수층이 이 믿음체계의 적극적 액터들이고 여기에 청년세대의 신보수주의자 그룹이 가세하고 있다. 70대 이상 보수적 유권자층은 박정희 시대의 산업화, 반공주의를 경험으로 공유하며, 대한민국은 자신들의 희생 위에 세워졌다는 자부심을 정치적 정통성으로 삼는다. 이들의 정치적으로 배제되거나 모욕당하고 있다는 피해의식과 분노의 감정 상태는 헌신성의 에너지원이다.

한편 2030 보수 청년층 중 일부는 '공정', '진보의 위선'에 대한 반감을 통해 이 믿음체계에 동조한다. 이들은 반페미니즘, 반PC주의,

반북·반중국 정서를 공유하며 정체성 기반의 급진 보수화 흐름을 형성하고 있다.

이 믿음체계를 따르는 이들은 비록 소수이긴 하지만 이들의 목소리는 보수 정당과 정치적 네트워크, 언론 등을 통해 증폭된다. 이것이 그들의 막강한 영향력의 배경이다. 보수 정당 다수의 현직 정치인, 보수 성향 언론, 소셜미디어, 유튜브, 종교 커뮤니티 등 이들이 활용 가능한 네트워크는 공론장에서 자신들의 주장을 관철하는 데 강력한 지렛대가 되고 있다.

집회와 시위도 이들의 핵심 전력이다. 아스팔트 보수, 태극기 부대라 칭해지는 이들이 집회는 가히 헌신성의 종합 예술이다. 태극기와 성조기를 함께 들고 행진하거나, 반공 구호를 외치며 과격한 모습을 보이며 자신들의 존재를 위협적으로 과장한다. 이들은 민주주의 사회에서 집회 및 시위가 갖는 여론 형성, 정책 변화, 정치적 압력 행사, 정치적 믿음체계 확산 등의 기능을 너무도 잘 활용하고 있다.

이들은 탁월한 미디어 콘텐츠 제작 능력과 뉴미디어를 통해 거리 시위 효과를 온라인에서 재생산한다. 유튜브 채널, 카카오톡 등을 통해 이 시위는 무한 반복에 가깝게 재현된다. 이로써 시민들은 시위로 인한 사회적 혼란, 정서적 위협, 짜증과 불편, 교통체증, 거리 청소비용 등 사회적 비용을 감당하는 것을 넘어, 특정 담론의 일상적 공습에 노출되게 된다.

이들에게는 촘촘한 정치적 네트워크와 접근 가능한 풍부한 인력 풀이 있다. 이들 중에서 돋보이는 활동을 하는 사람들은 보수 정당을 통해 제도권 정치에 수혈된다. 또한 선거 과정에서 적극적으로 참여한 이들은 새로운 정부 구성에 참여하고 이를 통해 자신들의 영향력을 행사한다.

이 믿음체계 신봉자들은 강고한 결속력을 보여주고 투표 참여와 정치적 행동에 적극적이다. 이는 보수 진영 정치인에게 정치적 압력이 되기에 충분하다. 조직화된 이들의 정치적 압력은 자신들의 믿음체계를 지지하게 하거나 선호하는 정책을 관철시키는 소위 '민심'으로 기능한다. 정치적 압박은 정당을 넘어 지방자치단체 및 여러 공공기관 등에 로비를 통해서도 행사된다. 또한 고발과 폭로 등 다양한 법적 조치를 통한 메시지 확산에도 매우 열심이다.

이들은 정치적 서사화와 프레이밍을 통해 의제를 장악하는 데 뛰어난 능력을 보인다. 그 탁월함은 흔들림 없는 헌신성과, 믿음체계를 철저히 내면화하여 삶 전체와 일치시키는 강한 정체성에서 비롯된다. 이들은 모든 정치적 이슈를 '종북' 또는 '반국가세력'의 기획으로 환원시킨다. 사법 개혁, 대북정책, 복지 확대, 언론 개혁 등을 '좌파의 책동'으로 프레이밍한다. 이들의 정치적 정당성은 '현존하는 명백한 위험'이라는 가상의 적에서 발원한 것이지만, 적대적 이분법 프레이밍의 가장 성공적 사례들을 현실에 뚜렷하게 아로새긴다.

이 믿음체계를 신봉하는 이들에겐 가짜뉴스와 음모론을 통한 정치 선동이 최후의 전략이다. 합리적 대안으로 국민들을 설득할 수 없기 때문이자, 감정적 선동에 두 기법이 가장 효과적이며, 허구의 적을 공격하는데 허구적 서사는 피할 수 없기 때문이다. 가짜뉴스와 음모론은 대중의 혼란을 야기하는 목적도 있지만 내부 단속의 역할이 더 크다. 그들은 '선거관리위원회에서 투개표조작이 있었다'와 같은 부정선거 음모론이 이미 미국에서도 성공적이었음을 잘 알고 있다. 광주민주화운동에 북한개입설은 이들이 오래토록 손에서 놓지 않는 가짜뉴스다(가짜뉴스와 음모론이 믿음체계 강화에 어떻게 기능하는지는 8장 참조).

대중의 정서와 믿음을 조작하여 정치적 목적을 달성하려는 이들의 정치 선동에는 노련한 방식이 있다. 낙인 효과 활용과 단순 레토릭의 무한 반복이다. 낙인 효과는 '좌파', '종북', '빨갱이', '반미', '친중', '반시장', '무능', '혼란', '반개신교'라는 머리에 쏙쏙 박힐 뿐만 아니라 한국인이 연상할 수 있는 최악의 역사적 경험들을 응축한 수

작들이다. 인간의 뇌가 반복된 정보를 신뢰도가 높은 것이라 인식한다는 '착각적 진실 효과'의 힘을 그들만큼 잘 활용하는 이들은 없다. 낙인과 반복이 결합되었을 때 나타나는 효과는 가히 가공할 만하다.

이 믿음체계는 삶의 방식과 결합되어 있다. 그만큼 결속력이 강하고 헌신적이다. 이들은 자신들의 신념이 곧 국가의 정체성이며, 자신들의 정치 행위가 곧 대한민국을 지키는 애국이라는 확신을 갖고 있다. 이념적 설득이나 합리적 토론은 공동체 내부에서 무력화되며, 그 대신 충성, 순결성, 응징의 감정 정치가 집단 행동을 지배한다.

종북좌파 망국론이라는 믿음체계는 감정적 에너지, 종교적 서사와 정치적 열정이 결합된 유사 정치 공동체를 구성하고 있다.

보수 위기의 구원투수

종북좌파 망국론은 왜 끈질기게 되살아나 영향력을 행사하는가? 무엇보다 이 믿음체계는, 우리가 동의하든 그렇지 않든, 감정 구조와 정체성의 토대가 매우 강력하다. 그리고 이 믿음체계 신봉자들이 보수 정치 위기의 구원투수 역할을 하고 있기 때문이다.

이 믿음체계는 위기를 자양분 삼아 자라나는 정치적 정념이며, 정치적 불안정성과 보수 진영의 정체성 위기 속에서 반복적으로 소환되는 위기반응체다. 이 믿음체계가 끈질기게 되살아나는 이유는 이념의 힘이 아니라, 감정, 정체성, 정치 전략이 결합된 작동 메커니즘에서 비롯된다.

이 믿음체계에 대해 많은 이들이 우려하면서도, 이 믿음체계의 신봉자들이 특정 세대에 한정되고 소수에 불과하며, 제도권에 깊이 들어와 있지 않다는 이유로, 경멸적 무시에 가까운 태도를 취한다. 그러나 이 믿음체계는 그 자체에 쉽게 사그라지지 않을 동력이 있다. 역사적 맥락에서 구조화된 인식체계이며 지속적인 정치적 재생산의 조건을 가지고 있다. 단지 구호의 선명성이나 선전 전략의 효과에서 오는 것이 아니다.

앞서 살펴본 대로 이 믿음체계는 역사적 경험, 감정 구조로 내면화, 정치적 유산, 정체성 정치의 메커니즘이 결합되어 있다. 분단과 전쟁이라는 한국 현대사의 비극에서 비롯된 집단 기억은 깊이 새겨져 있고, 오랜 시간 동안 교육, 언론, 종교 등을 통해 내면화되어 왔다. 특정 세대에게 이 믿음체계는 역사적 상식이자 도덕적 차원에서의 의무이다. 아울러 권위주의 체제를 이끌어온 핵심 동력이었으며, 이후에도 보수 위기에 결속과 동원의 핵심 서사로 등장해 위기를 수습하고 반격의 기점으로 성공했던 학습 효과마저 있다.

더 중요한 것은 이 믿음체계가 정체성 정치의 가장 강력한 형태로 기능하기 때문이다. '우리는 대한민국을 지키는 유일한 주체이며, 저들은 반역자다'라는 이분법적 서사는 거의 존재론에 가까운 힘을 발휘한다. 이러한 인식이 종교적 신념이나 민족 정체성과 결합할 경우, 이는 절대적 진리로 받아들여지고, 타협 불가능한 정치적 신앙으로 고착된다. 이렇듯 종북좌파 망국론은 역사와 제도, 정서와 미디어, 정치 전략이 교차하는 지점에서 만들어진 복합적이고 자기 증폭적인 믿음체계다. 그 힘은 단순한 이념의 힘이 아니라, 우리 정치와 사회가 오랜 시간 축적해온 구조적 집단의식에서 기인한 것이다.

이 믿음체계 신봉자들이 가장 활발하게 움직이는 시기는 단연 보수 정치가 위기에 직면했을 때다. 일상적 시기와 선거 시기에도 늘 거리의 목사가 되어 목소리를 내고 있지만, 가장 결정적인 역할은 위기에 빠진 보수를 다시 일으켜 세우는 구원투수 역할이다. 대북화해정책 드라이브 시기, 박근혜 대통령 탄핵, 문재인 정부 적폐 청산, 윤석열 대통령 탄핵 국면에서 이들의 구국의 일념은 불타올랐다.

돌이켜보면, 보수의 위기는 그들이 민주주의 원칙과 절차를 지키지 않을 때 찾아왔다. 어찌 보면 이념으로서의 보수의 위기라기보다, 보수주의 모자를 쓴 왜곡된 믿음체계의 위기가 있었을 뿐이다. 한국의 보수가 정치적 위기를 돌파하는 방법은 군부 쿠데타, 반민주적 헌법 개정, 공안 통치, 계엄령을 통한 정치적 격변 등 다양했다. 이 수단들이 현실화될 때마다 종북좌파 망국론은 전면에 등장했다.

보수의 위기에 이 믿음체계가 보수 결집의 핵이 되는 이유는, 이 믿음체계가 가진 감정 동원 메커니즘에 있다. 위기를 감정화하고 감정을 정치화하는 이 믿음체계는 안보 불안, 체제 불안, 사회 불안을 명분 삼아 대중의 공포와 분노를 자극한다. 이들의 '종북좌파가 나라를 망친다'는 명료한 위기 서사에 역사적 기억 속에 있는 공포와 적대감은 즉각적으로 반응한다. 이 감정 동원은 선명한 적을 설정하고 스스로를 자유민주주의의 수호자로 포지셔닝함으로써, 흔들리는 보수 내부를 단속하는 기능을 수행한다. 또한 비록 소수이지만 이 일을 수행할 강고한 믿음체계로 무장되고 훈련된 집단도 있다. 이 헌신적이고 결집된 소수들은 나약하고 흩어진 보수들을 나무라며 위기의식을 일깨우고 결집을 유도한다. 그리고 제도권 보수 정치인이 선뜻 나서기 어려운 선동 전략을 앞장서 수행한다.

이러한 구원투수 역할은 양날의 칼이다. 보수 정당은 위기 극복 과정에서 이 믿음체계에 점점 의지하면서 점점 우경화되고 중도층과 멀어진다. 국민의힘 의원들이 태극기 부대 집회에 참석하고 그들을 향해 허리 굽혀 인사하는 것은, '당신들이 없었다면, 우리가 다시 일어서지 못했을 것이다'라는 보수 신성에 대한 의례이다. 국민들은 눈앞에서 되풀이되는 역사적 퇴행을 지켜보며 두려움과 측은함을 느낄 뿐이다.

평소에는 이들의 극단적 주장과 거리두기를 하는 온건 보수들도 위기상황이 되면 이들을 선봉대로 평가한다. 이들이 일으키는 보수의 결집에 만족감을 숨기며 쭈뼛거리며 올라타는 악순환이 반복된다. 따라서 종북좌파 망국론은 그 자체로 '보수의 시작과 끝'이다. 해방과 함께 한국 보수 정치의 출발점이었으며 위기국면마다 보수 정치 회생의 계기라는 점에서 '시작'이며, 보수 정치가 되돌아올 수 없는 길을 가 머무는 마지막 정거장이란 점에서 '끝'이다.

철학 없는 보수의 실패

극우적 믿음체계는 어떻게 보수 진영의 헤게모니를 장악하였는가? 민주화 이후 보수 진영에서 종북좌파 망국론을 중심 서사로 내세우는 강경 보수 분파가 항상 주도권을 쥐고 있었던 것은 아니다. 그러나 이들은 정치적 변화의 결정적 국면마다 진영 내부의 헤게모니를 장악하였고, 우리 정치의 적대적 대결 구조를 재조직하는 데 성공해 왔다. 이 믿음체계가 보수 진영의 중심으로 부상한 것은 보수 진영이 직면한 존속의 위기 속에서 생존만을 위한 단기 처방을 선택하면서다. 김대중·노무현 정부 시기의 대북 유화 정책에 대한 반발, 박근혜 대통령 탄핵 이후의 보수 진영 분열, 문재인 정부 시기의 검찰 개혁과 남북관계 변화, 윤석열 대통령의 탄핵에서 보수는 감정적 동원과 결집에만 매달렸다.

또한 도덕적 정당성과 역사적 정체성을 독점하려는 진보 진영의 서사, 민주화 세력의 도덕주의 정치 역시 이 믿음체계의 적대적 감정을 정당화하는 거울 이미지로 기능했다. '정의를 가장한 위선', '지나친 도덕주의 정치와 우월감'에 대한 반발은 이 믿음체계의 대중적 호소력을 높이는 역설적 조건이 되었다. 이들의 탈선에 진보 진영의 책임 정도에 대해서는 여러 논의가 있겠지만, 양진영 간의 감정적 적대화의 상호 작용 자체를 부정할 수는 없을 것이다.

하지만 이 믿음체계의 부상의 결정적 이유는 보수주의 내부의 철학의 빈곤이다. 보수주의는 본래 현실주의, 점진주의, 질서와 책임의 철학을 내장한 정치 이념이었다. 그러나 한국의 보수 정치는 박정희식 국가주의와 반공주의에 갇혀, 자유주의적 전통이나 보수적 공동체 윤리를 체계화하지 못했다. 특히 민주화 이후, 한국 보수는 체제 수호의 명분만 남기고 공동체 비전과 실용적 정책을 제시하는 능력을 상실했다. 철학적 공백은 선명하고 즉각적인 적대 프레임을 내세우는 이들이 주도권을 장악할 수 있는 공간을 제공하였다.

진보 진영의 실패에 기댄 보수 정치의 몇 번의 집권은 비전과 정책의 승리가 아니라 그야말로 반사이익이 가져다 준 선물 수준이었다. 뜻밖에 주어진 정치적 승리는 예기치 못한 취약성을 갖기 마련이다. 구체적인 정책 방향과 준비 부족의 빈자리를 메운 것이 바로 종북좌파 망국론이었다.

결국 온건 보수의 무능의 문제로 귀결된다. 감정의 정치를 넘어서지 못한 온건 보수는, 합리적 보수, 실용적 보수, 중도 보수를 자처했지만, 대중적 기반을 형성하는 데 실패했다. 소수의 인사들이 혁신을 외쳤지만, 온건함은 무기력으로 타협은 배신으로 정책 중심 정치는 '좌파에 휘둘리는 정치'로 낙인찍혔다. 이 믿음체계가 만들어내는 폐쇄적 충성 구조를 돌파하지 못한 것이다. '좌클릭', '위장 보수', '배신자' 등의 낙인과 내부 통제 장치는 당분간 윤석열 대통령 탄핵에 대해 어떤 입장이었는지, 정권 붕괴의 원인을 두고 보수 진영 내부에서 철저히 작동될 것이다.

보수 정치의 정상화는 정당 구조나 인물의 교체만으로는 불가능하다. 보수 진영 내부에 깊이 뿌리내린 감정의 구조, 도그마화한 정치 종교로서의 믿음체계를 성찰하고 해체하려는 노력과 실천이 함께할 때 가능하다.

어쩌면, '특별한 사건'이 계기가 될지도 모른다. 또 한 번의 대통령 탄핵과 선거 참패를 통한 보수 정당의 몰락이 극우적 보수의 믿음체계의 허상을 깨뜨릴 계기가 될 수 있을까. 그것이 반성과 전환의 출발점이 될지, 아니면 또 다른 망국론의 부활로 이어질지 아직은 확신할 수 없다. 하지만 분명한 것은, 지금과 같은 극우의 믿음체계로는 오래갈 수 없다는 사실이다. 결국 보수를 다시 일으키는 힘은, 선명한 적대가 아니라 깊은 성찰과 새로운 도전에서 나올 것이다.

보수주의로 돌아가라

종북좌파 망국론은 우리 정치의 갈등을 정상적인 경쟁과 조정 가능한 이념 대립의 수준을 넘어, 구조화된 도덕적 전쟁과 적대의 체제로 만들고 있다. 그 결과 민주주의는 제도가 아닌 감정의 종교로 변질되고, 정치는 설득이 아니라 믿음과 결속을 위한 의례가 되며, 시민은 자유로운 주체가 아닌 충성의 무리에 편입되기를 요구받는다.

이 믿음체계의 폐해는 단지 한 정치 세력의 탈주가 아니라, 민주주의 정치 그 자체를 무력화시키는, 장기적이고 구조적인 위협이다.

민주주의 체제 내에서 합법적으로 활동하는 정치 세력과 시민사회 집단을 반국가세력으로 규정하는 것 자체가 민주주의 원리의 파괴다. 민주주의 사회에서는 누구나 어떤 말이나 할 수 있지만, '누구나 어떤 말이나 하면 안 된다'고 말하는 것은 용납될 수 없다. 따라서 이 믿음체계가 그리는 미래는 권위주의 체제로 퇴행하거나 전체주의로 돌아가는 것이라고 볼 수밖에 없다.

이 믿음체계는 정치 양극화를 만드는 하나의 축이자 동력이다. '우리 대 그들', '선과 악'이라는 이분 구도는 정체성 충돌을 통한 감정적 대립과 혐오가 정치를 지배하게 한다. 아이러니하게도, 이 믿음체계를 신봉하는 이들은 자신들이 그렇게 혐오하는 반국가세력의 정의에 스스로를 가장 근접시키고 있다.

그렇다면 이 믿음체계는 건설적 논의를 이끌어 갈 만한 정책적 대안을 제시하고 있는가? 없다. 이 믿음체계는 대안보다 '적을 만들고 싸우는 방식'에만 초점이 맞춰져 있다. 굳이 찾는다 해도, 현실성 없고 시대착오적인 국가보안법 강화, 진보 정당 해산, 복지 축소, 환경 정책 축소, 북한 선제 타격, 자체 핵무장, 성평등 정책 폐기, 국가주의 교육 강화 등 정책이라기보다 선동의 목록에 가깝다.

핵무장을 포함하여 김정은 정권의 도발은 분명한 안보 위협이다. 그러나 이 믿음체계는 안보 위협을 해결하기 위한 전략이 아니라 정치적 무기로 도구화되었다. 이 믿음체계가 제기하는 것은 안보 전략 토론이 아니다. 안보를 이용한 정치 공세와 정치적 경쟁자에 대한 선전포고일 뿐이다. 오히려 국가 안보의 이념화로 실효적 대응을 어렵게 만든다. 안보를 둘러싼 객관적 평가와 적절한 대응책 마련은 국가와 국민을 보호하기 위한 실용적이고 현실적인 영역이다. 이념의 사슬에 묶이거나 특정 정파의 정치적 도구로 활용되어서는 안 된다.

무한 반복적인 갈등을 조장하고 사회를 분열시키며, 모든 문제를 적대적 이념 전쟁의 자장 안으로 끌어들이는 이 믿음체계는 우리 사회가 반드시 극복해야 할 정치적 믿음체계다. 이 믿음체계가 해체되지 않는 한, 우리 정치의 극단적 양극화와 보수 진영의 무기력은 지속될 수밖에 없다.

이 믿음체계가 형성되는데 역사적 맥락이 있었다는 사실이 정당성을 보장하는 것은 아니다. 정치적 믿음체계의 정당성은 그것이 가지는 설득력과 공동체에 긍정적 기여로 입증될 뿐이다. 차별과 불평등이 그렇듯, 존재하는 것이 곧 옳은 것은 아니다.

역사적 맥락에서 형성된 이 같은 왜곡된 믿음체계를 마주할 때면, 역사에서 자유롭지 못한 인간의 한계 앞에 숙연해진다. 그럼에도 우리는 나아가야 한다.

이 믿음체계를 극복하는 길은 보수 진영 내부에서 감정과 배제의 정치를 반복하는 게임의 규칙을 근본적으로 바꾸는 데 있다. 그것은 '적을 더 잘 이기는 법'을 고민하는 것이 아니라, '정치를 다시 시작하는 법'을 고민하는 일이다.

우선, 보수주의로 돌아가야 한다.

본래의 보수주의는 극단이 아니었다. 그것은 이성의 절제와 현실에 대한 책임, 질서와 공동체에 대한 사려 깊은 배려를 내장한 정치적 믿음체계였다. 반공주의에 갇힌 신념도, 도덕적 우월감에 중독된 태도도, 선과 악의 이분법도 보수주의의 본령이 아니다. 오히려 보수주의는 인간의 불완전성을 인정하고, 이상보다는 제도와 관행의 안정적 개선을 지향한다. 감정을 조직하는 방식이 아니라, 불안과 변화의 시대 속에서 사회 전체가 균형을 이룰 수 있도록 조율하는 이성의 질서를 꿈꾸었다. 이 원형으로의 회복 없이 감정 정치에 사로잡힌 보수는 언제든 또 다른 '망국론'에 사로잡히게 될 뿐이다.

시대의 변화를 수용하기만 해도 충분하다.

종북좌파 망국론 믿음체계는 복지, 인권, 다양성, 평화, 기후위기와 같은 우리 시대의 보편적 가치의 주창을 체제 위협으로 간주한다. 그러나 변화는 위기가 아니라, 그 자체로 새로운 보수적 해석의 대상이 될 수 있다. 복지는 공동체의 안정을 위한 기반이 될 수 있고, 기후위기는 책임과 지속 가능성이라는 보수적 덕목과 연결될 수 있다. 보수주의는 언제나 변화에 맞서 싸우기보다, 그 변화를 질서 있게 수용하고 공동체의 기반을 해치지 않는 방식으로 대응하는 원칙 있는 태도였다. 변화에 저항하는 보수가 아니라 변화를 품고 능동적 기획을 더하는 보수로 돌아가는 것, 그것이 보수의 진화이다. 모든 진화는 변화하는 환경에 생존과 지속을 위한 능동적이고 창조적인 적응의 과정이다.

공포와 적개심을 동력으로 삼는 정치에서 벗어나야 한다.

한국의 보수주의가 희망과 신뢰의 담론이 되기 위해서는 최우선적으로 공포와 적대의 담론을 벗어나는 것에서 시작해야 한다. 정치가 갈등을 제대로 직시하거나 다룰 수 없을 때, 적대는 정치의 언어가 되고, 믿음은 현실 밖에서 새로운 세계를 구성한다. 종북좌파 망국론은 갈등을 조정하기보다 적을 설정하고 몰아내는 정치의 언어를 반복해 왔다. 정치적 경쟁 자체를 정상적인 민주주의 과정으로 인식하고 '다른 견해를 가진 시민들'과의 협력으로 바라보아야 한다. 최소한의 합의와 상호 신뢰를 회복하는 정치를 위해 두려움, 증오, 분노, 혐오에 대해 스스로 질문하고, 더불어 사는 세상의 본질에 대해 생각해야 한다. 그것이 민주주의의 핵심이자, 닫힌 믿음체계에서 열린 믿음체계로 나아가는 길이다.

외부의 비판이 과연 이 믿음체계 극복에 도움이 될까하는 의구심은 여전히 남아 있다. 그래도 이 믿음의 신봉자들이 깨어나는 희망을 놓아 버릴 수는 없다. 종북좌파 망국론은 그 자체로 정치적 독소이며, 민주주의의 면역체계를 교란하는 감염 요인이다. 지금 그들에게 필요한 것은 정치적 해독이다. 허위 믿음체계와 선동적 레토릭이 갖는 독성을 인식하고, 그에 저항할 수 있는 감각과 논리 그리고 민주적 면역체계를 재구축하는 일이다. 정치해독은 곧 이러한 거짓 믿음을 걷어내고 스스로를 정치적 독성으로부터 지켜내는 사유와 실천을 의미한다.

종북좌파 망국론의 해체는 정치의 품격과 상식의 문제다. 보수든 진보든, 우리에게 지금 필요한 것은 싸움의 결기가 아니라 성찰하는 용기다.

5장

반민주세력 청산론

개혁적 도덕주의 믿음체계

"반민주세력 청산이 개혁이다."
우리 사회의 민주주의 발전의 동력이었던 이 믿음은 과거의 환희와 이별하지 못하고 여전히 우리 곁에 머물러 있다. 윤석열 대통령의 탄핵 사태를 통해 이 믿음체계는 다시금 우리 정치에서 절대적 지위를 확인하였다. 이후 치뤄진 21대 대선에서 민주당이 집권하면서 이 믿음은 더욱 강력한 정치적 정당성으로 우리 정치를 지배하게 될 것이다. 박근혜 대통령 탄핵 이후 문재인 정부에서 도덕적 자부심으로 제기된 '20년 집권 계획'이 다시 나올 수도 있다. 새로운 미래를 여는 협력의 정치는 실현되지 못하고 여전히 도덕주의와 청산론에 압도당할지도 모른다.

'반민주세력 청산론'은 '반민주세력'을 우리 정치와 사회 문제의 근본적인 원인으로 규정하고, 이들을 현실 정치에서 청산해야 한다는 정치적 믿음체계다. 이는 과거청산 담론이나 선거 전략 차원을 넘어서 '민주 대 반민주' 이분법적 구도를 통해 정치 현실을 해석하고 정치적 태도와 전략을 결정하는 구조화된 인식체계이다.

반민주세력 청산론은 '개혁적 도덕주의'로 명명될 수 있다. 이 믿음체계는 정치적 정당성과 대중 동원의 근거를 선과 악, 정의와 불의라는 도덕적 이분법에 두고 있다. 그리고 개혁은 정치적 조정과 제도적 개선이 아니라 도덕적 당위로 정당화된 역사적 사명이 된다.

이 믿음체계는 자신들의 도덕적 우위를 정치적 우월성으로 환치하는 논리를 다음과 같이 표현한다. '반민주세력 척결 없이 개혁은 불가능하다', '우리는 독재와 맞서 싸워온 민주주의 수호자들이다', '군사독재 잔재들이 여전히 우리 사회를 지배하고 있다', '적폐 청산은 미룰 수 없는 시대적 과제다', '이번 선거는 민주주의를 지키는 싸움이다'. 1987년 민주화 이후 이어진 민주당 계열 정치 담론에서 이러한 언명들이 지속적으로 반복되어 왔다.

반민주세력 청산론은 도덕주의 정치의 전형이며 그 폐해를 집약적으로 보여준다. 도덕주의 정치는 정치적 의사 결정과 판단을 도덕적 기준에 절대화시켜 정치의 문제를 선악의 문제로 환원하는 태도와 전략이다. 도덕의 정치화는 필연적으로 이분법적 사고로 귀결된다. 그리고 이분법적 사고는 당연히 적대적 구도로 이어질 수 밖에 없다. 이 믿음체계는 자신들이 민주화투쟁의 역사적 정통성을 계승하고 있다는 자의식을 바탕으로 집단적 도덕적 우월감을 형성하고, 자신들의 정치적 정당성을 '도덕적 대의'에서 찾는다. 그리고 정치를 선과 악, 정의와 불의의 싸움으로 단순화한다. 그 결과 정치는 복잡한 이해관계와 조율이 아니라 정의와 불의의 서사 전쟁으로 변질되고, 공론장은 협의가 아닌 도덕적 단죄의 무대가 된다.

동시에 반민주세력 청산론은 당파적 정체성으로 작동한다. 이 믿음체계는 '우리는 민주주의의 수호자이며, 상대는 청산해야 할 악'이라는 정체성 규정을 통해 집단적 동일성과 결속을 유지한다. 이 정체성은 민주주의라는 이상적 가치와 스스로를 동일시함으로써 다른 어떤 정치적 정체성 보다 강한 규범적 확신과 우월감을 획득한다. 이렇게 도덕화된 정체성은 비판이 불가능한 신성한 지위로 스스로를 위치시킨다. 그리고 타자에 대한 배제를 거리낌없이 정당화할 수 있다. 결국 정치적 다양성은 사라지고, 충성의 서열과 도덕적 동질성만이 강조되는 폐쇄적 문화가 조성된다.

특히 이 믿음체계는 개혁의 도덕화를 통해 그 위력을 발휘한다. 본래 개혁은 제도의 개선, 정책의 혁신, 공공성의 확장을 지향하는 실천적 이념이다. 그러나 반민주세력 청산론이 이 개혁주의를 도덕적 응징의 명분으로 전유하면서, 개혁은 더 이상 숙의와 실용의 과정이 아니라 청산과 정화의 전투로, 도덕적 정체성의 과시와 자기 확신의 무대로 기능한다.

이러한 개혁에 대한 인식은 개혁의 무게 중심을 제도나 경제 질서보다 검찰 개혁, 언론 개혁 등 이념적·도덕적 상징성이 강한 영역에 집중하게 만든다. 정치 담론을 정교한 정책 설계나 성과 중심으로 이끌기보다는, 도덕적 투쟁이 가능한 개혁 주제에 대한 자연스런 선호와 집중이다.

결국 '개혁적 도덕주의'는 정치적 정당성의 근거를 도덕적 당위성에 두게 되어 정치적 응징도 타자에 대한 배제와 낙인도 정당화하게 된다. 그 결과 정치의 적대 구도는 일상화되며, 선거는 경쟁이 아닌 민주주의를 지키기 위한 결전의 장으로 설정된다. 보수의 정치적 승리는 도덕의 퇴보이자 정의의 좌절로 인식되며, 정치는 더욱 비타협적인 감정 투사의 장으로 재구성된다. 이 믿음체계의 구조와 작동 방식을 성찰하지 않는다면, 정치의 윤리는 협의와 숙의의 규범이 아니라 권력 투쟁의 도구로 전락하게 된다.

반민주세력 청산론에 대한 비판적 논의는 반민주세력이 존재하지 않는다고 주장하지도, 이에 대한 투쟁이 부당하다고 주장하지도 않는다. 민주화 이후 오늘날까지 반복되는 민주 대 반민주 구도에 대한 비판은 다음을 주목한다. 첫째, 이 믿음체계는 더 이상 우리 사회를 설명하는 적절한 틀이 아니며, 미래 비전을 설계하는 기반이 될 수 없다. 둘째, 다원화 사회의 다양한 의견과 갈등을 선과 악의 이분법으로 단순화하여 왜곡하며, 정치적 타협과 숙의 민주주의의 가능성을 차단하는 장벽으로 기능한다. 셋째, 정치가 해결해야 할 진짜 문제들에 집중하기보다 왜곡된 보수와의 적대적 공생을 유지하는 도구로 기능한다. 정치가 해결해야 할 사회경제적 문제들에 대한 실질적 대안이 제시되지 못하게 하는 걸림돌이다.

저항의 논리에서 도덕 정치로

반민주세력 청산론은 우리 사회의 역사적 맥락 속에서 형성되고 진화해 온 오래된 정치적 믿음체계다. 이 믿음체계는 시대별로 서로 다른 방식으로 기능하며 점진적으로 구조화되어 왔다. 민주화 이전 시기, 청산론은 군사독재에 맞선 정의의 윤리이자 저항의 도덕적 근거였다. 민주화 이후에는 제도 개혁의 명분이자 정치적 정통성을 주장하는 논리로 자리 잡았고, 박근혜 탄핵과 촛불정국을 거치며 진보 진영의 정체성을 구성하고 정치적 감정을 동원하는 지배 담론으로 자리 잡았다.

이 믿음체계의 기원은 1970~80년대의 민주화운동에 뿌리를 두고 있다. 유신체제와 신군부의 반공 이데올로기를 앞세운 권위주의 통치는 민주 대 반민주라는 이분법 구도를 정치의 기본 전제로 자연스럽게 자리잡게 하였다. 당시 진보 세력과 시민사회는 군부 권력, 정보기관, 관료 기득권층을 '민주주의를 억압하는 세력'으로 규정하였고, 정치적 정당성은 이러한 대결 구도를 통해 형성되었다.

이 시기 반민주세력 청산론은 폭력적 권력에 맞선 저항의 언어였으며, '청산'은 억압 체제의 종식과 새로운 민주적 질서를 위한 정의의 상징이었다. 불의한 정치 세력 극복은 당연한 정치적 과제이자 구체적 목표였고 시민의 도덕적 의무였다. 이 믿음체계는 민주화운동 시기에 구체적 억압 체제와의 투쟁을 조직하고 대중적 동력을 형성하는 데 결정적 역할을 했다. 부정부패, 불공정, 무능, 특권 등 권위주의 체제가 낳은 사회적 병폐에 대한 시민들의 분노는 정치에 대한 도덕적 정죄로 이어지며 청산론의 도덕적 정당성을 더욱 공고히했다.

이 시기 반민주세력 청산론은 역사적 피해의 기억, 도덕적 분노,

시민의 자긍심, 정의의 언어가 결합된 집합적 믿음이었다. 이 믿음체계는 민주화운동을 겪은 세대의 정치 감정의 심층부에 내면화되었다. 이 시기의 청산론은 단순한 정치적 프레임이 아니었다. 그것은 폭력과 억압에 맞서 정의를 회복하려는 도덕적 언어이자, 권위주의를 넘어서고자 했던 민주주의의 열망을 담아낸 시민적 목소리였다. 청산은 정쟁의 수단이 아니라, 더 나은 사회와 제도를 향한 도덕적 상상력의 표현이었으며, 민주주의 자체의 언어였다.

이 믿음체계는 1987년 민주화 이후 새로운 전환을 맞게 된다.

1987년 6월항쟁과 대통령 직선제 개헌은 우리 민주주의의 결정적 전환점이었다. 이 시기를 기점으로 진보 진영은 거리의 시민운동 주체에서 제도권 정치의 핵심 행위자로 편입되었고, 반민주세력 청산론 역시 저항의 언어에 머무르지 않고 정치의 언어로 자리 잡기 시작했다.

진보 진영은 자신들을 민주주의의 주체이자 역사적 정통성을 계승한 '민주주의의 산파'로 자임했고, 보수 진영은 군부 독재와 권위주의의 연속선상에 있는 '구체제의 유산'으로 규정되었다. 이러한 인식은 제도 정치 안에서 반복적으로 재생산되었다. '민주화운동 계승정당', '6월항쟁의 정신'과 같은 표현은 진보 진영의 정치적 정당성과 도덕적 우위를 상징하는 담론 장치로 작동하였다. 반민주세력 청산론은 이 시기에 정치적 비판을 방어하거나 반대 세력을 응징하는 도구로 적극 활용되었으며, 진보 진영은 민주주의 그 자체를 대표하는 집단이라는 자기 정체성을 강화해 나갔다.

이 믿음체계는 김대중 정부의 집권과 함께 더욱 제도적으로 정당화되었다. 김대중 대통령의 당선은 단순한 정권교체를 넘어, 군부 권위주의 체제를 넘어서려는 민주주의 복원의 상징적 사건으로 받아들여졌다. 그의 집권은 과거의 억압과 불의를 청산하고, 정치 개혁과 국민 통합을 동시에 이루려는 시대적 과제에 대한 응답이었다. 김대중 정부는 검찰, 언론, 사법부 등 국가 권력 기관을 개혁 대상으로 설정하며, 이를 민주주의 대 반민주세력이라는 구조 속에 배치했다. 이 시기의 반민주세력 청산론은 역사적 정당성과 시대적 설득력을 갖춘 정치적 믿음체계로 작동할 수 있었다.

특히 김대중 대통령은 오랜 정치적 박해를 견딘 민주화운동의 상징으로서, 청산을 단죄의 정치가 아닌 통합과 설계의 정치로 연결하려는 자제력 있는 접근을 보여주었다. 그는 과거를 부정하는 데서 멈추지 않고, 미래를 구상하는 지도자의 면모를 보이며 청산론의 남용을 경계하고 균형을 유지하고자 했다.

노무현 정부도 반민주세력 청산론의 기조를 유지했다. 노무현 대통령은 청산의 과제를 자신의 시대에 마무리하려는 강한 책임감을 드러냈다. 그는 "새시대를 여는 맏형이 되고 싶었는데 구시대의 막내 노릇을 할 수밖에 없었다.", "구태와 잘못된 관행을 깨끗이 청산해 후배들이 다시는 흙탕길을 걷지 않도록 하겠다"[13]라는 말로 그 고뇌를 드러냈다. 그러나 이러한 역사적 성찰은 이후 진보 정치인들에게 이어지지 못했고, 노무현의 고뇌는 단절된 유산이 되었다.

이 시기의 진보 진영은 제도 정치의 주체로 부상했지만, 정책의 연속성과 통치 역량에서는 뚜렷한 한계를 드러냈다. 복잡한 국가 운영에서 실용성과 조율 능력을 보여주지 못한 진보 세력은 성과 중심의 정치적 정당성 확보에 반복적으로 실패했고, 그 결과 도덕적 정당성을 전면에 내세우는 전략으로 전환하게 되었다. 진보는 자신들을 정의와 개혁의 주체로, 반대 진영은 기득권과 퇴행의 세력으로 규정하며, '개혁 대 반개혁', '정의 대 반민주'라는 도덕적 이분법을 강화하였다.

한편, 이 시기 보수 진영의 비상식적이고 비타협적인 저항 역시 반

---

13 盧 "새시대 맏형 되고 싶었는데 구시대 막내 노릇 할 것 같다", 동아일보, 2009.9.28., https://www.donga.com/news/Politics/article/all/20031105/7998482/1

민주세력 청산론의 정당성과 정서적 설득력을 강화하는 데 일조했다. 개혁 과제에 대한 구조적 방해, 지역주의 선동, 과거 권위주의 체제에 대한 사실상의 옹호 등은 진보 진영의 도덕적 프레임을 더욱 공고히 하고, 청산론이 단순한 정당화 논리를 넘어 정치적 동원의 정서적 기반으로 확산되는 계기가 되었다.

이러한 진보 진영의 전략은 정치적 정당성의 위기를 방어하는 효과적인 수단이었지만, 동시에 정치의 감정화와 도덕화, 진영화를 가속시키는 계기로 작용했다. 반민주세력 청산론은 이제 정치적 비판을 흡수하고 반격하는 정치적 방패이자 공격의 창이 되었으며, 이후 진보 진영의 핵심 정체성 자원으로 고착되어 갔다.

이명박 정부와 박근혜 정부 시기, 반민주세력 청산론은 또 한 번의 전환기를 맞는다. 이 시기 반민주세력 청산론은 단순한 과거 청산의 담론을 넘어, 진보 진영의 정치적 정체성과 감정 동원의 핵심 구조로 고착되기 시작했다. 진보 진영은 이 서사를 자신들의 역사적 정당성과 도덕적 우위의 중심 자산으로 삼았고, 이를 반복적으로 소환하여 현재의 정치 갈등과 정체성 구도에 적용하였다. 반민주세력 청산론은 이제 특정 정권이나 사건을 지목하는 정치적 기획이 아니라, 진보 정치 그 자체를 구성하는 서사적 기반으로 기능하게 된 것이다.

이명박·박근혜 정부 시기는 단순한 보수 진영의 집권기가 아니었다. 진보 진영에게는 도덕적 정당성을 갖춘 '민주주의의 계승자'로서의 위치가 정치적 패배를 통해 심각하게 도전받는 시기였다. 특히 진보 진영은 정권 상실을 선거 패배가 아니라, 도덕적으로 부정한 세력에 의해 짓밟힌 민주주의의 패배로 인식하였다. 따라서 도덕적 정체성 상실에 대한 감정적 상처와 보상 심리가 믿음체계에 이입되었다. 진보 진영은 자신들의 정권 상실을 '청산되지 않은 적폐의 부활'로 해석하며, 정권 탈환과 정치적 복권의 정당성을 반민주세력 청산론을 통해 확보하고자 했다. 반민주세력 청산론은 이제 도덕적 피해와 정체성 회복의 감정 구조를 조직하는 핵심 담론이 되었다.

이 믿음체계의 결정적 전환점은 2016~2017년 촛불정국이었다. 국민은 박근혜 정부의 국정농단 사태에 분노하여 거대한 촛불을 들었고, 이는 마침내 정권교체로 이어졌다. 이 사건은 시민이 부패한 권력을 바로잡은 도덕적 혁명으로 기록되었고, 청산은 민주주의를 지지하는 시민의 정체성과 도덕적 감정을 상징하는 언어로 자리 잡게 되었다. 이때의 청산은 단지 정치 개혁의 요청이 아니라, '정의로운 시민 대 부패한 권력'이라는 감정적 이항 구조 속에서 정당성을 획득했으며, 시민들은 이 서사에 스스로를 동일시하면서 도덕적 자긍심과 정치적 정체성을 강화하게 되었다.

이러한 감정 구조는 대중의 정치적 인식틀 자체를 바꾸어 놓았다. '나는 민주주의를 지지하는 시민'이라는 자기 정체성은 정치적 견해 이전에 도덕적 감정으로 구성되었으며, 그 반대편은 단순한 정치적 반대자가 아니라 공동체의 도덕적 질서를 위협하는 존재로 인식되기 시작했다. 이로 인해 정치적 타협이나 협력은 더 이상 정당한 정치 행위로 받아들여지지 않았고, 오히려 배신이나 타락으로 간주되며 정치적 다양성과 다원성은 협소한 당파적 정체성의 틀 안에 갇히는 결과를 초래했다.

이러한 도덕주의 정치의 확산은 언론과 정치권의 언어를 통해 더욱 강화되었다. '적폐', '청산', '반민주' 등의 도덕적 개념은 반복적으로 사용되면서 대중의 감정적 판단을 정치적 정당성의 기준으로 변환시켰고, 도덕적 프레임은 정치적 판단의 정당성을 결정짓는 중심 요소가 되었다.

이 시기 이후 진보 정치는 점차 정책 경쟁보다는 분노, 심판, 정체성 동원에 기반한 정치로 구조화되기 시작했다. 개혁의 방향이나 속도에 대한 내부 비판조차 '개혁 배신', '반민주 퇴행'으로 간주되는 분위기가 형성되며, 진보 진영 내부의 토론 공간조차 도덕주의 프레임에 잠식되었다.

반민주세력 청산론은 제도 정치만이 아니라 시민사회운동, 문화 정치, 정서적 상징 자원과의 결합을 통해 더욱 공고화되었다. 노동, 여성, 청년, 인권, 환경 등 다양한 사회운동은 '도덕적 대의'를 상징 자원으로 제공하며 진보 진영 내부의 정체성 결속을 강화했고, 공통된 도덕 감수성과 반보수 정서가 정체성을 규정하는 핵심축이 되었다.

무엇보다 이 믿음체계가 지속적으로 정당성을 강화할 수 있었던 데에는 보수 진영이 반복적으로 제공한 정치적 위기와 실패가 결정적인 역할을 했다. 노무현 대통령 탄핵 시도와 죽음, 박근혜 정부의 국정농단, 윤석열 정부의 비상계엄령 시도와 탄핵 등은 모두 진보 진영에게 '도덕적 피해자이자 개혁의 주체'라는 정치적 위치를 부여하는 사건이었다. 보수 진영은 권위주의 시기의 정치인, 기득권 구조, 권력기관 남용 등으로 인해 '반민주', '적폐', '수구기득권'이라는 부정적 이미지로 쉽게 규정되었고, 이에 맞서는 진보 진영은 자연스럽게 개혁의 대표자, 민주주의의 수호자로 자신을 위치시킬 수 있었다.

이처럼 반민주세력 청산론은 초기에는 민주화 이행과 과거 청산이라는 시대적 과제를 추진하는 중요한 동력이었으나, 시간이 흐르며 점차 정치적 다양성과 숙의의 공간을 축소시키고, 협력과 조정보다는 진영 대립을, 정책 중심의 논의보다는 정체성 중심의 정치를 재생산하는 구조로 작동하게 되었다.

오래되고 무뎌진 도덕의 칼

　반민주세력 청산론은 정치 행위와 언어, 감정과 판단의 구조를 조직하는 현실의 힘이다. 이 믿음체계는 정치의 대의, 정책의 방향, 정당의 전략을 폭넓게 규율하며, 진보 진영이 도덕적 우위를 정치적 동원과 충성의 에너지로 전환하도록 이끈다. 그리고 바로 그 지점에서, 현실 정치의 문법을 적대적 대결로 바꾸어 놓는다. 이 믿음체계는 현실 정치에서 이렇게 작동하고 있다.

　정당성의 독점: 이 믿음체계는 '우리는 민주주의를 수호하는 정의로운 세력이고, 저들은 민주주의를 방해해 온 적폐 세력'이라는 선악 이분법에 정치적 정당성을 전적으로 의존한다. 도덕적 자기 확신은 현실 정치를 감당하기에는 과도한 상징적 무게를 지니게 되고, 정당성은 언제나 자신에게 집중되는 폐쇄적 구조로 강화된다.

　적대 구도의 일상화: 보수 세력은 민주주의 발전을 방해한 세력, 과거 권위주의 체제의 잔재로 고정되고, 정치적 타협은 애초에 불가능한 것으로 설정된다. 정치 구도는 경쟁의 장이 아니라 도덕적 적대의 전장으로 설정되고, 의제 설정, 정책 결정, 선거 국면까지 이 적대 프레임이 전면적으로 관철된다. 정치적 상대는 설득의 대상이 아닌 제거의 대상으로 다뤄진다.

　손쉬운 정치적 동원 기제: 이 믿음체계는 시민들에게 강한 도덕적 동기와 감정적 결속을 제공한다. 정치 참여는 합리적 선택보다 도덕적 충성 혹은 정당성의 연대로 이루어진다. 선거 국면에서는 '반민주 세력의 승리를 막아야 한다'는 메시지가 지배적 프레임이 되고, 진보 진영 내 후보 단일화 논리로 연결된다. 후보 간 정책 차이나 경쟁보다 결속이 도덕적 의무가 되고, 이는 진보 진영 전체를 하나로 정렬시키는 효과를 낸다. 이는 진보의 새로운 가능성과 다양한 대안의 제도권 진입을 가로막고, 나아가 선거 패배의 책임을 단일화 실패로 떠넘기기도 한다.

이견과 비판에 대한 억압 장치: 이 믿음체계가 강하게 작동할수록 진보 진영 내부에서조차 정책적 비판이나 전략적 반성은 쉽게 허용되지 않는다. 개혁의 실패나 실책을 지적하는 목소리는 '개혁 방해자', '기득권 옹호자'가 된다. 정치 토론은 도덕적 충성과 정체성을 확인하는 의례로 변질된다. 그 결과 정치적 다양성과 민주적 성찰의 공간은 위축되고 내부 혁신의 가능성은 구조적으로 봉쇄된다.

제도에 대한 불신의 증폭 기제: 이 믿음체계는 언론·사법·정당 시스템에 대한 불신을 강화한다. 반민주세력 청산론은 일부 제도권 엘리트와 기관(언론, 사법부, 행정 등)을 '청산 대상'으로 규정하면서, 민주주의의 제도적 기반에 대한 신뢰를 약화시키기도 한다.

반민주세력 청산론은 현실 정치 속에서 감정, 언어, 전략을 조직하는 심층적 구조로 기능하며, 정치적 행동의 방식과 태도를 규정짓는 틀로 작동하고 있다. 감정적으로는 도덕적 선명성을, 언어적으로는 정당성의 독점 구조를, 전략적으로는 내부 결속과 외부 공격의 수단을 제공한다.

기억과 감정, 도덕으로 구성된 정치 공동체

반민주세력 청산론을 믿음체계로 내면화한 유권자들은 단순한 정치 성향 집단이 아니다. 이들은 정치 담론과 여론 지형, 감정 동원 방식에 깊이 관여하며, 우리 정치의 양극화 구조와 도덕적 대결 구도를 가장 강하게 떠받치고 있는 정체성 공동체다. 이들이 공유하는 정서적 정체성은 정치를 윤리적 사명과 정의 실현의 연장선으로 여기는 감정 구조를 바탕으로 한다.

이 공동체는 1980년대 민주화운동을 직접 경험했거나, 그 역사적 기억과 상징 자본을 자신의 정치적 정체성으로 삼고 있는 사람들로 구성된다. 이들에게 정치는 제도적 절차를 넘어, 군부독재에 맞서 싸운 정의의 기억을 이어가는 역사적 실천이다. 따라서 자신들은 '정의의 계승자', '민주주의의 수호자'로 자임하며, 반대 진영은 청산되어야 할 과거의 잔재로 인식된다.

이들의 정치적 판단 기준은 실용성과 정책 효율성보다는 도덕성과 역사적 정당성, 개혁의 방향성에 있다. '적폐', '청산', '개혁 완수', '검찰 독재' 등의 언어는 정치적 정체성을 구성하는 도덕적 기호로 작동하며, 이 믿음체계는 그 기호에 대한 정서적 충성과 도덕적 일체감을 요구한다. 이로 인해 이들은 정치적 주장이나 정책을 평가할 때도 '무엇을 말했는가'보다 '누가 말했는가'를 더 중시한다.

이 감정 구조의 핵심은 도덕적 자긍심과 피해의식의 공존이다. 이들은 자신을 민주주의의 정통 계승자이자 정의로운 시민으로 인식하며, 동시에 지난 수십 년간 권위주의와 반민주세력에 의해 배제된 피해자라는 감각을 공유한다. 이러한 이중 감정 구조는 '우리는 옳았고, 그들은 틀렸다'는 강한 신념으로 이어지며, 억울함과 사명감이 결합된 도덕적 울분을 형성한다.

정치적 타협이나 협력은 그들에게 정책 판단의 문제가 아니라, 정체성의 훼손이며 도덕적 기준의 후퇴다. 반민주세력 청산론의 기조에서 벗어나는 정치 지도자나 내부 인사에게 이들은 배신감과 분노를 드러내며, 현실주의는 곧 타락으로 간주된다. 분노하지 않는 사람은 공범이 되고, 온건한 이견조차 도덕적 회색지대로 의심받는다. 이처럼 감정과 정체성이 밀착된 구조에서는 정치를 유연한 토론의 장이 아니라, 선과 악이 충돌하는 전선으로 인식하게 된다.

이 믿음체계는 정치권뿐 아니라 시민사회 전반에도 깊이 확산되어 있다. 진보 성향 시민사회와 인플루언서들은 민주당 중심의 정치 프레임을 외곽에서 지지·방어하며, 정치적 갈등을 '민주 대 반민주'의 도식으로 재구성한다. 이로 인해 시민사회는 권력을 감시하거나 균형을 조정하는 중재자가 아니라, 정치적 선과 악을 구분하는 도덕의 심판자로 기능하게 되고, 공론장은 숙의보다 정죄, 비판보다 단죄로 기울게 된다.

결과적으로 이들은 우리 정치의 가장 강력한 감정적 동원 집단이자 가장 경직된 믿음체계의 보유자다. 그들의 참여는 민주주의의 열정과 헌신을 상징하지만, 동시에 정치의 도덕화와 정체성 정치를 극단화시키며, 실용 정치와 숙의 공론장을 위협하는 요인이 되기도 한다. 이들의 정체성은 언제나 청산할 적, 심판할 대상, 싸워야 할 타자를 필요로 하며, 적대가 지속될 때에만 안정적으로 유지된다.

이 믿음체계는 세대에 따라 전혀 다르게 받아들여진다. 민주화운동 세대에게 반민주세력 청산론은 삶의 윤리와 역사적 정당성의 증명이다. 청산은 과거의 과오를 바로잡는 실천인 동시에, 자신이 투신한 민주주의의 의미를 지키기 위한 행위다. 이들에게 청산을 유보하는 것은 곧 자기 존재의 정당성을 부정하는 일로 받아들여진다.

반면, 민주화 이후에 성장한 세대, 특히 86세대 이후의 청년·중년층에게 반민주세력 청산론은 그와 같은 정의의 감정으로 체화되어 있지 않다. 이들에게 권위주의는 교과서 속 사건일 뿐이며, 정치에 대한 경험은 진보의 무능, 위선, 반복되는 갈등 구조에 대한 실망감으로 가득 차 있다. 청산론은 이들에게 정치적 긴장을 고조시키는 정체성 동원의 도구, 성과 없는 도덕주의 정치의 반복으로 보이기도 한다.

이처럼 세대 간의 감정 구조 차이는 정치에 대한 기대와 인식, 판단 기준의 차이로 이어지며, 진보 진영 내부의 전략적 분열과 정서적 불화를 심화시키고 있다. 어떤 세대에게는 반민주세력 청산론이 정의의 언어이지만, 다른 세대에게는 정치를 도식화하고 현실을 외면하는 퇴행적 사고 방식이다.

이 믿음체계가 형성한 정치 공동체는 우리 사회의 민주주의에 기여한 바 크지만, 동시에 그 감정 구조와 정체성 정치가 정치적 다원성과 공론장의 유연성을 위협하는 요소로 작용하고 있다. 이제 정의의 감정을 성찰의 언어로 전환해야 할 시점이다. 민주주의는 감정의 전쟁이 아니라, 서로 다른 정의의 감정들이 공존하고 조율되는 공간이어야 한다. 청산론 역시 더 이상 단죄의 구호로만 작동해서는 안 되며, 공존과 설계의 정치로 전환되어야 한다.

민주당의 한계가 반민주세력 청산론의 유지 동력

반민주세력 청산론이 진보 진영 내에서 헤게모니 담론으로 고착된 데에는 민주당이라는 제도 정당의 영향력이 결정적으로 작용했다. 민주당은 여러 차례 분열과 재편을 겪었지만, 진보 진영 내에서는 사실상 주도 정당으로 자리 잡으며, 정치 권력과 자원 동원 능력 면에서 압도적인 위상을 유지해 왔다.

민주당은 민주화 서사를 사실상 독점한 정당으로, 반민주세력에 맞선 투쟁의 역사적 정통성을 정치 자산이자 전략 자원으로 활용해 성장해 왔다. 시민사회, 지역 조직, 지식인 집단, 친민주당 미디어, 온라인 커뮤니티와의 유기적 네트워크는 진보 진영의 실질적 주도권을 뒷받침했고, 이 연계는 정책 결정, 여론 주도, 후보 단일화, 선거 캠페인 등 정치의 핵심 작동 기제에 깊숙이 관철되었다.

반민주세력 청산론이 지배적 정치 담론으로 유지되고 확산되는 데에는 민주당의 책임이 가장 크다. 민주당은 오랜 시간 동안 이 믿음체계를 자신들의 정당성과 도덕적 우위를 정초하는 핵심 서사로 삼아 왔다. 특히 정권 재창출과 선거 동원의 국면에서 '반민주세력의 귀환을 저지해야 한다'는 구호는 진보 진영 내부의 분열을 봉합하고 외연을 결집하는 가장 강력한 도구로 작동해 왔다. 이는 실제 정치적 효과를 거두었으나, 동시에 민주주의 내부의 건강한 경쟁과 성찰을 위축시키는 결과를 낳았다.

민주당은 이 믿음체계를 전략적으로 활용하면서도, 그에 따르는 부작용과 책임에 대해서는 성찰하지 않았다. 반민주세력 청산론은 단순한 보수 비판을 넘어 정치적 반대자를 도덕적 적으로 규정하고, 내부 비판자조차 '개혁 방해자'로 낙인찍는 정치 환경을 조성했다. 그 결과 정책 실패, 리더십 문제, 전략적 오판에 대한 내부 반성은 회피되고, 오히려 '도덕적 결속'이라는 명분 아래 정당 내 민주주의마저 후퇴하는 양상을 보였다.

민주당의 정치적 유연성과 실용주의 부재는 도덕주의에 포획된 구조에서 더욱 강화되었다. 현실 변화에 적응하며 다양한 정책적 대안을 모색하는 대신, 과거의 신념을 무조건적으로 반복하는 정치가 이어졌다. 아울러 정책 실패나 내부의 한계를 반민주세력의 방해로 돌려, 책임을 외부로 전가하는 구조가 굳어졌다. 낙인찍기와 희생양 찾기가 반복되면서 스스로 성장하지 못한 것이다.

더 심각한 문제는 민주당은 이 믿음체계를 기반으로 인물 중심 정치, 영웅 만들기 정치, 포퓰리즘 정치에 매달리고 있다는 점이다. 적대적 이분법과 도덕 정치 구도에서 정치적 지도자는 단순히 정당의 대표가 아니라, 선과 정의를 대변하는 인격화된 상징으로 떠오른다. 반대로 상대 진영 정치인은 '악의 화신'으로 묘사된다. 이 구조는 정치적 책임과 판단을 제도와 정책이 아닌 개인에게 의존하게 만들고, 인물의 카리스마에 의지하는 결과를 낳는다.

이러한 영웅화와 적대 구조에서 시민들은 특정 인물에게 도덕적으로 의탁하게 되고, 이는 민주주의를 제도의 협의와 책임성에서 인격적 충성 체제로 왜곡시킨다. 정치적 리더의 발언과 행동에 모든 관심이 집중되고 리더에 대한 맹목적 충성의 기반이 완성된다. 악의 무리로부터 지도자를 지키는 것은 시민의 의무가 된다. 적대적 인물에 대한 맹목적 공격도 정치적 십계명에 오른다. 이분법적 선악 구도를 극복하지 않는다면, 우리 정치는 계속해서 영웅을 만들고 적대감을 쏟아내는 무한 반복에서 벗어나기 어렵다.

민주당이 반민주세력 청산론에 기댄 정치 전략을 반복하는 한, 이 믿음체계는 자기 정당화의 순환 고리를 통해 더욱 공고해질 것이다. 결국 이는 진보 진영의 정치적 도덕성을 갉아먹는 자기 모순적 구조로 귀결되며, 정치 전반에 걸쳐 협력과 관용의 민주주의 문법을 파괴하는 결과로 이어진다.

그렇다면 왜 민주당은 여기에 매달리고 있는가? 민주당이 반민주세력 청산론에 집착하는 데에는 정치적 유용성과 구조적 의존성이라는 두 가지 요인이 복합적으로 작용하고 있다.

첫째, 정치적 유용성이다. 반민주세력 청산론은 민주당에게 '정의의 대리인'이라는 정치적 정체성을 부여하고, 도덕적 우위와 역사적 정통성을 주장할 수 있는 강력한 서사 자원이 되어 왔다. 이는 선거 국면에서 특히 효과적인 동원 프레임으로 작동해 왔으며, 진보 진영 내부의 다양한 목소리나 노선을 단일화하는 명분으로도 활용되어 왔다. 복잡한 정책 조정이나 유권자 설득보다, '적폐 청산'이라는 도덕적 언어는 훨씬 직관적이고 감정적으로 강력한 동기부여 수단이기 때문이다.

둘째, 정치적 무능과 실패를 은폐할 수 있는 구조적 의존성이다. 민주당은 정책 실패, 리더십 부재, 내부 균열과 같은 구조적 문제에 직면할 때마다, 외부의 반민주세력이라는 적대 구도를 소환함으로써 내부 비판을 억제하고 위기를 모면해 왔다. 반민주세력 청산론은 당 내부의 민주적 절차, 정책 토론, 전략적 재점검을 불편한 일로 만들고, 도덕적 충성심을 기준으로 정치 질서를 재편해 왔다. 이는 정당의 자율적 혁신을 방해하고, 책임 정치보다는 적대 정치로 퇴행하게 만드는 정치적 도피의 구조이기도 하다.

셋째, 반민주세력 청산론에 익숙해진 유권자와 지지층의 감정 구조가 민주당의 선택을 제한한다. 오랜 시간 이 믿음체계를 통해 정치적 정의감과 참여 동기를 부여받아 온 지지층은 청산 서사의 후퇴를 도덕적 배신으로 인식할 수 있다. 이로 인해 민주당은 이 믿음체계를 내려놓는 것이 정치적 손해라는 인식을 갖게 되었고, 정서적 볼모에서 빠져나오고 있지 못하다.

민주당이 반민주세력 청산론에 매달리는 이유는, 그것이 가장 쉬운 정치, 가장 안전한 명분, 가장 확실한 동원 수단이기 때문이다. 그러나 도덕 정치의 피로, 다양성의 상실, 정치적 자기 성찰의 마비라는 막대한 정치적 비용을 치루고 있다. 민주당이 진정으로 민주주의를 수호하고자 한다면, 이제는 이 믿음체계로부터 자신을 해방시켜야 할 시점이다.

오늘날 반민주세력 청산론은 정체성 서사, 민주당의 제도적 우위, 반복되는 정치 위기, 시민사회와 미디어의 감정 동원 능력이 복합적으로 결합된 구조 속에서 진보 진영 내 지배적 헤게모니로 고착되었다. 그러나 이러한 구조는 보수의 몰락과 진보의 쇄신을 동시에 지연시키는 정치적 악순환으로 이어지고 있다.

보수가 실패하면 진보는 그에 상응하는 낮은 수준의 정치로 대응하고, 진보의 무능은 다시 보수의 구시대 담론에 생명력을 부여한다. 보수 진영의 철학 부재가 '종북좌파 망국론' 같은 극단적 믿음체계에 헤게모니를 내준 것처럼, 진보 진영의 도덕 정치는 낡은 청산론에 지속적인 생존 조건을 제공한다. 이처럼 서로의 실패에 기대어 품격과 책임을 낮추는 경쟁 구조에서, 우리 정치는 도덕주의적 투쟁과 무능의 반복이라는 수렁으로 빠져들고 있다.

양극화 생산자이자 유지자

 진보 진영은 사실 '민주'와 '반민주'라는 단 두 가지 선택만을 오랫동안 우리에게 요청했다. 앞으로도 다른 제안이 없다면, 이보다 무책임한 일이 있을까? 국민들이 '이런 미래'와 '저런 미래' 중에 고를 수는 없을까? 민주 대 반민주 구도를 주도하는 진보 진영은 이분법적 구도에 안주하여 현실 사회의 복잡성을 단순화한다. 진보 진영에게 편안한 이 정치적 울타리는 서서히 우리 정치의 질곡이 되고 있다.
 반민주세력 청산론이 우리 정치에 미치는 폐해는 정치적 양극화의 생산자이자 유지자란 점이다. '민주 대 반민주'라는 구도는 우리 정치의 다원성과 복합성을 제거하고, 사회의 다양하고 세분화된 갈등과 이해관계를 단일한 도식으로 환원시킨다. 이 믿음체계는 특정 정당과 정치인의 정당성을 뒷받침하는 기제로 작동할 뿐만 아니라, 정당의 공천, 정책 결정, 선거 전략, 미디어 프레이밍, 시민 동원 방식 등 정치 시스템 전반에 깊숙이 침투되어 재생산된다. 그리고 이 구조 속에서 정치인, 지지자, 언론, 시민은 모두 '우리 대 그들'이라는 틀에서 벗어나는 것을 두려워하거나 용납하지 않는다.
 문제는 이 믿음체계가 양극화의 결과가 아니라, 오히려 양극화를 능동적으로 생산하고 유지하는 메커니즘이라는 데 있다. 이 믿음체계의 도식은 갈등 국면마다 '개혁 방해 세력', '역사의 반동', '반민주적 책동'과 같은 언어를 반복적으로 호출하며, 시민의 정체성과 감정을 점화하고 결속시킨다. 그 결과 이 믿음체계는 도덕적 우위를 반복적으로 입증하고자 하는 자기 충족적 구조로 작동하며, 정치 현실을

'협상'이 아닌 '심판'의 장으로 전환시킨다.

　반민주세력 청산론이라는 믿음체계를 내면화한 이들은 보수 진영의 집권 자체를 민주주의의 후퇴로 인식하며, 정당한 통치 권력으로 수용하는 데 강한 거부감을 보인다. 이들에게 보수가 승리한 선거는 '민주주의가 패배한 날'이며, 그 정치적 정당성을 인정하지 않거나, 정치적 협력과 타협의 대상이 아닌 하루빨리 '청산되어야 할 권력'으로 본다. 그 결과 민주주의의 핵심인 다원주의, 권력 교체의 수용, 상호 견제와 협력이라는 원리가 사실상 작동하지 않게 된다. 민주주의를 지키기 위해 시작된 믿음이, 결과적으로 민주주의를 구성하는 절차적 합의와 정치적 다양성을 파괴하는 역설을 낳는 것이다. 이 역설은 정치 양극화의 흔들리지 않는 진보 진영의 명분이자 변명이다.

　다원화 사회에서 '민주 대 반민주' 구도는 더 이상 유효하지 않다. 다원화 사회는 계급, 계층, 세대, 지역, 성별, 문화, 가치관 등이 복합적으로 얽혀 있으며 사회 구성원의 이해관계와 정체성, 요구가 다양화되어 있다. 정치·경제·사회적 쟁점이 복잡하게 얽혀 단일한 이념이나 구도로 설명하기 어렵다.

　세상은 변했다. 그것도 복합적이고 다층적으로 변했다. 이분법 구도로는 현재의 사회경제적 불평등, 세대 격차, 노동 문제, 기후위기, 지역 불균형, 사회경제적 이해집단 갈등, 젠더 문제 등 다양한 갈등과 문제를 설명하지 못한다. 오히려 모든 정치적·사회적 쟁점을 '민주 대 반민주냐'로 환원하면, 다양한 이해관계와 목소리를 소외시키고 왜곡할 위험이 크다.

　더욱 심각한 것은, 이 믿음체계가 실패에 대한 정치적 책임조차 감정적 프레임으로 전가하는 방식으로 작동한다는 점이다. 정책 실패나 리더십 부재, 내부 비판은 성찰의 계기가 되지 않고, 언제나 '반민주세력의 방해'라는 외부 요인으로 해석된다. 이로 인해 진보 진영은 실패를 학습하지 못하고, 스스로의 정치 역량을 키울 기회를 잃어버리고 있다.

도덕주의가 정치의 유일한 정당성 기반으로 기능할 때, 정책 능력의 축적은 방기되고, 내부 비판은 곧 분열로 간주되며 타자에 대한 적대는 극단화된다. 정치는 감정적 충성의 공간으로 전환되고, 도덕적 정당성 경쟁은 언제나 '더 선명한 진영'을 향한 과잉 투쟁으로 이어질 위험성이 있다. 이는 결과적으로 진보 정치의 정책 능력 상실, 중도층 이탈, 진영화 고착이라는 병리적 구조로 귀결될 뿐이다.

오늘날 개혁적 도덕주의는 중도적 비판, 현실적 조정, 정책적 다양성의 개입을 차단하며, 협치의 공간을 축소시키고 정치적 이견에 대한 배제를 정당화하는 근거로 작용한다. 민주주의의 건강성과 역동성을 도덕적 전투의 치열함과 가차없음으로 이해하는 오도된 인식도 나타나고 있다.

진보 진영 일부 정치인들의 혐오 발언 또한 이 구조의 연장선상이다. 이는 본질적으로 도덕적 우월주의에 기반한 자기 정당화의 언어다. 인간의 품격에도, 자신이 추구하는 진보의 이상과 미덕에도 어울리지 않는 혐오 발언들은 자신들의 도덕적 우월주의가 공격받거나, 당파적 이익을 도덕적 우월주의 이외의 것으로 방어하지 못할 때 신음처럼 터져 나온다. 믿음체계의 문제이기도, 인간됨의 문제이기도 하다. 자신의 생각을 설명하고, 앞으로의 계획을 서술하고, 자신의 관심사를 주창하고, 지지하고 반대하는 것을 표명할 때, 보다 더 신중하고 사려 깊어져야 한다. 그래야 세계를 이해하는 방식도, 자신의 주장과 관심사에 대한 옹호 활동에도, 변화를 만드는 자신의 역량을 이해하는 데도, 더불어 사려 깊어질 수 있다.

정치 양극화를 뛰어넘어 협력의 정치를 회복하기 위해서는, 이처럼 양극화를 구조화하는 도덕주의적 정치 프레임을 넘어 새로운 정치 언어와 태도를 조직할 필요가 있다. '민주 대 반민주' 구도는 정치적 열망을 증폭시키는 데는 성공했을지 모르지만, 정치적 설계와 실천, 변화의 비전을 제시하는 데는 실패했다. 그리고 정치 발전과 진보 플랜을 마련하는 데도 결정적 걸림돌이 된다. 진보 플랜이란 단순히 '진보 세력의 집권 전술'이 아니라 사회 구조에 대한 변화를 이루기 위한 계획이다. 그러나 '민주 대 반민주' 구도가 지속되면 사회 구조를 변화시키기 위한 비전과 계획을 제시하지 않아도, 반대 세력과 비교하며 승리할 가능성은 얼마든지 있다. 권력을 잡아도 개혁은 지연되고 실패하며, 그 실패조차 외부에 책임을 전가하는 정치적 퇴행이 반복된다.

진보의 무능과 안주: 권력 게임으로 퇴행한 정치

반민주세력 청산론이 반복·강화되는 보다 근본적인 이유는 진보 진영 내부의 무능과 안일함에 있다. 도덕적 정당성을 이미 확보한 세력이라는 자기 인식은, 더 이상 정책 경쟁이나 미래 비전 제시에 대한 절실함을 요구하지 않는다. 여전히 복지, 불평등, 기후위기, 교육 개혁, 인구절벽 등 국가적 과제를 전면적으로 다룰 정책적 상상력과 실행 역량은 현저히 결여되어 있다. 새로운 사회 설계 대신 과거의 명분과 도덕적 언어에 기대며, 진보 정치는 반복된 응징 서사 속에 갇혀 버렸기 때문이다.

민주당은 민주화운동의 유산을 정치적 자산으로 계승하였지만, 이를 구체적인 정책과 미래 비전으로 연결하는 데에는 실패했다. 인물 중심 정치, 지역 기반의 계파 동맹, 선거 중심의 동원 구조는 정권 재창출에만 몰두하게 만들었다. 특히 '보수가 싫어서 민주당을 찍는다'는 정서에 기대는 안일한 전략은 도덕주의의 반복 호출을 통해 가능했다.

정의당과 진보당 같은 진보 정당 역시 뚜렷한 대안을 제시하지 못했다. 이들은 독자적 공간 구축과 정책적 실험을 시도했으나, 선명성과 구체적 대안 제시 사이에서 노선을 정립하지 못했고, 시민사회와의 유기적 연계도 약화되었다. 노동, 성평등, 생태 등 다양한 의제는 대중성과의 접점을 잃어가며 점점 소수 담론으로 축소되었고, 진보정당은 '상징'으로만 존속하는 수준에 머물렀다.

　시민사회 역시 이 구조적 퇴행에서 자유롭지 않다. 민주화 이후의 시민사회는 정치적 감시자이자 공론장의 주체로 기대되었지만, 점차 진영 정치의 응원단으로 변모했다. 일부 시민운동은 정권과 일정한 연계 속에서 비판보다 동조의 태도를 보였고, 감시의 칼날은 보수 진영에만 향했다. 이러한 편향은 반민주세력 청산론을 확산시키는 중개자 역할을 자처하며 정치적 균형 감각을 상실하게 만들었다.

　이러한 정치·정당·시민사회의 무책임으로 인해 반민주세력 청산론은 진보 정치의 위기를 감추고 내부의 무능과 분열을 정당화하는 유일한 믿음체계로 기능하게 되었다. 이 믿음체계의 전일적 지배는 정책 실패와 제도적 결핍이 낳은 상징의 성공이자, 정치적 비전의 빈자리를 감정으로 메우는 결핍의 승리이다. 진보는 이 서사를 통해 현재의 무능을 도덕으로 포장하고, 미래를 설계하는 대신 과거의 투쟁을 반복하며 전략적 자기 기만에 빠져 있다. 반민주세력 청산론이 여전히 지배적인 정치 언어로 작동하는 이유는, 그 언어 뒤에 숨은 무능과 정체 그리고 자기 혁신의 회피 때문이다.

과거에서 미래로, 청산에서 설계로

오늘날 반민주세력 청산론이라는 낡은 도식은 다원화된 정치 현실과 복잡한 사회경제적 갈등 속에서 문제 해결이 아닌 갈등 고착을 야기하고 있다. 반민주세력 청산론은 지난 시절에는 정의의 서사였지만, 이제는 유치한 나르시시즘에 빠지고 진영 자체를 갉아먹는 자기 파괴적 서사가 되었다. 시간이 흐를수록 현실 문제 해결 능력은 떨어지고, 도덕적 수사만 남았다. 이 믿음체계는 시대적 역할을 마친 이제 유효기간이 지난 설득력없는 믿음체계일 뿐이다.

반민주세력 청산론은 권력 유지의 논리, 편협한 패권 논리의 모습을 보여주기도 한다. 민주당은 정권을 잡고 나서도 '기득권을 지키기 위한 정당화 장치'로 이를 사용하기도 했다. 또한 이 믿음을 가진 이들이 정치적 주류가 되었을 때, 타자에 대해 증오·공포·혐오감의 정동을 민주주의라는 이름으로 재생산하기도 했다.

반민주세력 청산론은 새로운 시민성을 세우지 못하고 시민을 충성하는 진영 군대로 전락시켰다. 시민을 스스로 사고하고 선택하는 주체로 세우기보다, 감정적 충성, 선악 구도로의 몰입, 진영 간 적대감을 강화하는 방식으로 정치 참여를 유도했다. 결과적으로 시민적 자율성, 비판성, 책임성은 약화되고, 대리인 정치와 맹목적 자기 확신만 강화될 뿐이었다.

반민주세력 청산론의 폐기는 단지 하나의 담론을 버리는 일이 아니라 성숙한 민주주의로 나아가기 위한 질적 변화이며, 정치가 다시 문제 해결과 공존의 기술로 돌아오기 위한 선결 조건이다.

민주주의의 위기는 빈민주세력 청산론을 정당화하는가

윤석열 대통령의 계엄령 선포는 헌정 질서를 정면으로 위협한 명백한 반민주적 행위였다. 이 사건은 반민주세력 청산론이 여전히 현실 정치의 유효한 대응 프레임으로 작동할 수 있음을 부각시켰다. '우리는 아직 청산을 끝내지 못했다', '이런 사태의 재발을 막기 위해서라도 단호한 응징과 청산이 필요하다'는 서사의 부활과 함께 이 믿음체계는 강력하게 활성화되었다.

이어진 대통령 탄핵과 진보 진영의 대선 승리는 이러한 믿음체계에 스스로를 투사한 시민들에게 '민주주의의 승리'라는 감정적 확신을 부여했다. '시민이 다시 한번 반민주세력을 몰아냈다'는 서사는 반민주세력 청산론의 자기 정당화를 강화한다. 일련의 사건들은 반민주세력 청산론의 존재 이유와 도덕적 정당성에 대해 강력한 현실적 근거를 제공한 듯 보인다.

그러나 바로 그렇기 때문에, 지금 이 시점이야말로 이 믿음체계를 무비판적으로 정당화하는 흐름에 대한 분명한 성찰과 경계가 필요하다. 특정한 반민주적 행위가 있었다고 해서 그에 대한 대응 논리 전체가 항상 정당하거나, 이 믿음체계가 작동해 온 방식까지 모두 타당하다고 단정해서는 안 된다.

우선, 사건에 대한 평가와 믿음체계의 구조적 문제는 구분되어야 한다. 반민주 행위자를 정치에서 퇴출하는 것과 정치적 반대자 전체를 도덕적으로 낙인찍고, 협력을 봉쇄하는 구조는 본질적으로 다르다. 반민주세력 청산론은 오랜 시간, 정치적 긴장을 도덕적 대결 구도로 전환시키고, 정책 실패나 전략적 무능에 대한 비판조차 도덕적 우위로 가리는 방식으로 작동해 왔다.

또한 특정 사건이 믿음체계를 강화시켰다고 해서 설득력 없는 믿음체계에 대한 비판이 불가능한 것은 아니다. 보수 정치의 자기 붕괴는 청산론의 필요성을 일시적으로 재확인시켜줄 수 있지만, 그것이 곧 반민주세력 청산론이라는 정치적 믿음체계가 자기 성찰 없이 반복되어도 된다는 면허가 될 수는 없다. 오히려 이 믿음체계가 반복될수록, 정치는 숙의와 조정이 아닌 도덕적 충성 경쟁과 정체성 정치의 악순환으로 빠져들 위험이 커진다.

정치적 정당성은 개별 사건에 대한 분노로 확보되는 것이 아니다. 그것은 제도, 절차, 시민의 신뢰, 정치적 책임 그리고 자기 성찰의 태도 속에서 형성되는 것이다. 청산은 필요하지만 정치가 도덕적 심판과 감정적 동원에만 의존할 경우, 그 자체가 또 다른 비민주적 병폐로 변질될 수 있다. '우리가 옳았음이 입증되었다'는 확신만으로 정치를 정당화할 수는 없다.

윤석열 정부의 몰락은 반민주적 행위의 실재를 보여주었지만, 그것이 곧 반민주세력 청산론이라는 정치적 믿음체계 전체의 정당성을 입증하는 것은 아니다. 오히려 '봐라, 우리가 옳았다'는 예언적 확신이 반복될수록, 이 믿음체계는 자기 실현적 구조로 강화되며, 민주주의의 다원성과 비판 가능성을 억압하는 방향으로 나아갈 위험이 커진다. 나아가 도덕성의 독점, 권력의 면책, 내부 반성의 실종이라는 또다른 폐해로 이어질 수 있다. 이 믿음체계를 도덕적 무오류의 교리처럼 받아들이고, 비판과 성찰을 봉쇄하는 방식으로 작동하게 둔다면, 청산론은 결국 스스로가 비판하던 권위주의 정치를 닮아가게 될 것이다. 따라서 이 믿음체계가 다시 강화되는 지금이야말로, 그 구조적 문제와 부작용 그리고 민주주의에 끼칠 수 있는 영향에 대해 더 철저히 성찰해야 할 시점이다.

다른 한편, 갈수록 거세지는 민주주의 위기라는 인식은 반민주세력 청산론을 정당화하는가? 그렇지 않다.

민주주의 위기의 진단과 반민주세력 청산론은 같은 차원의 논의가 아니다. 민주주의 위기는 제도, 절차, 참여, 공론장, 신뢰 등 민주주의를 구성하는 다양한 요소가 약화되고 있다는 포괄적이고 구조적인 진단이다. 반면 반민주세력 청산론은 그 위기의 원인을 특정 집단에 귀속시키고, 도덕적 선악 구도로 정치 현실을 재구성하려는 정치적 서사이자 동원 방식이다. 전자는 민주주의의 구조적 결함을 성찰하는 공론적 문제 제기이고, 후자는 정치적 정당성 투쟁을 위한 배제와 응징의 전략이다. 이 둘은 논리적 차원도 작동 방식도 전혀 다르다. 민주주의 위기론이 이 믿음체계를 정당화할 수는 없다.

더욱이 위기의 서사가 정치적 정당화의 수단으로 활용될 때, 민주주의는 더 위축될 수 있다. '민주주의가 위기다'라는 절박한 인식은 예외 상태를 상시화하는 수단으로 변질된다. 반민주세력 청산론은 이러한 위기 서사를 활용하여 자신들의 도덕적 우위와 정치적 정당성을 강화하고, 정치적 반대자를 '청산의 대상'으로 규정한다. 이때 민주주의는 위기를 극복하는 방식이 아니라, 위기를 동원하여 적을 제거하는 논리로 전환된다.

진정한 민주주의는 위기일수록 배제보다는 포용, 응징보다는 협의, 대결보다는 숙의를 요청한다. 민주주의의 이름으로 민주주의의 원리를 파괴하는 방식은 그 어떤 위기 상황에서도 정당화될 수 없다. 아울러 오늘날 민주주의 위기의 원인은 단순하지 않다. 그것은 정치 불신, 제도 기능 약화, 정보 왜곡, 시민 참여의 위축, 양극화, 포퓰리즘, 경제 불평등 등 다양한 요인들이 중첩되어 만들어낸 복합적 위기이다. 이를 특정 세력 탓으로 환원하는 것은 현실 진단의 오류이자 정치적 책임 회피다.

반민주세력 청산론은 이처럼 복잡한 위기를 단순화하고, 책임을 전가하고 정체성의 적을 설정함으로써 정치적 책임으로부터 도피하는 프레임으로 작동할 위험이 있다. 이는 위기를 극복하는 것이 아니라, 오히려 위기를 재생산하고 고착화하는 파괴적 결과로 이어질 수 있다.

민주주의를 되살리기 위해 필요한 것은 청산이 아니라 성찰과 설계다. 민주주의가 위기에 처했을 때, 우리가 해야 할 일은 적을 정조준하는 것이 아니라, 시스템을 점검하고 성숙한 민주적 시민성을 회복하는 일이다. 반민주세력 청산론은 정치를 정의의 심판장으로 만들지만, 민주주의는 그러한 도덕적 단죄의 공간이 아니다. 민주주의는 불완전한 존재들이 함께 살아가기 위한 조정과 협력의 기술이다.

민주주의의 위기는 민주주의를 다시 민주주의답게 만들라는 요청이다. 그 요청에 응답하는 길은 더 많은 배제가 아니라 더 깊은 성찰이어야 한다.

포용적 개혁주의

민주주의는 다양성과 타협, 합리적 토론을 통해 발전한다. 대립과 척결의 사고에서 벗어나 정치적 반대 진영과의 대화를 복원하고, 실질적인 문제 해결을 위한 협력적 접근이 필요하다. '우리 대 그들'의 대결 구도에서 벗어나 다양한 목소리를 포용하는 정치 문화를 정착시켜야 한다. 이는 정치가 갈등을 만드는 것이 아니라 사회 통합을 증진하는 데 기여할 수 있다.

통합도 민주주의가 추구해야 할 위대한 가치다. 민주주의는 다수결의 원칙만으로 완성되지 않는다. 다양한 삶의 방식과 목소리가 공존할 수 있는 질서, 서로 다른 이견을 억압하거나 배제하지 않고 포용하는 공론장의 토대를 구축하는 것이야말로 민주주의의 진정한 성숙이다. 통합은 사회 전체가 공유할 수 있는 공정성과 상식, 존중의 문화를 회복하는 과정이다. 대결을 넘어선 협력, 분열을 넘어선 연대의 정치야말로 민주주의가 지향해야 할 가치이며, 통합은 이를 향한 가장 중요한 징검다리다.

민주주의는 과정이다. 모든 정당과 정치인은 일정 부분 한계를 가질 수 있으며, 이를 개선하는 과정이 민주주의 발전이다. 따라서 보수의 한계는 진보의 플랜으로, 진보의 실책은 보수의 플랜으로 이어져야 한다.

이제 진보 진영이 직면한 질문은 분명하다. 과거의 도덕적 서사를 넘어, 어떻게 미래를 준비하고 공존과 협력을 위한 정치를 재설계할 것인가이다. 이를 위한 하나의 대안으로 '포용적 개혁주의'라는 새로운 정치적 믿음체계를 제안할 수 있다.

'반민주 대 민주'의 구도는 다원적 현실을 포괄하기에는 지나치게 협소하고 폐쇄적이다. 포용적 개혁주의는 이 이분법적 대결 구도를 해체하고, '공공성 정치 대 정체성 정치'라는 새로운 구도로 대체할 수 있다. 이분법 구도가 굳이 필요하지 않지만, 새로운 정치의 상을 제시하고 당면한 정치적 과제를 분명히 하고자 한다면, 공공선, 사회 전체의 이익, 문제 해결 중심, 다원적 조정, 실용적 정치의 의미를 담은 '공공성'이라는 정치적 지향을 한편으로 놓고, 그 반대에 사익 정치, 집단이익 정치, 정체성 정치, 도덕 정치를 놓아야 한다.

청산은 정의 실현의 서사이지만 언제까지나 유익하며 지속 가능한 전략은 아니다. 특히 반복되는 적폐의 낙인과 도덕적 단죄는 정치의 신뢰를 회복하기보다 오히려 정치적 냉소와 피로를 가중시키고 있다. 포용적 개혁주의는 청산의 언어를 넘어, 설계와 대안의 언어로 정치의 문법을 바꾸는 시도다. 갈등의 극복을 선과 악의 전쟁이 아니라, 조건의 조정과 제도의 설계로 풀어가려는 실용 정치로 전환하는 것이다.

포용적 개혁주의는 정의의 독점이 아니라 신뢰의 회복을 통해 민주주의를 복원하려는 정치다. 도덕의 이름으로 권력을 향유했다면, 이제 공공성과 정책의 성과, 실현 가능성과 절차의 정당성으로 권력의 권위를 만들어가야 한다. 이는 '우리가 옳다'는 도덕적 자기 확신이 아니라 '우리가 책임질 수 있다'는 실질적 신뢰를 바탕으로 한 정치를 통해 가능하다.

포용적 개혁주의는 단지 슬로건의 변화가 아니라 정치 언어, 참여 방식, 조직 구조의 전환을 요구한다. 낡은 언어를 반복하는 대신 포용과 협력, 절제와 조율, 숙의와 재구성이라는 공공적 언어를 정당과 사회운동, 시민사회 전반에서 복원해야 한다. 정치적 반대자를 악으로 규정하기보다, 대화의 주체이자 협력의 자원으로 받아들일 수 있는 감정 구조의 변화 또한 동반되어야 한다.

그리고 개혁을 정체성의 언어가 아니라 성과와 내용의 언어로 되돌려야 한다. 개혁은 목적이 아니라 수단이며 구호가 아니라 실천이다. 지금까지의 개혁 담론이 권력 정당화의 수단으로 기능해 왔다면, 이제는 정책적 설득력과 공익적 효과를 중심으로 하는 성과 중심 정치로의 이행이 필요하다. 새로운 세대와 시대적 요구를 반영하는 정책 경쟁력으로 유권자들의 신뢰를 얻어야 한다. 복지, 노동, 환경, 기술 발전 등 다양한 분야에서 구체적이고 현실적인 해결책을 제시할 수 있어야 한다. 진보 진영 내부의 다원성과 상호 비판 가능성을 열어두고 서로 다른 정책 노선, 실용적 접근, 대안적 가치들이 건강하게 논쟁할 수 있는 조건이 회복되어야 한다.

과거의 울타리에 갇힌 진보는 결코 진보일 수 없다. 진보가 넘어야 할 가장 큰 장벽은 스스로의 낡은 틀을 깨는 것이고, 더 절실한 것은 이를 향해 한 걸음 나아갈 용기이다. 진보의 이름으로 낡은 것을 반복할 것인가 아니면 새롭게 도전할 것인가. 여기에 진보의 미래가 놓여 있다.

청산을 넘어 설계의 정치로

민주당의 대선 승리는 반보수 정서의 확산과 윤석열 정부에 대한 대중적 심판이 맞물린 결과이다. 만약 민주당이 집권 이후에도 여전히 반민주세력 청산론이라는 도덕주의적 정치 담론을 고수한다면, 이는 민주주의의 전진이 아니라 새로운 정치적 퇴행의 출발점이 될 수 있다.

청산의 정치는 본래 권위주의 체제를 극복하고 민주주의를 뿌리내리는 데 필요한 역사적 도구였다. 그러나 시대가 바뀌고, 민주주의가 제도화된 현재, 과거의 도덕적 서사는 더 이상 정치 정당성의 유일한 근거가 될 수 없다. 개혁은 이제 과거의 적을 단죄하는 방식이 아니라 미래를 설계하고 사회의 구조를 다시 짜는 일이어야 한다.

지금 민주당 정권이 감당해야 할 것은 정권 유지의 감정 동원이 아니라, 미래 설계를 위한 책임 있는 정치다. 과거에 머무는 청산의 정치에서 벗어나야 한다는 주문은 이 정권이 진정으로 새로운 정치를 만들 의지가 있는지를 가늠하는 첫 번째 시험대다. 반민주세력 청산론이라는 도덕적 믿음체계를 내려놓고, 현실 문제에 대한 구체적 해법과 미래 비전을 중심으로 정치를 재편할 것인가. 아니면 또 한 번의 승리를 과거 서사의 연장선에서 소진하며 정치 양극화의 더 강력한 주체로 역할한 것인가 그것이 문제다.

이러한 퇴행을 막기 위해서는 정치적 언어와 서사 구조의 전환이 필요하다. 민주당은 '우리는 민주주의를 지켜낸 정당'이라는 과거형 정체성에서 벗어나, '우리는 더 나은 민주주의를 설계할 정당'이라는 미래형 정체성으로 나아가야 한다. 정치적 정당성은 현재의 문제 해결 능력과 공공의 미래에 대한 책임에서 도출되어야 한다.

민주당 정부는 집권 초기부터 다음의 세 가지 과제를 제도화된 방식으로 실행할 필요가 있다. 첫째, 반민주세력 청산론의 정치적 언어화를 중단하고, 그것을 역사 교육과 시민적 교훈으로 돌려주어야 한다. 둘째, 정부는 정파와 진영을 넘어서는 공공적 의사결정 구조를 마련하고, 정책 성과와 사회적 비전을 중심으로 국정 운영의 기준과 평가체계를 제도화해야 한다. 셋째, 미래 설계의 정치를 위해 '새로운 사회 계약'에 대한 논의를 이끌어 가야 한다. 다원화된 사회의 가치와 과제들, 국가의 역할, 시민의 권리와 책임, 공공성의 기준을 재정립하는 사회 계약을 맺는 차원과 수준에서 논의가 필요하다. 이는 단순한 정책 조정을 넘어 체제 설계 수준의 개혁이 될 수 있으며 권력 구조 개편, 지방분권 강화, 시민 기본권의 확대, 세대 간 책임과 자원 배분의 원칙 등도 개헌을 통해 제도화해야 한다.

민주주의는 매일 새로워져야 한다. 지금 우리 정치에 필요한 것은 청산의 기세가 아니라 설계의 능력이며, 도덕적 분노가 아니라 책임의 감각이다. 정치의 언어가 감정의 전선이 아니라 공감의 플랫폼이 될 때, 우리는 비로소 '양극화 이후의 정치'로 나아갈 수 있다.

6장

냉소주의

정치를 포기한 체념의 정동

"정치는 원래 그런 거고, 누가 해도 다 똑같다."

이 믿음은 소리 없이 강하게 정치를 좀먹고 있다. 냉소주의는 우리 정치를 움직이는 믿음체계 중에 현실 정치의 대변자 없이 영향력을 발휘하는 숨어 있는 힘이다. 이는 우리 정치의 후진성이 만든 믿음이자 더 나은 정치를 만들지 못하게 하는 믿음이기도 하다.

정치적 냉소주의political cynicism는 정치에 대한 지속적인 불신과 회의, 혐오의 감정이 축적되어 형성된 인식 구조로, 정치인과 정당은 물론 제도, 정책, 공약, 심지어 민주주의 자체에 대한 근본적인 신뢰마저 상실한 정치적 믿음체계다. 이는 정치 전반이 부패하거나 무능하며, 변화의 여지도 없다는 인식이 자리 잡은 상태를 의미한다. 정치 참여는 무력감이나 체념의 감정으로 회피되며, 민주주의의 핵심 절차도 기만적 형식에 불과하다고 간주한다. 냉소주의적 태도는 비판이 아닌 부정, 실망이 아닌 조소로 이어지고, 정치적 행위 자체를 무의미하거나 유해한 것으로 간주하게 만든다.

정치에 대한 무관심층은 언제나 있었고 이는 다원화된 사회의 한 현상이지만, 이것이 하나의 믿음체계로 작동하면 민주주의의 위기를 불러온다. 현실 정치가 낳은 자연스러운 현상이긴 하지만, 그렇다고 냉소주의를 용인하거나 그 폐해를 담담히 감내할 수만은 없다.

이 믿음체계는 단순한 개인적 태도가 아니라 사회적으로 해결해야 할 중요한 문제이다. 이 믿음체계는 특정 정치 세력에 대한 반감이 아니라 정치 그 자체에 대한 부정이며, 변화의 가능성을 무력화하는 가장 강력한 정서적 구조다. 냉소주의 극복은 정치의 붕괴를 방지하고 지속 가능한 민주주의를 위한 시민의식 발전의 요청이자 양극화 극복의 노력이다.

이해할 수는 있으나 극복해야 할 이 믿음체계는 이렇게 발언한다. '정치인들은 결국 다 똑같다. 누구를 뽑아도 바뀌지 않는다', '정치란 권력을 차지하는 게임에 불과하다', '어차피 그들만의 리그다. 국민은 들러리일 뿐이다', '투표한다고 세상이 바뀌나? 결국 그놈이 그놈이다', '개혁은 늘 실패한다. 결국 기득권이 다 잡고 있기 때문이다' 이러한 언명들은 정치의 가능성을 부정하고, 정치적 참여 대신 무관심이나 비판만을 선택한다.

냉소주의는 우리 정치에 분명히 실재하는 사회적 현상이며 점점 더 깊어지고 확장일로에 있다. 투표율 하락, 정당 지지율의 불안정, 무당층 확대, 정치 혐오 담론의 확산 등에서 그 심각성이 지표로 확인되고 있다.

냉소주의를 단순한 감정이나 태도의 문제로만 볼 경우 극복의 실마리도 찾기 어렵다. 냉소주의는 일시적 실망이나 회의가 아니라 일관된 인식체계를 형성하고 있으며, 정치에 대한 개인의 감정, 판단, 행동을 지속적이고 예측 가능하게 결정한다.

냉소주의는 정치적 사실을 선택하고 해석하는 틀로 기능한다. 어떤 정치적 행위나 정책이 등장해도, 사전에 불신하거나 실패로 규정하고, 그 가능성을 차단한다. 이 믿음체계는 정치에 대한 비판적 거리두기를 넘어, 정치 전체를 무가치하게 만드는 자기 강화적 믿음체계로 구조화되어 있다.

개인적 차원에서 냉소주의는 반복된 정치적 배신 경험, 낮은 정치 효능감, 변화에 대한 기대의 좌절에서 비롯된다. '투표해도 달라지는 게 없다'는 인식, '정치는 결국 기득권만을 위한 것'이라는 체념은 개인의 정치적 정체성을 구조화한다. 이들은 정치에 참여하지 않지만 정치에 대한 혐오와 비아냥은 자주 표현한다. 정치에 기대하지 않지만 정치의 부정적 결과에 대해서는 누구보다도 분노한다. 이 모순된 정서의 조합이 냉소주의의 심리적 실체다.

　사회적 분위기로서 냉소주의는 특정 세대나 계층의 정서가 아니라 하나의 시대적 정동이다. 정치 양극화, 반복되는 정치 실패, 부패와 무능의 순환, 진영 정치의 도덕주의 경쟁은 시민들이 정치 그 자체를 의심하게 만들었다. 언론의 선정성, SNS 기반의 조롱 문화, 정치 혐오 담론의 대중화는 냉소주의를 사회적 감정으로 확장시켰다.

　우리 정치의 정동 중에서 가장 은밀하지만 강력한 파괴력은 바로 이 냉소의 정동이다. 정치 혐오, 중도 이탈, 정책 무관심, 비판 실종은 모두 이 정동의 결과물이다.

　정동의 정치politics of affect는 오늘날 정치 현상을 분석하는 데 중요한 개념이다. 특히 감정, 사회적 분위기, 집단의 정서적 흐름이 어떻게 정치적 판단과 행동을 결정짓는지를 이해하는 데 핵심적인 토대를 제공한다. 정동은 개인의 내부에서 일어나는 심리적 감정보다 사회적이고 관계적인 감정의 흐름과 분위기, 긴장감, 열기, 환멸, 희망과 같은 집단적 정서의 움직임을 뜻한다. 이런 정동은 언어나 논리, 이념 이전에 작동하며, 정치를 움직이는 가장 기초적인 에너지이자 반응 양식이다.

　현대 정치는 점점 더 정동에 의해 작동한다. 사람들은 반드시 이성적 논증이나 정책 평가를 통해 정치에 참여하지 않는다. 오히려 '느낌'이 먼저다. '왠지 불안하다', '이 사람은 믿음직스럽다', '저 진영은 위험해 보인다'는 즉각적인 감정의 반응이 정치적 판단과 행동을 결정하는 데 큰 영향을 미친다. 진영 정치가 도덕적 혐오와 정체성 충성을 요구하며, 대중 동원이 '희생'이나 '응징'의 감정으로 이루어지는 현상은 모두 정동의 정치화를 보여주는 사례다. 특히 정동의 정치화는 이성과 정보의 중요성을 압도하면서, 합리적 토론이나 정책 논의의 공간을 위축시킨다.

　냉소주의는 격렬한 분노보다 더 지속 가능하고, 혐오보다 더 쉽게 확산되는 정동이다. 이는 진영을 가리지 않는다. 무력한 분노와 쓸쓸한 체념이 결합된 감정의 정치화다.

정치에 대한 오래된 무력감

　우리 정치에서 냉소주의는 권위주의 시대의 억압 속에서 싹텄다. 오랜 군부독재와 권위주의 통치는 시민들의 기본권을 억눌렀고, 정치가 삶을 바꿀 수 있다는 기대 자체를 봉쇄했다. 선거는 정권 유지의 형식적 절차에 불과했고, 정치 참여는 무력하고 무의미한 행위로 인식되었다. 정치에 대한 불신과 회피의 감정은 이 시기에 구조화되기 시작했다.

　민주화 이후에도 정치에 대한 기대는 번번이 좌절되었다. 1987년 체제는 제도적 민주주의를 성립시켰지만, 정치의 내용과 운영은 '불완전한 민주주의'에 머물렀다. 정경유착, 무책임한 정당 정치, 반복되는 개혁 실패는 민주주의에 대한 신뢰를 약화시켰고, '정치는 발전하지 않는다'는 회의감이 사회 전반에 퍼지기 시작했다.

　정권교체의 반복은 오히려 냉소주의를 심화시켰다. 보수와 진보 양당이 교대로 집권했지만 권력형 비리와 무능, 민생 외면, 갈등의 격화는 계속되었다. 진보 정권은 개혁과 도덕성을 외쳤지만 실망을 안겼고, 보수 정권은 안정과 효율을 말하며 권위주의적 통제를 강화했다. 결과적으로 '누가 집권해도 변하지 않는다'는 냉소적 정서가 고착되었다.

　경제적 불평등과 기득권 구조는 냉소주의를 더욱 증폭시켰다. 정치는 생계와 직결된 문제를 해결하기보다 기득권을 옹호하는 방식으로 작동했다. 부동산 가격 폭등, 비정규직 확대, 청년 실업 등의 실질적 문제들이 해결되지 못하면서 '정치는 기득권의 대변자'라는 인식이 강화되었다. 계층 이동의 사다리가 무너지고, 정치권과 고위 공직자·대기업 간의 유착이 반복되자, 시민들은 '투표를 해도 내 삶은 변하지 않는다'는 결론에 도달했다. 이로써 정치 참여는 회피되고, 냉소주의는 일상의 감정으로 자리 잡게 되었다.

냉소주의의 유형과 태도

냉소주의는 하나의 단일한 흐름처럼 보이지만, 서로 다른 정서적 반응과 태도 양식을 지닌 다양한 유형들이 공존한다. 이러한 냉소의 유형들은 정치에 대한 거리두기 방식, 반응 감정의 강도, 제도와 정치인에 대한 신뢰 수준에 따라 분화되며, 각각 고유한 심리적 성격과 정치적 태도를 형성한다.

탈정치적 냉소는 정치의 의미와 효능 자체를 부정하거나 무시하려는 태도로 나타난다. 이들은 정치를 삶과 무관한 영역 혹은 나와 상관없는 세계로 간주하며, 정치 참여의 필요성을 인식하지 못한다. 정치적 냉담함과 무력감이 핵심 정서이며 투표에 대한 적극적 포기, 정치 뉴스 회피, 참여 거부의 행동 양상을 보인다.

반정치 성향은 정치인, 정당, 제도 전반에 대한 전면적 부정과 적대적 태도를 갖는다. 정치 과정 자체를 본질적으로 왜곡된 것으로 간주한다. '정치인은 다 똑같다'는 판단은 물론, 나아가 정치 그 자체가 문제라는 인식을 가진다. 제도 밖의 대안이나 급진적·극단적 운동에 쉽게 매료되는 경향이 있다.

정치 혐오적 냉소는 정치 주체와 정치 행위 자체에 대한 강한 감정적 거부를 특징으로 한다. 이들은 정치 뉴스에 대한 노골적인 반감, 선거나 토론 등 정치 과정에 대한 불쾌감, 정치 담론 자체에 대한 혐오 반응을 보이며, 정치적 자극에 대해 부정적 감정을 강하게 표출한다.

정치 무관심 유형은 정치에 대한 명시적인 반감보다는 수동적이고 무감각한 태도이다. 정치 이슈, 정책 변화, 선거 결과 등에 대한 관심이 현저히 낮고, 정보 탐색의 중단, 무기력한 방관, 정치적 회피가 일상화되어 있다. 이는 정치적 사회화가 부족한 상태가 한 원인이기도 하다.

정치 불신 유형은 정치 자체에 대한 거부는 아니나, 정치 제도와 행위자에 대한 강한 불신을 가진다. 선거, 정책 결정, 입법 과정, 공공기관 등의 운영을 신뢰하지 않으며, 특정 제도나 정치 세력에 대한 불만이 원인이기도 하다. 이들은 정치에 참여하기보다는 거리두기와 회피를 선택하며, 조건부 참여나 제도 개선 욕구를 강하게 갖고 있다.

이 유형들은 구분되면서도 상호 중첩될 수 있으며, 여러 유형의 감정적 반응이 복합적으로 나타나기도 한다. 하지만 모든 냉소 유형은 결국 정치에 대한 구조적 신뢰 붕괴라는 공통된 기반 위에서 형성된다. 냉소주의는 정치 제도와 담론이 더 이상 신뢰받지 못하는 체제적 위기의 정서적 반영이라 할 수 있다. 이를 해소하기 위해서는 정치에 대한 신뢰와 의미를 회복할 수 있는 구조적 개입과 정서적 회복이 병행되어야 한다.

양극화의 산물이자 원인

냉소주의는 우리 정치의 양극화 구조 속에서 형성되고 강화되며, 동시에 그 구조를 재생산하는 정서적 기제로 작동한다. 냉소는 정치 참여를 왜곡하고, 시민의 감정 구조를 진영적 적대의 프레임 속에 가둔다. 이로써 냉소주의는 정치 양극화의 결과이자 원인으로서 작동하는 이중적 성격을 지닌다. 이러한 상호 작용은 네 가지 측면에서 구체화된다. 첫째, 진영 대결 구도가 개인에게 당파적 정체성을 강요하며 자유로운 판단과 참여를 억제한다. 둘째, 정치 엘리트는 냉소를 전략적으로 조장함으로써 책임 회피와 지지층 결속이라는 구조적 이득을 취한다. 셋째, 반복된 개혁 실패와 도덕주의 정치의 변질은 도덕적 환멸을 초래하며 냉소를 심화시킨다. 넷째, 냉소는 중도적 선택지를 지우고 시민을 무관심 또는 혐오로 몰아가며, 대결 정치 외 다른 가능성을 차단한다.

결국 냉소주의는 양극화 정치의 연료이자 그 감정 구조의 핵심축이다. 이 악순환을 끊기 위한 실천은 단지 정서적 회복의 문제가 아니라, 정치 환경 자체를 바꾸는 제도적·문화적 노력이 절대적으로 필요하다.

정체성 정치의 압박이 냉소주의를 부른다

우리 정치에서 냉소주의 심화의 가장 큰 원인은 적대적 진영 대결이 과도한 '정체성 압박'을 가하기 때문이다. 정체성 정치는 특정 집단의 역사적 경험, 피해의식, 도덕적 명분을 바탕으로 정치적 소속과 요구를 조직하는 방식이다. 진보든 보수든 각 진영은 스스로를 도덕적으로 우월한 집단으로 설정해 왔다. 이 과정에서 시민들은 특정한 정체성과 감정을 내면화해야만 하는 존재로 취급된다. '우리 편이라면 이렇게 말해야 해', '정의를 원한다면 침묵해선 안 돼' 같은 요구는 시민의 자율성을 억누르며 반복된다. 이처럼 정치적 '옳음'이 개인의 윤리 전체를 대변하게 되면, 의견 표명은 윤리적 검증의 대상이 된다. 작은 이견조차 배신이나 무지로 낙인찍힐 수 있다. 이로 인해 많은 시민은 비판받지 않기 위해 침묵하거나, 아예 정치적 판단을 유보하고 거리를 두게 된다.

또한 정체성 정치는 분노, 자부심, 피해의식, 적대감 같은 감정을 끊임없이 요구한다. 하지만 감정의 반복적인 소모는 결국 피로를 낳고, 이것이 정치로부터 자신을 지키려는 방어 반응으로서 냉소를 탈출구로 삼는다. 자신의 정체성과 감정을 끊임없이 해명해야 하는 상황, 정치적 입장 표명을 통해 '정의로운 사람'인지 '무지한 사람'인지 판별당하는 정치 환경에서 시민들은 점점 정치에 대해 말하기를 주저하고 방관자로 물러날 수밖에 없다.

더 근본적인 문제는 진영이 내세우는 당파적 정체성과 개인 판단 사이의 괴리다. 민주주의는 시민 개개인의 자율적 판단과 공공적 책임 의식을 전제로 한다. 그러나 당파적 정체성이 지배하는 환경에서는 개인의 정치적 판단이 소속 집단의 태도에 종속되길 강제한다. 진보든 보수든 각 진영은 자신을 '민주주의의 계승자' 혹은 '대한민국의 수호자'와 같은 역사적·도덕적 정체성으로 포장해 왔다. 문제는 많은 시민이 이 정체성 서사에 동의하지 않거나, 그 서사의 일부만을 수용하면서 독립적인 판단을 하려 할 때 겪는 갈등이다. 진보 진영이 '민주화의 계승자이자 가장 도덕적인 정의의 사도'로 자신을 규정할 때, 시민들은 '그렇다면 지금의 실책과 실망감은 어떻게 설명할 수 있나?'라는 '내로남불'에 대한 근본적 회의를 품게 된다. 하지만 이 질문은 용기를 필요로 한다. '보수 프레임에 물든 사람'으로 낙인찍히기 십상이기 때문이다. 보수 진영에서도 마찬가지다. 안보와 자유, 국가 정체성을 강조하는 보수 정체성 서사에 '왜 그 가치를 당신들이 독점해야 하는가', '당신들을 비판하면 나도 반국가세력인가'라는 질문을 던질 수밖에 없다. 돌아오는 것은 자유민주주의 체제를 부정하는 사람이라는 낙인이다.

정당과 진영은 '우리를 지지한다면 이런 입장을 가져야 한다'는 정답지 정치를 강요하고, 이에 선뜻 동의할 수 없는 시민은 생각하기보다 침묵하고, 참여하기보다 거리를 둔다. 특히 중도층이나 무당층 시민의 경우, 특정 정당의 오류를 지적하는 순간 스스로 '우리 편이 아닌 사람'이 되어버리는 비난의 경험을 통해, '차라리 아무 말도 하지 않는 게 낫다'는 회피로 빠져든다. 이것이 바로 우리 정치에서 정체성의 도덕화와 시민 판단 사이의 괴리가 냉소주의로 이어지는 구조다.

냉소주의는 정치권의 무능이 아니라 전략이다

냉소주의의 확산과 심화는 정치권의 무능 때문만은 아니다. 오히려 정치권이 정치적 신뢰의 붕괴를 기회로 삼아, 정치적 이득을 극대화하려는 전략적 능력의 산물이다. 정치 불신은 정치적 통제를 위한 도구로 활용되며, 냉소는 정치적 자원으로 관리되고 있다.

정치 신뢰가 낮을수록 감정 동원과 진영 대결 중심의 정치는 더욱 강화된다. 이때 냉소주의는 합리적 비판과 정책 검증을 마비시키는 장벽으로 작용한다. 정치인은 '여야 모두가 문제다'라며 비판의 초점을 흐리거나 책임을 분산시키면서 냉소의 증폭을 통해 자신의 실패와 책임을 회피할 수 있다. 또한 신뢰가 무너진 공간에서는 오히려 거짓과 과장이 진실보다 더 효과적으로 작동한다.

냉소주의는 또한 조직화된 지지층 중심의 선거 전략을 가능케 한다. 많은 시민이 정치에서 이탈하고 충성도 높은 소수만 남게 되면, 경쟁은 정책이 아니라 충성심과 혐오의 크기로 귀결된다. 정치권은 이런 구조 속에서 정책 실패의 부담 없이 권력을 유지할 수 있게 된다.

더 나아가 냉소주의는 정치인에게 '정치 개혁'이나 '책임 정치'에 대한 요구를 약화시키는 효과를 가져다준다. 시민이 정치를 믿지 않게 되면 정치 변화에 대한 기대와 요구도 약해지고, 기존의 질서에 대한 저항도 줄어든다. 그 결과 냉소주의는 현상 유지를 위한 감정적 인프라가 된다. 정치권은 이를 적극적으로 이용한다. 언론에 대한 불신 조장, 상대 진영에 대한 혐오 부추기기, 자기 진영에 대한 부도덕성 희석은 이 전략의 일환이다.

냉소주의는 정치적 무능이 아니라 전략적 기획의 결과이며, 오늘날 정치권이 가장 잘 활용하는 통치 기술 중 하나다. 따라서 이에 맞서기 위해서는 시민 스스로가 정치 불신이라는 감정의 구조를 인식하고, 신뢰와 책임의 정치를 요구하는 감정적 저항을 회복해야 한다.

도덕적 환멸은 도덕주의 정치의 자업자득이다

우리 정치에서 정치적 냉소와 환멸은 도덕주의 정치가 만들어낸 구조적 결과다. 도덕을 정치 정당성의 자원으로 과도하게 활용하고 도덕이 반복적으로 배신당하는 과정을 통해 냉소가 고착화되었다.

정의, 공정, 청산, 참여 등 도덕적 언어는 정치적 선택의 문제를 선악의 대결로 전환시키며, 복잡한 현실을 단순한 도식으로 치환했다. 도덕주의 정치는 시민에게 높은 기대를 심어주었지만, 정작 그 언어를 내세운 정치인들이 부도덕의 주체가 되면서 시민의 도덕적 신뢰는 붕괴되었다.

정치가 도덕을 무기로 삼았기 때문에, 그 도덕이 무너질 때 정치적 정당성 자체가 붕괴된다. 이때 시민은 정치 언어 전체에 대한 신뢰를 거두게 되고, 냉소는 더 깊은 정서로 전환된다.

정치에 대한 도덕적 환멸은 도덕 없는 도덕 정치, 도덕을 권력 유지의 수단으로 소비한 정치가 낳은 가장 정직한 결과다. 냉소는 시민의 결함이 아니라 정치의 배신에서 비롯된 정당한 정동이다. 도덕을 다시 말하기 위해 필요한 것은 더 많은 도덕 담론이 아니라, 책임과 성찰의 윤리를 회복하는 새로운 정치 문화다.

사라진 중도의 공간이 명분 있는 냉소를 만든다

정치적 선택의 대안 부족 또한 냉소주의를 불러일으킨다. 특히 중도가 부재한 정치 지형에서 냉소주의는 진영 정치에 대한 실망감과 선택지 없음에 대한 무력감을 명분 삼아 활성화된다.

중도 정치가 반복적으로 좌절된 경험은 '대안 없음'이라는 허탈감과 '나의 생각과 감정을 대변할 이가 없다'는 체념을 심어 준다. 이 경우 냉소는 '참여하지 않음'이 아니라 '참여 불가능'의 결과이다. 이는 냉소를 무책임한 회피가 아니라 정당한 비판적 태도로 내세울 수 있게 된다.

정치는 다양한 목소리를 포용하는 공간이어야 하며, 중도는 그 균형을 지탱하는 핵심이다. 그러나 중도 선택지가 실질적으로 차단된 정치 구조에서는 정치에 대한 냉소적 거부와 마지못해 진영에 의탁하는 차악의 선택이라는 양자택일이 강요된다. 많은 사람들은 명분 있고 자존감을 지킬 수 있는 전자를 선택한다. 중도 정치의 활성화는 정치적 선택지를 넓히는 것을 넘어 전혀 새로운 정치적 매력을 제공하는 일이다.

냉소주의는 정치 양극화의 조연

냉소는 정치 참여의 질을 결정한다. 정치적 냉소는 참여의 회피뿐만 아니라, 왜곡된 참여의 조건이 된다. 신뢰와 기대 없이 이루어지는 참여는 감정적 충성, 진영 동원, 혐오의 과잉으로 이어지기 쉽다. 이로 인해 정치의 질은 오히려 냉소적 참여에 의해 더 심각하게 저하된다.

오늘날 중요한 문제는 시민이 정치에 참여하지 않는 것이 아니라, 왜곡된 방식으로 정치에 개입하는 것이다. 냉소적 시민은 정치를 믿지 않기에 공공성과 정책보다는 감정적 대결 구도에 참여한다. 이는 진영 충성, 보복 감정, 자기 방어적 참여를 낳고, 결과적으로 양극화는 더욱 심화된다.

냉소는 정치 환멸과 맹신이 공존할 수 있는 역설적 공간을 만든다. '정치는 믿을 수 없다'는 생각은 '그래도 우리 편밖에 없다'는 판단으로 이어지고, 이는 양극화의 정서적 토대를 구성한다. 바로 이 지점에서 정치 양극화의 조연으로서 냉소주의의 작동 방식이 본격화된다. 냉소를 극복하기 위해서는 참여의 양이 아니라 질을 바꾸는 전환이 필요하다.

냉소주의는 정치에 대한 기대를 허물고, 변화를 요구하는 시민의 감정 에너지를 침묵으로 대체한다. 정치에 대한 절망이 곧 정치의 무기력으로 이어지고, 그 무기력이 다시 절망을 정당화하는 식이다. 이렇게 냉소주의는 침묵 속에서 강력한 악순환의 효과를 만들어내며, 민주주의를 갉아먹는다.

또한 분열된 정치에 연료를 제공하는 조연이며, 때론 보이지 않는 주연이다. 냉소주의는 정치를 믿지 않기 때문에 참여하지 않는 것이 아니라, 신뢰할 수 없기에 차악을 선택하거나 비판적 판단 없이 진영에 귀속되는 방식으로 작동한다. 냉소는 정치를 회피하는 감정이지만, 동시에 정치를 왜곡된 방식으로 유지시키는 감정적 기반이 된다.

거기에 더해 냉소주의는 반정치 정서를 확산시킨다. 정치는 본질적으로 부패했으며, '정치는 원래 더러운 것'이라는 반정치 기류는 대중을 정치 시스템을 거부하고 극단적 대안으로 이끌기도 한다. 강한 지도자에 대한 기대, 반체제운동의 확산, 포퓰리즘의 등장은 민주주의 절차의 중요성이 무시되면서 권위주의적 통치, 비합리적 대중주의가 발호할 기회를 제공하는 것이다.

냉소주의는 정치 양극화의 조연이다. 현실 정치의 자업자득으로 생긴 냉소주의에게 정치 양극화의 책임을 떠넘기려는 의도는 없다. 하지만 냉소주의가 확산되면, 중도층, 무당층, 합리적 유권자들이 정치에서 이탈하게 된다. 반면, 정치적 열정을 가진 극단적 진영의 강성 지지층이 선거와 정치 과정에서 더욱 높은 비중을 차지하게 된다. 그 결과 정치가 강성 지지층의 요구에 과도하게 종속되고 극단적 메시지와 선명성 경쟁이 심화된다.

또한 정치 불신은 정쟁 프레임에 대한 무비판적 수용의 토대가 된다. 그리고 적대적 대립 정치는 이 무비판적 수용의 토양을 이용하기도 한다. 냉소주의적 토양에서는 정치적 이슈를 따져보기보다는, 정치권이 제공하는 도덕적 선악 프레임, 적대적 이분법만을 비판 없이 소비하게 된다. 이 또한 정치 양극화 재생산에 일조하게 된다.

정치 양극화는 단순히 진영 간의 대결만으로 발생하는 것이 아니다. 냉소주의라는 무관심과 불신이 중간지대를 사라지게 만들고, 극단적 진영 대결이 정치를 장악하도록 방조하는 '조연 역할'을 수행하고 있다.

손에 잡히는 변화가 필요

냉소주의 믿음체계를 가진 이들은 눈에 잘 띄지 않는 무정형의 집단으로 존재하지만, 그 영향력은 마치 강물의 저류처럼 정치 지형을 움직이는 힘이 된다. 투표 기권층, 여론조사에서의 무응답층, 지지 정당 없음으로 응답하는 다수의 시민들이 그 구성원이다.

냉소주의는 전 세대에 걸쳐 다양한 배경과 계층 속에서 다른 양상으로 나타난다. 먼저, 2030청년층은 냉소주의의 최전선에 서 있다. 이들은 취업난, 부동산 불평등, 계층 이동의 좌절을 경험하며, 정치가 자신의 삶을 바꾸지 못한다는 회의에 젖어 있다. 정치인과 정당 모두에 대한 기대를 접고 있으며, 실용적 생존 전략을 우선시한다. 자산 투자와 자기 계발에 더 몰두하며 정치적 이상보다는 현실적 성취에 집중한다. 그러나 이들은 동시에 변화의 가장 큰 가능성을 품은 세대이기도 하다. 정치가 실질적으로 삶의 조건을 바꿀 수 있다는 신호를 보낸다면, 이들은 누구보다 적극적으로 정치의 전면에 나설 준비가 되어 있다.

40~50대 중도층과 무당층은 민주화 이후 여러 번의 정권교체를 목도했지만, 정치적 실망이 반복되며 정치에 대한 신뢰를 잃었다. 그들은 생계에 집중하며 정치를 외면한다. 한편, 인터넷 커뮤니티 기반 냉소주의자들은 정치인을 조롱하고 정치 담론을 해학과 풍자의 대상으로 소비한다. 이는 얼핏 참여의 방식처럼 보이지만, 본질적으로는 정치적 언어를 거부하는 퇴행적 반응이다.

저소득층과 일부 노동계층은 정치에 대한 기대가 반복적으로 배신당한 결과로 냉소주의에 이르렀다. '누굴 찍어도 바뀌지 않는다'는 체념은 정책 실패와 제도의 무능함이 체화된 인식이다. 지식인과 문화예술계 일부는 과거의 정치적 이상이 무너지는 경험을 통해 진보와 보수 모두에 대한 불신을 갖게 되었고, 정치 자체를 허무한 권력투쟁으로 간주한다.

냉소주의를 극복하기 위해서는 정치에서 '손에 잡히는 변화'가 필요하다. 거대 담론이나 진영 논리가 아닌, 구체적 삶의 조건을 바꾸는 실질적 성과가 정치 효능감을 회복하는 열쇠다. 일자리, 교육, 주거 등 삶의 핵심 문제를 실질적으로 해결하려는 정치만이 신뢰 회복의 기반이 된다.

또한 중도층과 무당층이 가장 경계하는 것은 양진영의 극단적 대결이다. 문제 중심, 정책 중심, 합리성 중심의 정상적인 정치적 경쟁이 필요하다. 무엇이 문제이며, 어떻게 해결할 수 있는지를 들려 주는 정치가 손에 잡히는 변화이다.

반복되는 부패, 특혜, 내로남불은 신뢰를 무너뜨렸다. 정치인의 윤리성 강화와 부정부패에 대한 무관용 대응은 정치권이 공공성을 복원할 수 있는 최소한의 전제다. 정치가 다시 시민의 삶을 바꾸는 도구가 될 수 있다는 확신을 만들어야 한다.

반복된 정치 실패와 정권교체에도 불구하고 변화는 없었고, 결국 '또 그 얼굴'이라는 체념만 깊어졌다. 인물 중심의 정치, 정당 내부 민주주의의 부재, 세대교체의 실패 등은 유권자들을 냉소의 수렁으로 밀어 넣는다. 우리 정치에 새로운 인물과 새로운 아이디어라는 동아줄이 있어야 한다.

제도 역시 문제다. 양당 중심의 정치 구조는 새로운 정치 세력의 성장을 가로막고, 제3의 선택지를 허용하지 않는다. 정치는 변하지 않는다는 냉소는 결국 제도적 한계에 대한 절망이기도 하다. 과감한 정치 제도의 혁신 또한 가장 확실한 손에 잡히는 변화이다.

냉소주의가 제기하는 민주주의 과제

냉소주의가 오늘날 민주주의를 잠식하는 구조적 정서이자 신념체계로 자리 잡았다면, 이를 극복하기 위한 대응 역시 단순한 설득이나 계몽을 넘어선 체계적이고 정교한 전략이 필요하다. 냉소주의는 민주주의 실패의 증상이다. 그러므로 냉소주의 극복은 시민을 계도하는 일이 아니라, 우리 정치 자체가 먼저 변화해야 할 절박한 과제이다.

각기 다른 유형의 냉소주의는 서로 다른 원인과 구조를 갖고 있기에, 그 대응 역시 유형별로 구분되고 맞춤화되어야 한다.

정치에 정치 자체를 무의미하게 여기는 탈정치 성향에는, 정치를 삶과 연결시키는 경험이 절실하다. 이를 위해 정치 리터러시 교육을 강화하고, 지방자치와 생활 정치, 시민 참여 플랫폼을 통해 일상의 문제를 정치적으로 해석하고 해결할 수 있는 기회를 확대해야 한다. 특히 작은 참여가 실질적 변화를 만들어낸다는 경험을 제공하는 것이 중요하다. 참여와 변화의 경험이 누적될 때, 정치는 더 이상 추상적 관념이 아니라 삶의 도구로 인식된다.

정치 전체에 대한 불신과 적대감을 드러내는 반정치 성향에는 정치 제도의 투명성과 책임성이 복원되어야 한다. 부패와 특혜, 기득권 구조에 대한 엄정한 책임 추궁, 공천과 정책 결정 과정의 공개화, 정당 내부 민주주의 강화 등이 핵심이다. 정치가 사익 추구의 수단이 아니라 공익을 위한 제도로 기능한다는 인식을 시민이 직접 확인할 수 있도록 해야 한다. 정치 스스로가 공공성 회복을 입증해야 한다.

정치에 대한 강한 감정적 거부를 보이는 정치 혐오 성향에는 정치 언어의 품격 회복과 공적 담론의 재구성이 필요하다. 선동과 조롱, 공격과 반격의 언어가 난무하는 정치 환경은 혐오를 강화한다. 따라서 감정 동원이 아니라 숙의와 토론, 상호 존중의 문화를 정착시켜야 하며, 정치적 다름을 공존의 조건으로 인정하는 성숙한 정치 모델을 제시할 필요가 있다. 혐오의 정치에 대한 대안은 협력과 공감의 정치다.

정치에 관심조차 두지 않는 무관심 성향에는 정치가 내 삶과 어떻게 연결되는지를 일깨우는 정보 제공과 감수성 교육이 필요하다. 청년층을 비롯한 무관심층에게는 생계, 교육, 주거, 노동 등의 현실 문제와 정치의 연결성을 다양한 콘텐츠와 채널을 통해 전달해야 한다. 정책 중심 뉴스, 생활 정치 콘텐츠, 체험형 교육 프로그램 등을 통해 정치가 자신과 무관하지 않다는 인식의 문을 열어야 한다.

정치인과 제도 전반에 대한 불신을 드러내는 유형에는 정치의 구조적 개혁과 시민적 통제 장치가 마련되어야 한다. 이익 충돌 방지법, 공직자 재산공개, 권력기관의 독립성 확보 등은 필수적 개혁 과제다. 동시에 시민사회와 독립 언론, 감시기관이 정치 권력을 상시적으로 감시하고 견제할 수 있는 기반을 제도화해야 한다. 정치인은 감시받아야 하며, 정치인에 대한 시민의 통제는 민주주의의 일상이어야 한다.

냉소주의는 하나의 단일 감정이 아니라, 정치 실패의 축적, 감정의 피로, 제도에 대한 실망 그리고 참여 불가능성의 인식이 얽힌 복합적 정동이다. 이를 극복한다는 것은 단지 '정치가 좋아졌다'는 인식을 주는 것이 아니라, 정치가 삶의 조건을 실질적으로 변화시킬 수 있다는 확신을 회복시키는 일이다. 냉소는 말이 아닌 경험으로 치유되어야 한다. 결국 정치의 몫이다.

청년에게 주도권을 넘기자

　냉소주의를 극복할 수 있는 방법은 정치권의 환골탈태나 시민 정치 교육 밖에 없을까? 이는 무책임한 접근이다. 청년세대가 새로운 정치적 믿음체계를 자발적으로 구축하고 현실 정치의 주도권을 쥐는 과정에서야말로, 진정한 변화의 동력이 발생할 수 있다.
　청년 정치가 냉소주의 극복의 유력한 대안이 되는 이유는, 단순한 세대 교체의 상징성 때문이 아니다. 냉소주의는 구조적 배제와 반복된 배신의 감정이 겹쳐져 만들어진 감정 구조이며, 청년세대는 그 피해자이자 동시에 변화의 가능성을 품은 집단이다. 이들은 기존 진영 정치나 낡은 정당 구조에 덜 포획되어 있으며, 새로운 정치의 언어와 참여 문화를 설계할 수 있는 유연성을 지니고 있다. 청년 정치는 바로 이 이중적 위치, 즉 냉소의 심층에 위치하면서도 그것을 전복할 수 있는 역량을 넘치게 가지고 있다.
　오늘날 청년세대는 정치적 불신이 가장 깊은 세대지만, 이는 단순한 무관심의 결과가 아니라 실망, 배제, 환멸이 중첩된 복합적 경험의 산물이다. 하지만 동시에 이들은 정치적 상상력과 실용적 감각을 바탕으로 기존의 도식화된 정치와 감정 구조를 넘어설 가능성을 가장 많이 지닌 세대이기도 하다. 이들의 공정성에 대한 감수성, 실질적 삶의 조건에 대한 문제의식, 데이터와 절차적 정의 중시, 기후, 젠더, 노동, 디지털 권리와 같은 새로운 의제에 대한 민감도는 기존 정치의 언어를 교체할 수 있는 강력한 자산이다.
　청년들은 더 이상 보수-진보의 낡은 이념 구도를 맹목적으로 따르지 않는다. 그들은 정치인을 추종하기보다 제도와 시스템의 작동 원리를 신뢰할 수 있느냐를 기준으로 정치적 선택을 한다. 만약 이들이 현재 매몰되어 있는 능력주의의 딜레마를 성찰하고 넘어설 수 있다면, 더 지속 가능하고 포용적인 공정의 원리를 정치에 접목할 수 있을 것이다. 이처럼 청년 정치는 단순한 세대의 교체가 아니라, 정치 언어와 감정 구조, 문제 접근 방식 전반의 전환을 수반하는 패러다임의 변화다.

청년세대는 지금 냉소주의에 가장 깊이 물든 세대이자, 동시에 그것을 넘어설 정치의 미래를 상상할 수 있는 가장 유력한 주체다. 이들에게 필요한 것은 단순한 참여 권유가 아니라, 정치를 삶의 문제 해결의 장으로 전환시키는 믿음체계의 설계 권한이다. 냉소는 단순히 해소되는 것이 아니라, 새로운 믿음으로 교체됨으로써 극복될 수 있다.

기성세대가 해야 할 일은 명백하다. 정치라는 공적 자산의 운영에 있어 청년세대가 실질적으로 주도권을 쥘 수 있도록 제도적, 정치적, 문화적 기반을 마련해야 한다. 정치적 문호를 개방하는 것을 넘어, 그들이 낡은 정치 도식과 감정적 굴레를 벗고, 자신만의 문제의식과 상상력으로 변화의 문법을 써 내려가도록 구조적으로 지원해야 한다. 청년 정치는 특혜가 아니라 민주주의의 지속 가능성을 위한 필수 조건이다.

청년들이 낡은 도식과 무기력의 굴레를 벗어던지고 스스로 변화의 주체가 된다면, 기성 정치가 제공하지 못한 삶의 조건을 개선하는 정치의 가능성을 새로운 상상력으로 구축할 것이다. 정치가 시민의 삶과 분리되지 않고, 권력 게임이 아닌 공정과 투명, 지속 가능성과 다양성의 원칙 위에 정치가 다시 세워질 것이다.

냉소주의를 '건강한 회의주의'로

냉소주의는 단순한 비판이나 실망의 표현이 아니다. 그것은 실패와 무능, 분열과 배신이 반복되며 축적된 감정의 구조이고, 시간이 지나며 자기 충족적으로 굳어진 하나의 믿음체계다. 문제는 이 믿음이 정치를 교정하거나 견제하는 데 기여하지 않고, 오히려 정치 전체를 불신하고 회피하는 정동적 태도로 고착되며 민주주의 자체를 내부에서부터 침식시킨다는 점이다.

냉소주의의 가장 심각한 폐해는, 정치적 책임을 회피하는 문화 속에서 그 누구도 정치의 주인이 되지 않는 사회, 다시 말해 '책임지지 않는 공론장'을 만들어낸다는 데 있다. 나쁜 정치보다 더 위험한 것은 정치를 포기한 사회, 정치에 대한 신뢰가 완전히 붕괴된 시민 집단일 수 있다. 정치를 믿지 않는 사회는 결국 민주주의를 믿지 않는 사회로, 정치적 주권은 점차 무관심과 체념 속에 무력화된다. 민주주의의 위기는 어느 날 갑자기 오는 것이 아니라, 정치를 외면한 일상의 감정들이 모여 쌓인 결과로 나타난다.

냉소주의는 현실 정치의 부패와 무능, 제도의 무기력, 정치 양극화 같은 구조적 병리에서 비롯되었지만, 그것이 하나의 믿음체계로 굳어지는 것은 개인의 책임도 크다. 냉소주의에는 개별 정치인의 부정과 실패를 정치의 본질로 일반화하고, 제도적 결함을 정치 자체의 불가피한 속성으로 환원하는 인지적 오류가 담겨 있다. 나아가 정치적 변화의 가능성 자체를 부정하거나, 사회 개혁이 단기간에 완결되어야 한다는 비현실적인 조급함도 냉소주의의 논리를 강화한다. 결국 냉소주의는 정치 현실의 문제에서 출발했지만, 그 믿음체계 자체가 정치 변화의 가능성과 시민 주체성을 스스로 봉쇄하는 왜곡된 사고의 체계로 변모한다.

우리는 냉소주의를 건강한 회의주의로 전환하는 길을 모색해야 한다. 냉소주의는 체념과 회피의 감정이지만, 회의주의는 비판과 성찰을 통한 판단의 회복이다. 냉소는 아무것도 바꾸지 않지만, 회의는 질문을 가능하게 하고, 변화의 문을 연다. 회의주의는 민주주의의 긴장을 유지하게 하고, 정치에 대한 신뢰를 비판 속에서 다시 세우는 태도다. 감정의 포기가 아니라 감정의 전환이 필요하며, 정치해독의 출발점은 바로 이 정동적 전환에 있다.

정치는 실패할 수 있다. 그러나 정치를 포기하는 순간, 그 실패는 구조가 되고 일상이 되며 미래를 결정짓는 운명이 된다. 냉소주의는 정치에 대한 실망에서 비롯되었지만, 그것이 굳건한 믿음체계로 바뀔 때, 민주주의는 더 깊은 위기에 빠진다. 냉소는 불변의 감정이 아니라 변화 가능한 정동이며, 우리가 어떻게 정치와 관계 맺고, 어떤 정치적 언어와 참여 문화를 선택하느냐에 따라 바뀔 수 있는 믿음이다.

결론적으로, 오늘날 우리 사회에서 냉소주의는 정치의 실패가 낳은 감정의 상처이자, 정체성 정치와 양극화가 낳은 도피적 반작용이다. 그러나 더 이상 방관할 수 없는 민주주의의 치명적 위협이다. 냉소를 회의로, 체념을 성찰로 전환하는 정치 감정의 재구성이 필요하다. 냉소주의 해독은 이제 선택이 아니라 민주주의 생존의 필수 조건이다.

7장

프레임 전쟁

프레임과 프레이밍

한때 '코끼리'가 우리 정치 한복판을 쿵쾅거리며 지나간 적이 있다. '프레임'이란 개념이 정치를 설명하는 만능 열쇠처럼 사용되어 모든 주장과 분석이 프레임으로 환원되었고, 프레임의 불순함을 지적하는 비판에 대한 반응조차 '그건 프레임에 불과하다'는 이상 번식 현상도 나타났다. 프레임 논의의 과잉과 오용이 정치 담론을 탈맥락화하고 본질적 역할을 거세한 것이다. 그리고 프레임 전쟁에 집중하다, 정치의 실질적 토론 주제는 뒷전으로 밀리고 정치가 언어 전쟁의 차원으로 변질되기도 하였다.

이제는 프레임 기법의 전략적 효과와 조작 가능성에 집중하기보다, 프레임을 통해 드러나는 정치적 믿음체계의 구조와 작동 방식을 비판적으로 검토할 필요가 있다. 그 방법 또한 진영 정치인의 전략적 구상 차원이 아니라 시민의 비판적 성찰 도구로서 말이다.

정치적 믿음체계는 프레임과 프레이밍이란 장치를 통해 현실에 개입한다. 정치적 믿음체계는 개인이 정치적 현실을 이해하고 판단하며 감정적으로 반응할 수 있도록 구성하는 심층적 인식 구조이다. 프레임frame은 정치적 믿음체계가 현실에서 구체적인 사건, 이슈, 정책, 인물 등을 해석하고 표현하는 방식으로 드러나는 전략적 장치이다. 복잡한 현실을 단순화하여 이해할 수 있도록 특정한 의미를 강조하고 문제를 어떤 식으로 해석하고 해결해야 하는지 방향을 제시하며 정치 커뮤니케이션, 언론, 캠페인, 토론, SNS 등에서 언어적이고 시각적인 형식으로 제시된다.

믿음체계는 프레임의 토대를 형성하며, 프레임은 다시 그 믿음체계를 강화하고 설득하는 역할을 한다. 종북좌파 망국론을 내면화한 사람은 '안보 위협'이라는 프레임에 자동적이고 감정적으로 반응한다. 이는 믿음체계가 프레임 수용의 인지적 전제 조건으로 작동함을 보여준다. 또한 '개혁반대 적폐 세력'이라는 프레임은 반민주세력 청산론 믿음체계를 정당화하고 지속시키는 촉매로 기능한다. 프레임이 믿음체계를 반복 학습시키는 도구가 된다.[14]

프레이밍은 특정한 프레임을 의도적으로 활성화하고 정치적 해석의 방향을 설정하는 전략이다. 단순히 정보를 전달하는 것이 아니라 무엇을 강조하고 무엇을 배제할지를 결정함으로써, 현실에 대한 해석과 의미를 정치적으로 배열하는 행위다.

정치적 믿음체계가 프레임을 통해 현실에 개입하는 방식은, 믿음과 현실 사이의 간극을 연결하는 적절한 또는 교묘한 장치를 통해 정치 구도를 설계하고 재구성하는 과정이다. 이를 통해 사건과 사태를 의미화하고, 주목해야 할 것과 판단의 방향에 대해 안내하며, 정치적 사안을 정체성 및 감정과 연결시키고, 태도와 결정을 유도하는 것이다. 따라서 프레임의 본질과 작동 방식을 검토하는 일은 곧, 정치적 믿음체계의 파급력과 구조적 지속성을 이해하는 일이다.

개념적으로, 프레임은 사람들이 특정 이슈를 해석할 때 사용하는 인지적 구조, 해석의 고정된 틀이다. 프레이밍framing은 이 틀을 구성하고 조작하는 담론화 과정이다. 프레임이 해석의 '틀'이라면, 프레이밍은 그 틀을 '설치하고 활성화시켜 특정한 해석을 유도하는' 일이다. 여기서 '조작'은 음모적 기만뿐 아니라, 특정 관점을 선택하고 강조하는 정보에 대한 전략적 구성 행위를 뜻한다. 우리는 주어지는 프

---

[14] "프레임은 신념화되고 구조화된 정치 이념을 활성화·강화 혹은 억제·약화함으로써 정치 이념의 이슈에 대한 적용성을 높이는 것으로 나타났다."
류재성, 〈프레이밍은 이념 성향을 어떻게 활성화 혹은 억제하는가?〉, 한국정당학회보 제18권 제2호, 한국정당학회, 2019., 67쪽.

레임을 비판적으로 수용하고 거부할 수 있는 능력을 갖고 있다. 그럼에도 불구하고 프레임이 강력하게 작동하는 이유는, 수용자의 무지 때문이 아니라 프레이밍이 우리의 인지적 경향성을 매우 잘 활용하기 때문이다.

우리는 기존 믿음의 일관성을 유지하려는 성향이 있다. 따라서 이미 내면화된 믿음체계와 부합하는 프레임은 비판 없이 수용되기 쉽다. 또한 우리의 뇌는 인지적 효율성을 추구한다. 이를 위해 복잡한 현실을 단순화시켜 해석하는 '휴리스틱'heuristic[15]을 사용하는데, 프레임은 이 지점에 개입해 해석을 특정 방향으로 이끈다. 아울러 감정 자극은 사고를 압도한다. 프레임이 감정적 반응을 유도하면, 논리적 분석보다 직관적 판단에 의존하게 된다. 특히 공포, 분노, 피해의식 같은 감정은 프레임에 대한 반응을 더욱 강렬하게 만든다.

결국 프레이밍은 인간 사고를 전면적으로 통제하는 도구는 아니지만, 인간의 사고가 작동하는 경향성과 기제를 파고들며 특정한 해석을 유도하고 확산시키는 데 효과적이다. 그렇기에 프레임의 메커니즘을 이해하고, 그것이 어떤 믿음체계를 어떻게 정당화하고 있는지를 성찰하는 것은 우리의 정치적 판단력을 건강하게 하기 위한 핵심 과제가 된다.

프레임이 꼭 악마의 기술인 것만은 아니다. 이를 제대로 활용된다면, 우리의 정치적 판단을 명확하게 하고 정치 참여를 촉진하며, 합리적 의사결정을 돕는 훌륭한 인식의 사다리가 될 수 있다.

프레임은 방대한 정치 정보를 핵심 쟁점으로 구조화하여 빠른 이해를 돕고 자신과의 연관성을 분명히 하는 데 기여한다. '기후위기'

---

[15] 휴리스틱은 인간이 복잡한 문제를 빠르게 판단하거나 결정을 내릴 때, 우리 뇌가 행하는 인지 단축 전략이자, 직관적 판단 규칙 또는 경험적 추론 방식이라 할 수 있다. 완벽한 판단이나 계산이 어려울 때, 사람들은 휴리스틱을 통해 시간과 노력을 줄이면서도 적절한 결정을 내린다. 이러한 방식은 빠르고 효율적이지만, 편향에 빠지거나 오류를 초래할 수 있다.

라는 프레임은 여러 문제를 환경 보호 차원에서 이해하고 대응하도록 이끈다. '사회 안전망' 프레임도 복지 정책의 포괄적 의미를 충분히 인식할 수 있게 한다. 또한 프레이밍은 특정 이슈를 부각시켜 정치 참여를 유도하고, 공론장에서의 토론을 활성화한다. '청년 일자리 위기'라는 프레임은 청년층의 정치적 각성과 참여를 이끌 수 있으며, '포괄적 안보'라는 프레임은 안보 관점을 군사력에 한정하지 않고 경제·외교·사회적 차원으로 손쉽게 확장시킨다.

문제는 이 프레임과 프레이밍이 무비판적으로 수용되거나 전략적으로 악용될 때 발생한다. 프레임이 흑백논리로 단순화되면 정치는 '선과 악'의 대립 구도로 전락하고, 합리적 판단은 감정적 반응에 밀려난다. 선거 때마다 반복되는 '정권 심판 대 정권 안정' 프레임은 진영 구도가 투표를 좌우하게 만든다. 또한 특정 집단을 부정적으로 묘사하는 프레임이 반복될 경우, 사회적 갈등이 고조되고 객관적 정책 토론이 어려워진다. '복지 포퓰리즘'이라는 프레임은 복지 정책 논의를 '퍼주기'로 왜곡하며 객관적 이해를 가로막는다.

프레이밍은 정치인과 언론에 의해 여론 조작의 수단으로 활용되기도 한다. 특정 정보만 강조되고 불리한 정보는 누락되면서 유권자는 프레임의 구조 속에서 제한적으로 반응하게 된다. 정치적 위기 상황에서 '국가 위기' 프레임이 강조되면, 대중은 정책 실패보다 '강한 리더십'에 더 민감하게 반응하고 이를 요구하게 된다.

우리 정치의 극심한 진영 대결은 프레이밍의 영향력을 지배적으로 만들고, 오남용의 가능성을 높이고 있다. 사실보다 감정, 정보보다 인상, 논리보다 선동이 효과적인 생태계이다. 가짜뉴스와 음모론, 선정적 메시지는 대결 구도에서 힘을 발휘하며 정치적 토론은 사실 검증보다 혐오와 감정적 대결로 흘러가게 된다.

프레임과 프레이밍은 우리가 세상을 어떻게 보고 판단하느냐를 결정짓는 중요한 메커니즘이다. 프레임의 작동 방식을 인식하고 정보의 틀을 구성하는 방식 자체에 대한 이해가 정보 조작과 왜곡에 대한 선제적 대응이 된다. 제시되는 메시지가 어떤 프레임을 전제하고 있는지, 프레임의 언어, 구성 방식, 누락된 정보에 주목하는 습관이 요구된다. 자신의 신념이나 선입견이 정보 해석에 어떤 영향을 미치는지도 돌아봐야 한다. 이것이 주체적 정치 판단의 출발점이다.

이제 우리 정치를 왜곡해 온 대표적인 프레임들이 어떻게 믿음체계와 결합하여 정치 양극화와 감정 동원을 구조화하는지, 비판적으로 검토하고자 한다.

안정 프레임

'안정'을 내세우는 정치가 언제나 안정적인 것은 아니다. 정치에서 '안정'이라는 구호가 기득권 유지를 위한 프레임으로 반복 활용되며, 현실을 왜곡하고 양극화를 심화시키는 과정을 우리는 오래토록 목격해 왔다.

'안정 대 혼란'이라는 구도는 보수 진영이 가장 자주 활용하는 프레임 중 하나다. 보수 진영은 이 '안정 프레임'으로 세계와 정치와 경쟁자를 본다. 자신들을 '안정'의 주체로, 반대 진영은 '혼란을 야기하는 세력'으로 규정한다. 진보 세력의 정책은 급진적 실험, 무책임한 포퓰리즘, 좌파적 혼란으로 묘사되며, 반대로 자신들의 정책은 검증된 방식, 안정적 운영, 책임 있는 선택으로 제시된다. 프레임 설정과 함께 이미 승패가 나뉘는 구조다. 정책 논의에서도 안정 프레임은 쉼 없이 구사된다. '지금은 변화를 추진할 때가 아니다. 안정이 우선이다', '개혁도 중요하지만, 급격한 변화는 혼란만 초래한다', '사회적 합의가 먼저다. 갈등을 키우면 안 된다', '신중하게 접근해야 한다. 부작용과 역효과가 날 수 있다'. 정책 분야나 내용과 상관없이 지속적으로 제기되는 안정 프레임의 언어들이다.

보수 진영은 왜 이 프레임에 매달릴까? 우선 보수 이념과 '질서와 안정'는 태생적으로 친화성이 있다. 보수주의는 질서, 연속성, 안정성, 점진적 변화를 중시하는 정치 철학을 기반으로 한다. 이러한 이념적 토대는 '안정'을 보수의 고유 가치로 설정하고, 그 반대편을 '혼란'으로 규정하는 데 유리한 구조를 제공한다.

또한 진영 정치의 정당화와 정권 수성 논리 그리고 개혁을 밀고 나가는 진보 진영 정부의 견제에 안정 프레임은 효과적이다. 보수 정당이 집권 세력일 때, 안정 프레임은 현상 유지 논리를 바탕으로 불만이나 변화 요구를 '혼란'으로 전환시켜, 변화를 요구하는 목소리에 대한 방어 논리가 된다.

무엇보다 안정 프레임은 보수 정당의 선거 전략에서 핵심 기조다. 선거 국면에서 보수 정당은 진보 정당의 정책을 '무책임한 포퓰리즘', '국가 안보를 해치는 위험한 실험' 등으로 규정하고, 자신들의 정책을 '검증된 방식', '시장 친화적이고 안전한 해법'으로 포장한다.

이 프레임의 목적은 짐작하는 데 어렵지 않다. 중도층에게 불안감을 유발하여 보수 지지로 이끄는 것이고, 감정에 기반한 정서적 투표를 유도하는 것이다. 자연스럽게 진보 세력의 정당성 훼손을 통해 개혁의 동력 약화 및 그들이 방어적 태세를 취하도록 몰아가는 전법이다. 결국 현상 유지를 기도하는 것이다.

안정 프레임의 폐해

정치, 사회, 경제 여러 영역에서 안정을 추구하는 것이 정치의 주요 목표가 되는 것을 모조리 부정할 수는 없다. 안정 희구는 인간의 자연스러운 욕구이며, 삶은 사회적 안정 속에서 안녕을 누릴 수 있다. 변화가 언제나 옳은 것은 아니다.

실제로 안정 프레임이 긍정적으로 작동하는 시기와 영역은 적지 않다. 질서 유지, 예측 가능성, 제도적 연속성은 사회적 신뢰를 구축하고 위기를 예방하는 데 기여한다. 우리 사회에서도 안정 프레임은 여러 위기에서 중요한 역할을 했다. 1987년 보수 진영이 주도적으로 참여한 헌법 개정은 극한으로 치닫던 분노를 불만족스럽지만 안정적인 제도 개선으로 정리하였다. 금융위기 당시의 재정 안정 기조,

코로나19 방역 정책, 남북 긴장 국면에서의 군사적 억제 전략 또한 대표적 사례들이다.

문제는 안정 프레임이 과도하게 혹은 잘못된 방식으로 사용될 때 발생하는 정치적 폐해다. 보수 진영은 이 프레임을 정치 전략의 핵심으로 삼으며, 이를 적용해서는 안 될 시기와 사안에까지 확대한다. 그 결과 안정 프레임은 정치 전반의 기조와 방향성으로 고착되고, 여러 부작용을 낳는다.

이 프레임의 남용은 우선 정치의 본질적 기능인 변화의 요구와 혁신을 억누른다. 안정을 최우선 가치로 삼는 정치에서는 변화에 대한 기대보다 두려움이 앞서며, 사회·경제적 격차 확대, 세대 갈등, 산업 구조 재편 등의 도전 과제가 방치되기 쉽다. 정치가 변화의 동력이어야 할 자리에서 현상 유지의 방어선을 치는 것이다.

또한 안정을 중심에 두고 점진적 개혁을 표방하는 보수의 접근은 실질적 변화를 미루거나 회피하는 결과를 낳기도 한다. 격차 해소, 정치 개혁, 노동시장 개혁, 기후위기 대응 같은 구조적 과제는 방치되고, 그 결과 기득권층이 변화의 속도와 방향을 통제하여 자신들에게 유리한 방식으로 정책을 추진하도록 하는 배경 논리가 된다. 이로써 사회경제적 불평등 같은 문제는 해소되지 않고 오히려 심화된다.

안정 프레임은 국민의 정치적 선택지를 제약한다. 새로운 정치 세력, 다양한 시민 요구, 실험적 가치들이 '불안' 또는 '혼란'의 위험으로 간주되어 배제되며, 정치의 다양성과 창의성은 점차 위축된다. 안정 프레임은 '안정'을 빌미로 대안 세력을 밀어내고 기득권 중심 정치를 정당화하는 수단이기도 한다.

이 프레임은 정치의 무능과 실패를 은폐하는 데도 활용된다. 안정이라는 수사는 정치적 무책임, 소통 부재, 권위주의적 태도를 가리는 언어로 쓰인다. 비판은 '혼란 조장'으로 낙인찍히고, 정책 실패는 '야당의 방해'나 '외부 요인'으로 책임이 전가된다. 이는 여당과 정부가 책임을 회피하고 전가하는 유력한 논리다.

안정 프레임은 가상의 적으로 포퓰리즘을 설정하면서 정치에 대한 인식과 포퓰리즘 자체에 대한 인식도 왜곡한다. 포퓰리즘은 시민의 정당한 요구나 대중 정치의 한 방식으로 해석될 수 있는 개념이다. 그러나 이 프레임에서는 모든 진보적 민생 정책이나 구조 개혁을 무책임한 인기 영합으로 단순화한다. 이로써 정책의 내용이나 효과는 뒷전이고 평가와 낙인이 먼저 이루어진다.

결국 안정 프레임은 보수 정치의 철학적 순기능이 아니라 정치적 상상력의 제한과 정치적 다양성을 차단하며 변화를 가로막는 장치로 기능하고 있다. 이 프레임이 현실 정치를 압도할수록 정치 경쟁은 비생산적인 진영 대결로 고착된다.

물론 우리는 안정 프레임의 정상적 기능과 오남용을 구분해야 한다. 다음의 판단 기준을 설정할 수 있다.

첫째, 해당 프레임이 문제 해결 접근인가의 판단이다. 변화가 실제로 불안정을 초래할 우려가 있는 경우, 그 위험을 경고하고 구체적인 대안을 제시한다면 이는 정당한 활용이다. 반면에 변화를 무조건 '혼란', '파괴', '좌파 선동'으로 낙인찍고 개혁 시도를 봉쇄하는 경우는 오남용이 분명하다.

둘째, 안정 프레임이 다른 견해와의 토론 가능성을 열어두는가를 따져야 한다. 만일 반론을 억압하고 숙의의 가능성을 차단한다면, 이는 설득이 아니라 통제의 도구로 프레임이 기능하는 것이다.

셋째, 정치적 책임 회피의 수단이 아닌가를 점검해야 한다. 안정이라는 명분 아래 기존 정책의 실패를 은폐하거나 책임을 외면하고 있다면 명백한 오남용이다. 반대로, 기존 정책의 연장선에서 점진적이고 책임 있는 개선을 도모한다면 이는 온당한 사용이다.

넷째, 정책 제시를 통해 프레임이 뒷받침되는지를 살펴야 한다. 막연한 불안감이나 미래에 대한 공포를 부추기는 감정적 호소를 위한 프레임은 오남용의 전형이다. 이 경우, 대개 정책이 구체적이지 못하고 공허한 수사에 머문다. 구체적 수치, 사례, 전략과 설득력이 프레임에 동반되어야 한다.

정치 양극화 유지 프레임

안정 프레임의 반복적 남용은 우리 정치의 양극화를 심화시키는 주요 기제 중 하나이다. 이 프레임은 정치적 경쟁을 정책의 우열이나 비전의 비교가 아닌, 도덕적 가치 판단과 감정적 반응의 대결 구도로 전환시킨다.

먼저, 이 프레임은 상대 진영의 정당성을 전면적으로 부정한다. '안정'을 자신들의 전유물로 규정하는 순간, 상대 진영은 자동적으로 '혼란의 주체', '무책임한 선동 세력'으로 낙인찍힌다. 상대 정당이나 후보는 민주주의 내의 경쟁자나 대화의 파트너가 아닌, 제거해야 할 위험으로 간주된다. 이는 건설적인 경쟁을 불가능하게 만들고, 상대를 악마화하는 정치 문법이다.

또한 진영 간 상호 불신과 정치 혐오의 일상화에 안정 프레임이 희극적으로 동원된다. '국가를 지킬 자'와 '국가를 위협할 자'라는 도식은, 정치적 비판이나 정책 논쟁을 '적대 세력의 공격'으로 간주하게 만든다. 그 결과 협력과 타협은 사라지며, 정치 담론은 감정 투사와 정체성 투쟁으로 전락하게 된다.

이 프레임은 정치적·정책적 중간지대를 제거하여 정치적 선택지를 제한한다. '우리 아니면 혼란'이라는 서사는 중도적 입장, 제3의 대안, 유보적 판단을 무력화한다. 유권자들은 결국 '차악'을 고르는 방어적 투표에 내몰리고, 정치적 다양성은 위축된다.

안정 프레임은 정책 논의 자체를 왜곡하기도 한다. 정책의 타당성이나 구체적 실행 방안에 대한 토론은 '변화=위험'이라는 프레임에 묻히고, 개혁적 대안은 실현되기 전에 '위험한 실험'으로 낙인찍히게 된다. 이로 인해 사회가 절실히 요구하는 구조적 개혁은 공론장에서 제대로 다뤄지지 못한다.

마지막으로, 안정 프레임은 정치의 감정화를 심화시킨다. 불안, 공포, 혐오와 같은 부정적 감정을 자극해 유권자의 판단을 합리적 사고가 아닌 정서적 반응으로 이끈다. 이는 단기적으로 진영 내부 결속을 이끌어낼 수 있지만, 장기적으로는 공론장의 파괴와 민주적 토론 기반의 붕괴로 이어진다.

결국 안정 프레임은 양극화의 생산자이자 촉진자이다. 이 프레임이 정치의 중심 전략으로 자리 잡는 한, 정당한 정치적 경쟁과 숙의형 민주주의 발전은 제약될 수밖에 없다.

보수 정치 발전의 걸림돌

안정 프레임이 반복될 때, 보수 정치는 비전의 빈곤과 상상력의 결핍이라는 치명적 결과에 직면한다. 현상 유지와 기존 질서의 방어에만 머물게 하는 이 프레임은, 보수 정치를 변화를 거부하는 정체된 수구 정치로 인식하게 만든다. 변화에 대한 구체적 대응이나 미래에 대한 청사진 없이 단지 진보의 정책을 반대할 뿐인 '대안 없는 보수'로 이미지가 고착된다.

'안정'에 과도하게 집착할 경우, 변화와 혁신을 수용하고 조율하는 보수주의 본연의 역할이 사라진다. 결과적으로 수구적 정치, 수동적 대응, 자기 혁신 부재의 길로 접어들게 된다. 중도층과 청년 유권자와의 거리가 멀어지는 것은 필연이다. 복지, 다양성, 기후위기, 젠더, 청년 일자리 등 새로운 시대적 의제에 대해 진지하게 응답하지 못한 채 국가적 과제에 침묵하는 것은, 미래 유권자와의 소통을 포기하는 것이다. 그 결과 보수는 노년층 중심의 정체된 정당으로 지지 기반이 점점 약화될 수밖에 없다. 그리고 정책 경쟁력 자체를 상실하면서 진보의 개혁 무대 뒤편에서 반응만 하는 조연의 위치에 고정된다. 정책과 정치의 주도권은 자연히 진보 진영에게 넘어간다.

보수 정치가 '안정'이라는 철옹성에서 벗어나야 할 때이다. 변화를 관리하고 사회를 통합하며 균형을 설계하는 보수의 진정한 힘을 현실에 투사해야 한다. 진정한 안정은 책임과 실용, 미래를 향한 점진적 변화의 설계에서 비롯된다. 지금 보수에 필요한 것은 변화를 향한 능력과 의지다.

믿을 수 있는 변화

'믿을 수 있는 변화'는 보수 정치가 안정 프레임의 한계를 극복하는 능동적이고 미래지향적인 프레임이다. 기존 보수의 정체성을 해치지 않으면서도, 변화에 대한 사회적 요구에 적극적으로 응답할 수 있는 전략 전환이라 할 수 있다.

보수주의는 본래 변화 자체를 거부하지 않는다. 질서 있는 점진적 변화, 책임 있는 개혁, 현실에 발 딛은 실용성은 보수의 핵심 철학이다. '믿을 수 있는 변화'는 이러한 보수의 철학을 바탕으로 현실 정치에서 변화에 유연하게 대응하다는 책임과 신뢰의 정치의 선언이다.

이는 변화에 대한 두려움과 무책임한 현상 유지를 넘어서 새로운 길을 이끈다. 진보의 급진적 변화가 일부 보수 유권자에게 위협으로 비쳐지고, 보수의 안정론이 청년과 중도층에게 수동성과 무기력으로 인식될 때, '믿을 수 있는 변화'는 양극단을 넘어서는 균형 잡힌 프레임으로 작동할 수 있다. 또한 진영 대결의 감정적 언어를 넘어서, 문제 해결 중심의 이성적 정치 담론을 가능케 한다. 이념보다 결과, 감정보다 책임, 대결보다 실용을 앞세우는 방식으로 중도층, 청년층, 실용적 유권자들에게 다가갈 수 있다.

나아가 '믿을 수 있는 변화'는 보수 정치의 패러다임을 재구성하는 선언이다. 보수가 변화의 주체가 될 수 있음을 증명하고, '수구'의 이미지를 벗고 '책임지는 정치', '신뢰 기반의 개혁 세력'이라는 인식을 새롭게 형성할 수 있다.

이제 보수는 '안정'이라는 구호를 넘어, 국민이 신뢰할 수 있는 변화의 설계자로 거듭나야 한다. 이는 국민의 삶의 조건을 바꾸는 변화의 방향과 현실적 대안을 설계하는 능력에 달려 있다. 그것이 보수가 다시 정치의 한복판으로 돌아올 수 있는 길이다.

정권교체 프레임

"정권교체는 선이다. 정권교체는 국민의 명령이다."
선거철이 되면 어김없이 등장하는 구호다. 우리 정치에서 '정권교체 대 정권재창출' 프레임은 보수와 진보를 막론하고 유권자를 동원하는 핵심 수단이다. 이 '정권교체 프레임'은 정권 심판을 통한 변화의 필요성을 강조하는 차원을 넘어, 정권교체가 역사의 필연이자 절대선이라는 믿음으로까지 확장된다.

'이번엔 무조건 바꿔야 한다. 그래야 나라가 산다', '정권이 바뀌지 않으면 희망이 없다', '정권이 바뀌지 않으면 개혁은 불가능하다', '정권교체가 이루어지면 모든 것이 달라질 것이다', '정권교체가 더 중요하니, 후보의 단점은 감수해야 한다' 이러한 언명들은 '정권교체=절대선'이라는 프레임이 얼마나 강력한 감정적·도덕적 명령으로 작동하는지를 잘 보여준다.

'정권교체가 선이다'라는 주장은 프레임을 넘어 구조화된 믿음체계로 불러도 손색이 없다. '정권교체'는 선거 국면에서만 제기되는 선거 구호가 아니라 우리 정치의 상시적인 프레임이다. 그리고 정치 전반을 지배하는 적대적인 프레임이다. 선거 다음날부터 정권교체 프레임을 가동하며 '정권을 반드시 다시 가져와야 한다'는 절박감이 전면에 등장하고, 그 이후의 정치는 오직 정부와의 싸움에 집중된다. 이는 보수와 진보를 가리지 않으며, 5년 단임 대통령제 특성과 맞물려 협치를 불가능하게 만들고 불필요한 정쟁과 국정 혼란을 초래한다.

바로 이 지점에서 우리는 정권교체 프레임의 깊고도 어두운 그늘을 비판적으로 성찰해야 한다. 그것은 정치 전반을 지배하는 프레임 과잉에 대한 경고이자, 정치가 권력 장악만이 아닌 본래의 역할로 돌아가자는 절실한 요청이다.

상시 선거 모드와 분노 동원

정권교체는 주권재민과 대의제를 실현하는 중요한 메커니즘으로, 국민은 정권교체를 통해 정치에 의사를 반영하고 책임을 묻는다. 정권교체는 민주주의를 실현하고 발전시키는 동력이자, 정책 혁신과 발전의 계기가 된다. 정권교체를 통해 새로운 아이디어와 정책이 도입되어 국가적 과제 해결에 기여하며, 국민의 삶을 나아지게 할 수 있다. 아울러 다양한 정치 세력의 국정 참여와 사회적 갈등을 완화하고 통합을 이루는 데 중요한 역할을 한다. 따라서 선거 시기 정권교체론을 제기하고 이를 통해 지지자를 결집하고 국민을 설득하는 일은 자연스러운 일이다.

그러나 문제는 정권교체가 절대적 '선'이자 정치의 유일한 목표로 전환되는 데 있다. '정권교체만이 나라를 살린다'는 절대화된 프레임은 우리 정치의 진영 대립 구도에서 구조화된 믿음으로 굳어졌다. 그 결과, 이 프레임은 다음과 같이 정치 전반을 왜곡한다.

첫째, 정치의 목적과 수단이 전도된다. 정권교체 프레임이 선거의 유일한 대의로 전면화되면서 정책 경쟁, 비전 제시, 문제 해결의 정치 역할은 뒷전으로 밀려난다. '정권을 바꿔야 한다'는 당위가 그 자체로 목적이 되어, 정치 행위의 모든 판단이 정권교체에 기여하느냐에 따라 단순하게 구획된다.

둘째, 정치의 감정화와 분노 동원이 상시화된다. 정권교체 프레임은 분노, 혐오와 결합하여 작동한다. 정권교체의 정당성을 확보하기 위해 상대 진영을 도덕적으로 타락한 존재, 무능한 세력으로 악마화한다. 정권을 교체해야 할 이유는 객관적 평가가 아니라 정체성과 도덕성에 대한 비난과 혐오로 정당화된다. 우리 정치에서 '태어나지 말았어야 할 정권'이라는 말이 자주 쓰이는 이유이다. 그 결과 정치 담론은 정책 토론이 아닌 감정 소비의 장으로 퇴행하고, 사회 전체에 적대와 불신이 누적된다.

셋째, 상시 선거 모드가 국정을 마비시킨다. 선거 직후부터 다음 선거를 향한 전투적 프레이밍이 시작된다. 야당은 국정 협조보다 정권 무력화와 레임덕 조기 유도에 집중하고, 여당은 정권의 유지 방어에만 몰두하는 단기적 정치 생존 전략에 집중한다. 이로 인해 국정은 정치적 유불리와 이미지 전쟁으로 전락한다. 책임 정치는 실종되고 국민은 극단화된 진영 대립에 지속적으로 휘말리게 된다.

넷째, 정권교체 프레임은 도덕 프레임으로 작동한다. 이 프레임이 심각한 이유는, 정치의 선악 구도와 도덕적 정당화가 상시화되는 데 있다. 선거 직후부터 집권 세력은 하루라도 빨리 끌어내려야 할 적이 된다. 이는 지속되는 보복 정치, 적대적 정쟁 구조를 심화시키며, 사회적 통합과 협치 가능성을 원천적으로 차단한다. 결과적으로 정권이 바뀔 때마다 정치적 안정성, 사회적 합의, 제도적 협력은 오히려 후퇴하게 된다.

이러한 정권교체 프레임 작동은 민주주의 순환을 의미하는 것이 아니라, 정치를 끊임없는 적대와 투쟁의 구조로 고착화시키는 우리 정치의 가장 치명적인 자기 파괴적 메커니즘이다.

정치 양극화와 진영 대결 고착

이 프레임이 보수와 진보 양진영이 가지고 있는 정치적 믿음체계와 맞물리면 그 폐해는 더욱 가중된다. 진보 진영의 반민주세력 청산론은 정권교체를 '역사적 정의의 실현'이라는 대의로 정당화한다. 보수 진영의 종북좌파 망국론도 정권교체를 '국가 몰락을 막는 절체절명의 과업'으로 설정한다. 종북좌파 망국론이 아니더라도 보수 진영의 전반적 인식은 정권교체 프레임을 국가 발전과 경제 파탄의 위기 서사로 전환시켜, 감정적 동원 논리를 정당화한다. 이처럼 양진영은 정권교체 프레임을 정치 혁명이나 체제 수호로 규정하고 의미를 과도하게 부풀리며 선과 악의 싸움이라는 선악 구도로 설정한다. 정치가 선악 대결이 되면 응징과 단죄의 서사만이 남게 된다.

물론 선거 시기에 제기되는 이 프레임의 폐해도 적지 않다. 이 프레임의 순기능은 유권자에게 현 정부의 문제점을 부각시키고, 새로운 정권이 더 나은 국정 운영과 문제 해결을 할 수 있다는 인식을 심는 것이다. 여기에는 당연히 객관적 평가와 발전적 대안이 함께 제기되어야 하지만 정권교체 프레임은 이렇게 이상적으로 작동하지 않는다. 정권교체 이후의 국가 운영 비전, 정책적 청사진은 뒷전으로 밀려나고, 오로지 정권 탈환 자체에만 매몰된다. 결과적으로, 국민은 정책으로 선택하는 것이 아니라, 정권 심판론과 상대 정치 세력에 대한 감정적 반감에 따라 표심을 결정하게 된다. 또한 후보 선출 과정에서도 정권교체 가능성이 높은, 소위 '이길 수 있는 후보'를 우선적으로 선택하게 만든다. 이는 정치의 책임성과 선거의 본질을 왜곡하는 것이며 그 피해는 오롯이 국민이 떠안게 된다.

우리는 왜 이토록 정권교체 프레임의 일상화에 매달리는가? 물론 승자독식의 제왕적 대통령제와 5년 단임제라는 선거 제도가 일조하고 있기는 하다. 하지만 본질적인 원인은 우리 정치에 구조화된 진영 대결의 폐해에 있다.

양극화된 정치 질서는 필연적으로 정권교체 프레임 상시화와 감정 동원을 요구한다. 이 구도는 정권이 교체되면 곧 체제가 바뀌는 것처럼 과장된 인식을 만들어 냈다. 양진영은 상대를 국정 파탄·도덕적 타락·이념적 위협의 상징으로 규정하며, 정권교체를 국가의 운명을 가르는 일대 사건으로 과장한다.

그리고 정권교체 프레임은 상대 진영의 정부를 인정하지 않는 전제에서 강력한 힘을 발휘한다. 이로 인해 정당 간 정책 경쟁보다 정권을 잡느냐, 빼앗기느냐의 절박한 투쟁으로 전환되고, '민주 대 반민주', '애국 대 종북', '개혁 대 적폐'와 같은 이분법적 구도와 결합해 정치적 극단화로 몰고 간다.

우리 정치에서 정권교체 프레임은 상시적, 적대적 방식으로 정치 전반을 지배하는 프레임이 되었다. 국정 운영 모든 과정은 다음 선거를 위한 전초전으로 변해 버린다. 따라서 정권교체 프레임 비판은 정치 양극화의 구조와 진영주의 정치의 한계를 성찰하는 작업과 맞닿아 있다. 이 구조를 해체하지 않는 한, 정권교체 프레임의 일상화와 그 파괴성은 반복될 수밖에 없다.

정권교체 프레임이 지배하는 정치에서는 어느 진영이 이겨도 정권에 대한 불신 → 정권교체 요구 → 정권교체를 최우선 목표로 설정 → 정권교체 이후 실망감 → 다시 정권교체 요구라는 사이클의 반복을 피할 수 없다.

정권교체는 민주주의의 자연스러운 기능이어야 한다. 그러나 그것이 정치의 전부가 되는 순간, 정치는 '정권을 바꾸기 위한 전쟁'으로 전락하고, 국민의 삶과 미래는 언제나 희망 고문이 된다.

새로운 선거 프레임의 필요

정권교체 외에는 현실적인 변화의 수단이 없기 때문에 유권자들은 매번 정권교체를 기대할 수밖에 없는 것도 사실이다. 하지만 정권교체 프레임은 정권을 유지할 것인가, 교체할 것인가 하는 이분법적 선택을, 그것도 도덕적이고 감정적으로 강요할 뿐 국민들의 실질적인 삶과 미래를 설계하는 역할을 하지 못한다.

이제 우리는 정권교체의 진정한 의미와 가치를 숙고해야 한다. 정권교체는 궁극의 목적이 아니라 더 나은 정치, 더 나은 사회로 나아가기 위한 수단이 되어야 한다. 그 과정에서 구체적인 정책, 실현 가능한 비전, 책임 있는 리더십이 반드시 제시되고 검증되어야 한다. 정권교체가 단순한 권력 게임의 승리의 표식이 아니라 실질적인 변화를 가져오는 계기가 되어야 한다. 정권을 교체하는 것만으로는 국가적 문제들이 해결되지 않으며 실질적인 정치적 혁신이 이루어지지 않는다는 사실은, 이제 몇 번의 선거 경험을 통해서 모든 국민들이 알고 있다.

이제 더 생산적이고, 국민에게 실질적인 이익이 되는 선거 프레임이 필요하다. 누가 더 나은 해결책을 제시하는가 하는 '정책 혁신 프레임'. 우리는 어떤 사회로 나아가야 하는가 하는 '미래 비전 프레임'. 어떻게 갈등을 줄이고 통합과 성장을 추구할 것인가 하는 '협력과 통합 프레임'. 어떻게 민주주의를 한 단계 진전시킬 것인가 하는 '제도 혁신 프레임'. 이러한 실질적이고 긍정적 프레임들이 선거를 좌우할 때, 선거는 권력 게임이 아니라 국민의 삶을 바꾸는 중요한 과정이 될 수 있다.

정권이 바뀌든 유지되든, 중요한 것은 '누가 더 국민을 위한 정치'를 할 수 있는가이다. 정권교체에 계획을 담고 의미를 채우는 일이 관건이다.

중도회의론 프레임

"중도는 환상이며 무용하고 기회주의적이다."

이 언명은 중도에 대한 가장 부정적인 관점을 집약한다. 중도는 실체 없는 정치적 신화이며, 그 추구는 불가능하고 무의미하다는 회의적 태도를 반영한다. 중도는 결국 좌우 어느 한편에 흡수되며, 명확한 가치나 원칙 없이 상황에 따라 흔들리는 신념 없는 태도에 불과하다는 것이다. '정치에서 중립은 환상일 뿐', '중도는 실패한다', '정치는 양자택일이다', '성공한 중도 정당은 없다'는 일련의 주장들은 중도 자체를 정치에서 배제해야 할 개념으로 만들고 있다.

이 '중도회의론'은 단순한 불신이 아니라, 중도 정치의 실현 가능성·효용성·정당성 자체를 체계적으로 부정하는 사고의 틀이다. 중도를 실체 없는 회색지대 또는 선택을 유예하는 정치적 회피로 간주하고, 정치적 생존이 불가능하다는 전제를 고착화시킨다.

이 프레임은 두 가지 주요 논리에 기반한다. 첫째, 중도무용론으로 중도 정치는 실질적으로 무의미하며 성공 가능성이 낮다고 보는 입장이다. 우리 정치에서 중도는 설 자리가 없으며, 실제로 문제 해결에 기여할 수 없다는 것이다. 이를 주장하는 이들은 선거 과정에서 중도 정당이나 중도적 후보는 보수·진보 양진영에 흡수될 수밖에 없다고 본다. 그리고 중도적 태도가 명확한 입장을 제시하지 않기에 유권자들로부터 확고한 신뢰를 얻기 어렵다고 판단한다. 중도는 이념과 가치가 불분명해 문제 해결 능력이 부족하다는 평가와 함께, 결정적으로 국민의당 등 기존 중도 지향 정당들이 선거 후 세력 약화, 분열, 정당 흡수 등으로 지속성을 확보하지 못한 사례를 통해 중도 정당은 필패한다고 확신한다.

둘째, 중도허구론은 '중도'라는 개념 자체가 실체 없는 환상에 불과하다고 본다. 중도는 명확한 이념적·정책적 정체성을 갖추지 못한, 일종의 정치적 허상이라는 것이다. 이 믿음을 가진 이들은 중도는 좌우를 단순히 회피하는 입장에 불과하며 고유한 가치와 철학이 없다고 본다. 또한 뚜렷한 정체성 부재로 인해 독자적 정치 세력으로서의 영향력을 행사하기 어렵다고 진단한다. 또한 중도 정치가 지향하는 지지층인 중도층 유권자 역시 일관성이나 강한 정치적 연대가 부족하다는 점에서 정치적 동력으로 보기 어렵다고 평가한다.

이 두 관점은 상호 보완적으로 작용하면서, 중도를 독립된 정치적 지향이 아니라, 이념 없는 기회주의, 정치적 무책임으로 폄하한다.

중도 정치에 대한 무력화 전략

이 프레임은 중도 정치 자체를 존재하지 말아야 할 정치적 금기로 만들며, 다음과 같은 방식으로 현실 정치에서 작동한다.

첫째, 정치적 상상력의 차단이다. 중도회의론은 제3지대, 제3정당, 실용주의적 개혁의 가능성을 시작되기도 전에 무력화한다. 새로운 정치적 실험과 대안 정치를 모색하려는 시도는 '실패가 예정된 환상'으로 폄하되고, 이는 결과적으로 양당 체제를 고착화시킨다.

둘째, 양극화의 자기 정당화. 중도는 존재하지 않으며, 정치란 결국 좌우의 대결로 귀결된다는 주장은 양극단의 정치 대결이 불가피하다는 인식을 강화한다. '중도는 없다'는 전제는 '우리만이 대안이다'라는 확신으로 이어지고, 이는 타 진영에 대한 도덕적 우월감과 적대의 정당화로 발전한다.

셋째, 실용 정치의 폄하다. 중도회의론은 현실 문제 해결 중심의 정치, 갈등 조정, 협치, 타협, 포용과 같은 정치적 덕목을 '철학 없는 무기력'으로 간주하며, 정당성과 가치 없는 선택지로 치부한다. 정치적 실용성과 비이념적 문제 해결 능력은 양극단의 진영 대결 서사 안에서 배제된다.

넷째, 중도 지향 내부의 자기 검열 유도다. 중도회의론은 거대 정당 내부의 온건파나 중도 성향 그룹의 정치적 가능성마저 위축시킨다. 중도 지향성을 '비겁함'이나 '모호함'으로 해석하고, 실천적 정치가 아닌, 소극적 방관자의 위치로 몰아간다.

결과적으로 중도회의론은 우리 정치의 양극화 구조를 정당화하고 강화하는 인식체계로 작동한다. 이는 단지 중도를 비판하는 것이 아니라, 정치의 다양성과 균형을 억압하는 일종의 폭력적 인식체계다. 진영 정치를 견고하게 유지하기 위해 '중도는 환상이다'라는 믿음을 반복하고 정당화하며, 대안을 상상하는 언어와 태도를 배제한다.

이 프레임은 진영 정치에 실망한 시민이 실용적이고 균형 잡힌 대안을 상상하는 정치적 공간을 좁히고, 공론장을 양극화의 틀 속에 가둔다. 중도주의는 무해한 중립이 아니다. 갈등을 조정하고, 타협을 가능케 하는 중요한 축이다. 그 가능성을 막는 것은 정치적 기득권 논리이다. 이 왜곡된 믿음을 넘어설 때에만, 균형, 절제, 협력, 책임, 실용, 비판적 이성이라는 중도적 가치를 회복할 수 있다.

중도를 향한 진영의 협공

양진영의 정치인들은 중도회의론 프레임을 강하게 밀어붙이면서 선거 시기가 되면 역설적이게도 중도를 향한 구애를 적극적으로 펼친다. 이러한 중도에 대한 이중적 태도는 우리 정치의 희극이자 비극이다.

거대 정당의 대표적인 중도 포섭 전략은 '중도 코스프레'이다. 선거가 다가오면 이들은 일시적으로 중도적 의제를 채택하거나 중도 이미지를 가진 인물을 내세운다. 실용주의, 경제 성장, 민생 중심 정책 등을 강조하면서, 강경한 이념적 색채를 일시적으로 희석하려 한다. 보수 정당은 '개혁 보수', '합리적 보수'를 강조하거나 사회복지 확대, 경제 공정성 강화 등 일부 진보적 의제를 수용하는 모습을 보인다. 진보 진영도 '경제 성장'이나 기업 친화적 메시지를 내고 중도적 의제를 내세운다. 또한 중도적 이미지를 가진 후보들, 비정치권 출신, 기업인, 학자 등을 영입하여 중도 유권자들에게 어필한다. 하지만 선거 후에는 다시 기존의 이념적 노선으로 복귀하면서, 중도적 정책이나 인물은 실질적인 역할을 하지 못한다. '개혁 보수', '실용 진보', '민생 경제' 같은 메시지로 중도층을 공략하지만, 선거가 끝나면 이내 본래의 진영 노선으로 회귀한다.

중도 선택을 무력화시키는 또 하나의 논리는 사표론이다. '중도는 사표다', '정치는 결국 다수결이다. 중도는 언제나 소수라서 의미가 없다' 등의 프레임은 중도에 대한 불신을 확산시키며 실질적 선택지를 사전에 제거해 버린다. 심지어 '중립은 힘 있는 쪽을 돕는 것'이라는 악의적 프레임은 도덕적 비난이 되어 정치적 선택을 위축시킨다. 또한 보수 진보 양쪽에서 선거 프레임을 정권심판론이나 정권안정론으로 설정하고 중도층이 방어적 투표를 하도록 만든다. 중도층은 최선의 후보를 선택하는 것이 아니라, 최악의 후보를 막기 위한 선택에 동원된다. 차악의 정치는 이렇게 유지되고 중도 정치의 가능성은 그렇게 닫힌다.

양극화 유지론자들

중도회의론 프레임으로 정치적 이득을 보는 것은 양극단의 정치 세력이다. 보수와 진보 양진영의 정치 엘리트, 여론 형성자, 진영 중심의 강성 지지층, 전략 분석가 등이 여기에 해당한다. 이들은 아이러니하게도 생사를 걸고 중도층을 겨냥한 선거 전략을 펼치지만, 중도가 하나의 독자적인 세력으로 성장하는 것은 철저히 견제한다. 전략적 계산을 하는 정치 전략가와 여론조사 전문가들은 중도층을 '표계산 대상'으로만 간주하며 '양당이 끌어들여야 할 부동층'으로 해석하고 접근한다.

강한 진영 믿음체계에 포섭된 유권자들도 중도회의론 확산에 주도적으로 참여한다. 이들은 중도 유권자를 '결국 우리 편이 아니면 적이다'라는 논리로 압박한다. 선거 때마다 '중도는 결국 배신자'라는 프레임을 씌우기도 한다. 언론과 여론 형성자들도 가세한다. 중도 정치에 관한 보도는 뉴스의 양념일 뿐이다. 그들은 정치 갈등을 부각하는 것이 뉴스의 화제성을 높이는 일임을 잘 알고 있다. 중도 정당이나 정치인을 '모호한 입장', '기회주의적 태도'로 묘사하여 신뢰도를 낮추고 양념처럼 끼워 넣는 것으로 취급한다. 양극단에 편향된 정치 유튜브 채널들도 강한 진영 논리를 강조하며 중도를 '어정쩡한 선택'이라 조롱한다.

실패한 중도 정당 출신 정치인들이 회의론 확산에 앞장서는 경우도 많다. 중도를 표방했다가 실패한 정치인은 '중도는 현실적으로 유지될 수 없다'는 논리를 설파하는 역할을 한다. 중도를 지향했지만, 결국 양당 체제에서 살아남지 못한 자신의 실패를 중도회의론의 근거로 든다. 실제로 많은 중도 정당 출신 정치인들이 선거 후 기존 양당 중 한쪽으로 합류한다. 따라서 이들의 경험담은 진솔하기보다 제도나 유권자의 탓으로 돌리는 변명에 가깝다.

중도 정치 정립이 프레임 극복의 길

이 프레임을 넘어서기 위해서는 몇 가지 인식의 전환이 필요하다.

먼저, 중도주의는 무해한 중립이 아니라 갈등을 조정하고 타협을 가능케 하는 민주주의의 핵심축임을 인정해야 한다. 중도는 좌우의 수치 평균이 아니라, 이념에 갇히지 않는 문제 해결의 방식이다.

또한 중도 정치에 대한 정의와 가치체계를 재정립해야 한다. 실용주의, 공정, 책임, 조정, 절제와 같은 중도적 덕목을 독립적 정치 철학의 핵심 가치로 자리 잡게 해야 한다. 기존 진영 중심 정치에 대한 환멸과 냉소를 넘어, 정책 중심 정치를 실현하려는 태도와 전략이 요구된다.

마지막으로, 중도회의론에 대한 비판은 단지 프레임의 문제를 넘어서 정치적 다양성과 민주주의의 건강한 경쟁 구도 회복을 위한 전제 조건임을 인식해야 한다. 중도를 비하하는 것은 타협 없는 극단의 반복을 정당화하는 것이며, 결과적으로 민주주의의 회복력과 유연성을 약화시키는 일이다.

그럼에도 중도 정당의 정책과 역량의 부족을 지적하지 않을 수 없다. 중도 정당의 시도는 대개 기존 정당 구조에 편입되기를 거부하는 인기 있는 정치인이나 정치 지망생에 의해 시도된다. 이는 출발부터 매우 취약한 정치적 기반을 가졌음을 의미한다. 그리고 무엇보다 그들은 중도 정치의 비전과 이상적 모델을 제시하지 못한다. 제도적 한계와 양당의 폭력적 행태를 탓할 수만은 없다. 국민이 믿고 의지할 정치적 비전과 정책을 제시하지 못한 것이 실패 원인이자, 향후 도전 과제이다.

중도회의론은 정치의 상상력을 가두는 구조적 장벽이다. 이를 넘어서야만 우리 정치는 양극화의 반복을 벗어나고, 성숙한 민주주의로 나아갈 수 있다. 중도에 선뜻 지지를 망설이는 유권자들도, 진영을 나누는 이분법 자체를 넘어서 '나는 다시 생각하기 시작했다'는 용기 있는 결단이 절실하다. 그것은 감정적 분열과 냉소를 벗어나는 첫걸음이며, 진영 정치의 독성에서 벗어나는 길이다.

진정성 프레임

'그 사람은 진정성이 있다' 또는 '그는 진정성이 없으므로 믿을 수 없다'는 평이 정치인을 두고 많이 등장한다. 우리 정치에서 진정성이란 말은 정치인 성품의 묘사를 넘어, 정치적 신뢰를 결정짓는 핵심 평가 기준으로 작용한다. '진정성이 있다'는 '믿을 수 있다'는 말의 동의어이며, 국민을 위해 진심으로 일하는 좋은 정치인이라는 평가와 동의어이다. 반대로 진정성이 없다는 말은 가식적이거나 권모술수에 능하거나, 표리부동한 사람이라는 평가가 된다.

그렇기에 정치에서 '진정성'은 정치인의 중요한 덕목으로 간주된다. 정치인이 보여주는 태도나 발언, 정책 추진 과정에서 얼마나 진심을 담고 있는가는 유권자들의 신뢰를 얻는 데 필수적 요소로 여겨져 왔다. 우리 정치에서 '진정성 프레임'은 이러한 미덕을 넘어 정치 전략의 핵심 언어로 올라섰다. 그러나 이 전략은 몇 가지 심각한 함정과 한계를 동반한다.

하나의 미덕으로서의 진정성은 개인이 내면의 신념과 가치에 충실하며, 외적 행동과 언행이 내적 의도와 일치하는 태도를 유지하는 도덕적 성향이다. 이는 위선이나 계산적 동기 없이, 자신이 믿는 바를 일관되고 정직하게 실천하려는 덕목이다. 하지만 정치에서 진정성 프레임은 의도적 이미지 전략이며, 정치적 정당성을 확보하고 경쟁자를 비판하는 수단으로 활용된다.

'개혁은 진정성에서 나오며, 진정성 없는 정치인은 정치꾼이다', '진정성 있는 개혁이니, 결과가 나쁘더라도 인정받아야 한다', '그럴

듯한 정책을 말하지만, 진정성이 없다', '진정성이 없는 개혁은 결국 실패한다'. 이러한 표현은 정치적 판단의 기준을 정책의 내용이 아니라 정치인의 진정성 여부로 전환시킨다. 그 결과, 진정성과 정책의 성공, 진정성과 실력, 진정성과 국민 지지, 진정성과 도덕성이 동일시된다. 또한 정당한 비판과 견제를 '진정성에 대한 공격'으로 돌려세움으로써, 정치적 책임 회피의 수단으로 기능하기도 한다.

결국 진정성 프레임은 정치에 신뢰와 도덕성을 부여할 수 있는 유용한 언어이자, 동시에 감정 정치와 인물 중심 정치를 이끄는 도구이기도 하다. 우리는 진정성을 정치인의 덕목으로 존중하되, 그것이 프레임으로 남용되거나 무비판적으로 소비되는 현상에 대해서는 경계심을 가질 필요가 있다.

진정성 프레임의 함정

정치에서 진정성 개념은 분명 긍정적 기능을 한다. 진정성은 정치인의 신뢰를 높이고, 유권자와의 긍정적인 관계를 형성하는 데 기여한다. 우선 정치인에 대한 평가에서 '진정성이 있다'는 말은 정치인과 정책에 대한 신뢰를 의미한다. 정치인이 진정성을 보일 때, 유권자들은 그를 신뢰하게 되며, 이는 정치적 지지로 이어질 수 있다. 정책에 대한 지지도 높아지고 추진력도 제고된다. 진정성 있는 정치인은 공약을 성실히 이행하려는 노력을 보이며, 이는 정책의 지속성과 일관성을 높이고 실현 가능성 또한 제고한다. 아울러 유권자들은 진정성 있는 정치인을 보며 정치에 대한 관심과 참여 의지를 촉진한다. 노무현 전 대통령이 오랫동안 신뢰를 받은 것도 '진정성 있는 사람'이라는 인식이 결정적이었다.

또한 진정성은 정치인을 평가하고 견제하는 중요한 기준이기도 하다. 정치인이 말과 행동을 자주 바꾸거나 명백한 모순과 이율배반적 태도를 보일 때, 진정성은 이를 비판하고 추궁할 수 있는 유효한 잣대가 된다.

하지만 우리 정치에서 진정성 개념이 남용되고 있는 것 또한 분명한 현실이다. 진정성이 없는 경우에도 정치적 목적을 위해 가져다 붙이는 경우도 있고, 심지어 적절하지 않게 쓰이는 경우도 많다.

진정성 프레임은 다음을 목표로 한다. 우선 정치인의 말과 행동이 일치함을 보여줌으로써 유권자들의 신뢰를 얻는 신뢰 구축, 다음으로 경쟁자와의 비교를 통해 도덕적으로 우월한 이미지를 부각하는 도덕적 우위 확보, 진정성을 바탕으로 제시하는 정책이나 공약에 대한 선호를 높이는 지지 확보이다. 마지막으로 반대 세력이나 인물에게는 '진정성 없다'는 낙인을 통해, 신뢰를 붕괴시키고 정치적 평가를 저해하는 전략으로 활용된다. 유권자 역시 이 프레임에 쉽게 반응한다. 자신이 지지하는 정치인에게 진정성을 쉽게 부여하고, 반대 정치인에게는 쉽게 의심을 덧입힌다.

결과적으로, 진정성 프레임 남용은 정책의 내용을 둘러싼 평가를 가리고, 정치적 정당성을 도덕적 인상에 의존하게 만든다. 이는 민주적 공론장의 성숙을 방해하며, '신뢰와 진심'이라는 애매한 평가 기준이 정치를 감정화하고 진영화하는 도구로 전락할 수 있다.

진정성에 대한 균형 잡힌 이해

우리는 '진정성'이라는 말을 자주 사용하면서도, 정작 그 의미를 깊이 생각해 본 경험은 드물다. '진정성이 없다'는 말은 쉽게 하지만, '진정성이란 무엇인가'라는 질문 앞에서는 대개 머뭇거리게 된다. 이는 진정성이 단순한 개념이 아니라, 복잡하고 해석이 분분한 가치임을 보여준다. 동시에 그것을 평가한다는 일이 얼마나 어려운 일인지를 시사한다.

심리학에서 진정성authenticity은 "내적으로 일어나는 감정 및 생각들에 대하여 있는 그대로 자각하며, 내적 경험과 외적으로 표현되는 것이 서로 다르지 않고, 상대를 도구나 수단으로 대하지 않으며 정성을 다함"으로써 구성된다고 말한다.[16]

여기서 내적 경험의 비편향적 자각과 수용은 자신의 내부에서 일어나는 감정이나 생각들을 있는 그대로 수용하고, 일치성은 생각과 말이 행동으로 일치하는 것이며, 정성을 다하는 것은 상대를 나의 욕구 충족을 위한 도구나 수단으로 대하지 않으며 상대의 입장이나 관점을 이해하려고 주의를 기울인다는 뜻이다.

진정성 개념은 철학, 사회학, 심리학 등 다양한 학문에서 논의되어 온 개념으로, 인간의 정체성과 행위의 진실성 여부를 판단하는 핵심 기준으로 적용되어 왔다. 철학과 사회학적 맥락에서 진정성은 인간의 내면과 사회적 관계를 이해하고 이상적인 자기 실현의 문제를 탐구하는 개념이다. '자기 존재의 진실성'으로 개인이 외부의 강요나 사회적 역할에 휩쓸리지 않고 자신의 본래적 모습을 찾는 과정으로도 이해된다. 심리학에서는 진정성을 '내면적 욕구와 행동의 일관성'으로 정의하며, 진정성이 높을수록 심리적 건강이 유지된다고 본다.

에리히 프롬Erich Fromm은 현대 사회에서 타인의 기대에 의해 행동하는 '비진정적'self-alienated 인간이 많아지고 있다고 분석하며, 개인이 사회적 가면을 벗고 자기 자신을 찾는 과정이 중요하다고 강조한다. 그는 진정성의 결여, 즉 비진정성이 개인과 사회에 부정적인 영향을 미친다고 보았다. 그가 말하는 비진정성은 개인이 자신의 진정한 감정, 욕구, 가치관을 억압하거나 외면하고, 외부의 기대나 사회적 규범에 따라 행동하는 상태를 의미한다. 이는 자신의 내면과 불일치한 삶을 살아가는 것으로, 자아와 행동 사이의 괴리를 초래한다.

---

[16] 홍정순, 〈진정성 척도 개발 및 상담자의 진정성과 작업동맹간의 관계 모형 검증〉, 가톨릭대학교, 2015., 58쪽.

그러나 진정성 개념이 언제나 자명하거나 긍정적인 것만은 아니다. 진정성에 의문을 제기하는 연구도 있다. 대표적으로 어빙 고프먼 Erving Goffman은 《자아 연출의 사회학》에서 '자아 연출' 개념을 통해 인간은 사회적 맥락에 따라 다양한 역할을 수행하며, '진정한 자아'란 존재하지 않는 것일 수 있다고 주장한다.[17] 후기 구조주의 철학자 장 보드리야르 Jean Baudrillard는 현대 사회에서는 실제가 아니라 '시뮬라크르'simulacre,[18] 즉 복제된 이미지가 '진짜처럼' 작동하고 있다고 보았다. 진정성이란 것도 결국 사회적으로 구성된 이미지일 가능성이 크며, 우리는 실재를 보는 것이 아니라 왜곡되거나 과장되거나 심지어 실재가 은폐된 것을 보고 있다는 것이다.

사회학 관점에서도 진정성은 절대적 기준이 아니라 사회적 규범에 따라 변형되고 해석되는 개념이다. 진정성 개념은 본질적으로 주관적 해석에 의존하는 판단 기준이라는 점에서, 인간 행동을 설명하는 준거로 사용할 때 일정한 한계를 지닌다고 봐야 한다.

진정성은 인간의 내면과 삶의 정직성을 탐구하는 중요한 가치임에 분명하다. 그러나 그것이 절대적 기준처럼 작동하거나, 정치적 또

---

[17] 어빙 고프먼은 일상생활을 극장이나 연극에 비유하여, 개인이 사회적 상호 작용 속에서 어떻게 자아를 '연출'하고 '관리'하는지를 분석한다. 그는 인간의 자아를 고정된 실체로 보지 않고, 타인의 기대에 부응하기 위해 상호 작용을 조율하고 이미지(인상)를 관리하는 과정인 '연기'로 이해한다. "개인이 염두에 둔 목표와 동기가 무엇이든, 그의 관심사는 다른 이들의 행동, 특히 자기를 대하는 다른 이들을 통제하는 데 있다. 통제는 대개 그가 다른 사람들이 상황을 정의하는 과정에 영향을 미침으로써 달성된다." 어빙 고프먼 저, 진수미 역, 《자아 연출의 사회학》, 현암사, 2016., 14쪽.

[18] 장 보드리야르는 시뮬라크르와 시뮬라시옹simulation 두 개념을 통해 현대 사회에서 '현실'이 어떻게 해체되고, 그 자리를 이미지와 표상이 대체하는지를 분석한다. 이 개념은 현대 자본주의, 미디어 사회, 소비 문화, 정보 사회를 비판하는 핵심 이론으로 작용한다. 시뮬라크르는 원본을 모방한 이미지가 원본과 관계를 벗어나고 독자적이고 자기 완결적 이미지와 기호로 독립하여, 실재보다 더 진짜처럼 기능하는 것을 의미한다. 시뮬라시옹은 '시뮬라크르 하기'라는 동사적 개념으로, 시뮬라크르가 생성되고 작동하는 과정과 메커니즘 전반을 의미한다. "시뮬라크르는 실제보다 더 실제적인 것이다. 이 시뮬라크르는 아울러 어떤 기왕의 실제 존재하고 있는 것하고는 아무런 관련도 없다. 독자적인 하나의 현실이라 할 것이다. 오히려 우리가 지금까지 실제라고 생각하였던 것들이 바로 이 비현실이라고 하였던 시뮬라크로로부터 나오게 된다."(역자 주 1.) 장 보드리야르 저, 하태환 역, 《시뮬라시옹》, 민음사, 2001., 10쪽.

는 도덕적 판단의 유일한 잣대로 활용될 때, 다양한 왜곡을 초래할 수 있다. 따라서 우리는 진정성의 중요성을 인식하되, 그것이 어떻게 심리적, 사회적, 문화적 맥락에서 구성되고 오용될 수 있는지에 대해서도 깊이 고민해야 한다.

진정성에 대한 균형 잡힌 이해는 나와 타인을 함께 이해하고 책임 있게 바라보는 데 필요한 지적 토대이자, 사회적 성숙의 조건이다.

진영에 따른 이중성

정치에서 진정성은 결코 절대적인 가치가 아니다. 오히려 주관적이며, 조작 가능한 특성을 지닌 개념이다. 정치인의 진정성은 대중과 미디어의 해석에 따라 의도적으로 연출되거나 구성된 이미지일 수 있으며, 이는 전략적 캠페인이나 정치적 프레이밍을 통해 창조될 수 있다.

진정성은 본래 인간 행위의 내면적 동기와 신뢰성을 평가하는 기준으로 활용된다. 자기 일관성과 윤리성, 사회적 신뢰, 공동체 내에서 정당성을 판단하는 척도로서의 가치를 갖는다. 그러나 이것이 정치인의 자기 선언 혹은 상대 진영에 대한 낙인, 인상 비평 수준에서 소비될 때, 진정성은 그 의미를 잃고 정치적 수사로 전락한다.

정치적 맥락에서 진정성은 쉽게 '메이킹'making될 수 있다. 후보자 캠페인, 이미지 전략, 미디어 프레임은 유권자에게 특정 정치인의 진정성을 기획된 이미지로 인식하게 만드는 장치로 활용한다.

문제는 진정성 프레임이 정치적 행위의 판단을 단순화하고, 도덕적 이미지가 능력과 성과를 압도하게 만드는 효과를 낳는다는 데 있다. '진정성 있는 정치인'이라는 이미지는 정책의 실패나 정치적 무능을 정당화하거나 면죄하는 수단으로 오용될 수 있다. 이는 정치 평가의 기준을 흐리게 하고, 정책 중심의 정치 담론을 감정 중심의 인상 비평으로 전락시킨다.

진정성 평가의 가장 심각한 문제 중 하나는 진영에 따라 기준이 달라지는 이중성이다. 동일한 말과 행동, 같은 정책 추진 방식에도 유권자들은 자신이 속한 진영의 정치인에게는 '진정성이 있다'고 믿고, 반대 진영 정치인에게는 '위선적이다'고 단정 짓는다. 이는 진정성의 판단이 실제 정치인의 내면이나 행위의 일관성에 근거하기보다 정치적 선입견과 감정적 동일시에 의해 좌우되고 있음을 보여 준다. 그 결과 진정성은 객관적 덕목이 아닌, 정치적 편향에 따라 부여되고 회수되는 '이미지 정치의 수단'이 된다. 어떤 정치인이 아무리 일관되고 성실히 일하더라도, 진영 외부에서는 결코 진정성을 인정받지 못한다. 동시에 자신이 지지하는 정치인은 무능하거나 불성실하더라도 '진정성은 있다'는 논리로 면죄부를 부여한다. 진정성 평가의 이중성은 정치 평가의 공정성을 해치고, 결과적으로 진영 정치의 폐해와 정치 양극화를 더욱 심화시키는 역할을 한다. 진정성이 진영을 지키는 방패로, 상대를 찌르는 창으로 쓰이는 한 정치의 신뢰 회복은 불가능하다.

진정성이 정치인을 평가하는 유일하거나 중요한 기준이 되어서는 안 된다. 진정성은 개인의 정체성과 사회적 신뢰를 형성하는 핵심 요소일 수 있으나, 그 자체가 본질적으로 주관적이고 조작 가능성이 높은 개념임을 잊어서는 안 된다. 정치에서 진정성이 강조될수록, 그 진정성의 내용과 실체가 무엇인지에 대한 검증이 더 철저히 요구되어야 한다.

진정성 프레임의 오용

진정성 프레임은 정치에 신뢰와 감동을 부여할 수 있는 중요한 도구지만, 우리 정치의 여러 병폐를 활성화하는 원인이기도 하다.

우선 정책의 실질적 내용보다 정치인의 태도와 의도에 초점이 맞춰지는 문제가 발생한다. 진정성 프레임은 정치인의 정책 효과나 실현 가능성보다 그가 얼마나 '진심'으로 임하는가를 강조한다. 이에 따라 정책의 구체적 검증과 결과에 대한 논의는 흐려진다. 또 어떤 정책이 객관적으로 좋은 경우에도 또는 성공한 경우에도, 추진한 정치인이 '진정성 없는 사람'이라며 평가절하되기도 한다. 정치의 본질은 책임성과 실질적 변화임에도 불구하고 정치적 평가가 '결과가 아닌 의도 중심'으로 전도될 위험이 크다.

이 프레임은 감정적 동원의 도구로 변질될 가능성도 있다. 진정성은 쉽게 유권자의 감정을 자극하는 수단이 된다. 정치는 합리적 정책 경쟁이 아닌, '누가 더 진정성 있어 보이는가'라는 이미지 정치로 흐르고, 정책 논쟁은 본질적 내용보다 정치인의 개인적 태도와 인상에 좌우된다. 진정성에 대한 강조는 정치인의 실제 역량이나 정책보다 외형적 이미지나 개인적 매력에 초점을 맞추게 한다. 정치인의 정책적 실력이나 행정적 경험이 부족하더라도, '깨끗한 정치인'이라는 이미지나 '헌신적인 삶의 경력'이 있으면, 해당 정치인의 능력 부족, 경험 부족을 문제시하지 않는 유권자의 태도를 이끌 수 있다.

진정성 프레임은 정치적 공격 도구로 쉽게 활용된다. 이 프레임은 상대방을 '가식적' 혹은 '계산적'으로 낙인찍는 배제 논리로 쉽게 악용된다. 자신은 '진심'을 내세우고, 상대는 '위선적'이라고 규정하면서, 상대의 정책 제안이나 의도를 불순하게 폄훼하는 정치적 장벽을 세운다. 이는 정치적 타협과 협치 가능성을 원천적으로 차단한다.

이 프레임은 정치를 선과 악 대결이라는 도덕 경쟁으로 몰아가는 데도 일조한다. '보수는 본질적으로 부패했고, 진보는 개혁에 진정이다' 같은 이분법적 사고는 진보 진영에서 자주 나타난다. 당내 경쟁에서도 이 이분법은 실제로 작동하고 있다. 이렇게 되면, 전문적 역량을 갖춘 정치인이 정당한 평가를 받지 못하게 되고, 실용주의적 해결책을 제시하는 정치인이 배척되기도 한다. 정작 중요한 개혁의 계획과 방향은 토론되지 않는다. 최소한 부패하지 않은 지도자를 원하는 국민적 열망을 활용하여 '청렴한 무능 정치'도 정당성을 얻게 된다.

무능과 실패를 방어하는 논리로도 작용한다. 정치인이 국민을 위한 '진심'을 가지고 있다면, 정책의 성과와 무관하게 신뢰받아야 한다는 논리가 작동한다. 정책적 실패가 발생해도, '그는 적어도 국민을 위해 진심으로 일했다'는 평가로 책임론이 약화된다. 정책의 실질적 성과보다 개혁 의지나 도덕적 우수성이 더 중요한 요소로 간주된다. 이는 정책 실패에 대한 책임 면제와 반복적인 정책 실패로 이어질 수 있다.

의도와 기대에서 결과와 평가로

정치인의 진심과 태도만으로 정치를 평가하는 분위기는 자칫 정치적 성과와 책임을 흐리거나 하찮은 것으로 만든다. 정치란 의도와 열정만으로 정당화될 수 없으며, 결과와 실질적 변화로 증명해야 하는 영역이다. 진정성이 정책의 실효성이나 실행 능력을 대체할 경우, 정책 실패조차 '진심이었다'는 한마디로 포장되고, 국민의 실망을 무마하는 정서적 호소로 둔갑하기 쉽다. 결과적으로 실질적 성과보다 이미지가, 유능함보다 호감이, 정책보다 감정이 지배하는 정치 문법이 관철된다.

우리의 정치적 평가가 성숙해져야 한다. 정치인의 도덕성과 인간적 매력에만 기대지 않고, 정책 능력과 결과와 책임이라는 본질적 기준을 함께 적용해야 한다. 아무리 '진정성 있는 정치인'이라 해도, 그것이 구체적인 문제 해결로 이어지지 않았다면 본연의 책무를 수행하지 못한 것이다. 진정성은 정치적 판단의 보조 지표일 수는 있지만, 그 자체가 평가의 중심이 되어서는 안 된다.

진정성을 정치적 무기로 활용하려는 전략에 흔들리지 않기 위해서는, 질문을 던지는 일을 게을리 하지 않아야 한다. 우리는 진정성이라는 말을 너무 자주, 쉽게 쓰고 있지는 않는가? 그 사람이 진정성 있다고 느낀 이유는 무엇인가? 과연 그 판단은 정책적 결과와 함께 검토된 것인가? 진정성 평가가 성과와 책임까지 함께 검토된 것인가? 혹시 진정성이라는 말이 판단의 게으름을 가리는 장치가 된 것은 아닌가? 이러한 질문들은 정치에 대한 감정적 판단을 줄이고, 정책과 실력 중심의 정치 문화를 만드는 출발점이 된다.

진정성은 말이 아니라 실천에서 증명되는 것이며, 그것은 의도와 성과가 일치할 때 비로소 인정받는다. 우리가 진정 원하는 정치란, 진정성 있는 말이 아니라, 진정성 있는 결과다.

피해자 프레임

우리 정치를 적대적 대결로 삼켜 버리는 가장 파괴적인 프레임은 '피해자 프레임'이다. 이 프레임은 단순한 피해 호소가 아니다. 모든 정치적 책임을 외면하고, 모든 정당성을 가로채며, 모든 반대자를 가해자로 낙인찍는 절대적 도구다. 피해자 프레임은 우리 정치를 협치가 불가능한 적대의 진영 대결로 이끄는 블랙홀이며, 정치적 책임의 회피, 감정 동원의 상시화, 대화의 소멸을 낳는 파국의 늪이다. 지금이야말로 이 프레임을 정면에서 해부하고, 그 비극을 직시할 때다.

정치에서 피해자 프레임은 정당성과 도덕적 우위를 확보하기 위해 구사되는 강력한 전략이다. 자신과 자신의 진영을 구조적, 역사적 또는 상대 진영에 의해 지속적으로 탄압받는 희생자로 규정하고 상대를 불의한 가해자로 설정하여, 정치적 동원을 유도한다.

사실 피해자 프레임은 권력에 의한 정치인의 탄압과 관련된 프레임만은 아니다. 특정한 계층이나 지역 그리고 직업군의 피해자 프레임도 빈번하게 제기된다. 트럼프 대통령이 '이민자들이 일자리를 빼앗고 있다'는 프레임을 내세워 미국 내 백인 노동자들을 강력한 지지층으로 끌어들여 대선에서 승리하고, 이민 정책의 강경 드라이브를 합리화하는 것이 좋은 사례이다. 러시아가 나토가 러시아를 위협하고 있다는 프레임으로 우크라이나를 침범하고 전쟁의 정당성을 주장하는 일, 북한이 미 제국주의가 전쟁 위협을 가한다며 핵개발에 몰두하고 전체주의적 지배를 합리화하는 논리도 피해자 프레임이다.

그러나 우리 정치에서 피해자 프레임은 대개가 권력을 잃은 야당과 야당 정치인들에 의해서, 대개가 정치인의 사법적 문제에 대한 대응에서 제기된다. '나는 정치보복의 희생자다', '공정한 법치가 아니라 선택적 정의가 작동하고 있다', '검찰이 정권의 사냥개 역할을 하고 있다', '법원이 정권의 눈치를 보며 정치 판결을 내리고 있다', '야당을 무너뜨리기 위한 기획된 정치 공작이다'. 이러한 호소들은 피해의 부당성과 정권의 탄압을 주장하며 '피해자 대 정권탄압' 대결 구도를 구축하고, 내부 결집과 지지층을 단결시키는 효과를 노린다. 피해자 프레임은 정치적 갈등과 사회적 분열의 도화선이다.

피해자 프레임의 정치성

우리 정치에서 유독 정치인의 사법적 문제에서 피해자 프레임이 강하게 제기되는 이유가 있다. '정치인들의 사법리스크가 그만큼 많기 때문'이라는 답은 지나치게 단순하다. 그들이 정치적으로 활용할 수 있는 현실 정치의 구조와 조직적 힘이 있기 때문이다.

우리 사회에는 노동자, 청년, 장애인, 소외 계층, 재난 피해자 등 다양한 구조적 피해 집단이 존재한다. 이들은 사회적 약자이며 피해 당사자임에도, 이 프레임을 통해 정치적 영향력을 지속적으로 행사하지 못한다. 이들의 피해는 개별 사건으로 소비되고 일시적 이슈로만 조명된다. 무엇보다 이들은 정치 주체로 조직되지 못하고 정치적 동원력이 없거나 약하다. 정치 주체로 자리 잡기 위해서는 지속적 조직화와 명확한 정치적 채널이 필요한데, 현실적으로 그것이 쉽지 않다. 결과적으로 이들의 피해는 정치적 힘으로 구조화되지 못하고, 피해자 프레임 또한 지속성을 가지지 못한다.

이와 다르게, 정치인 사법리스크와 결합한 피해자 프레임은 전혀 다른 양상으로 전개된다. 정치인 개인의 사법적 문제는 곧바로 충성도 높은 지지층을 활용한 진영 대결, 정쟁 구조와 연결된다. 정치인은 자신의 사법리스크를 '정치 탄압', '표적 수사', '정치보복'이라는 피해 서사로 전환시키고, 이를 통해 정치적 방어막을 구축한다.

결정적으로 정치인의 사법리스크는 적대적 진영 대립 구도와 맞물려 폭발력을 얻는다. 상대 진영의 수사는 정치 탄압으로 규정되고, 자신의 문제는 피해자성으로 해석된다. 개인의 문제로 출발한 사법리스크가 곧 진영 전체의 정체성과 연결되면서, 피해자 프레임은 집단적 대결 구도의 동력으로 자리 잡는다. 결국 정치인의 사법리스크가 불거질 때마다, 우리는 반복적으로 피해자 서사를 마주하게 된다.

피해자 프레임 전성시대

우리 정치는 적폐 청산, 조국 사태, 민주당 이재명 대표 사법리스크 등으로 피해자 프레임 전성 시대를 지나고 있다. 최근 몇 년 간 우리 정치는 '피해자 프레임 늪'에 빠졌다. 이로 인해 격렬한 진흙탕 싸움 이외에 그 어떤 생산적 논의도 정치에서 완전히 사라져 버렸다.

피해자 프레임은 어떻게 적대적 진영 대결로 고착되는가? 출발점은 개인 정치인 혹은 정당의 사법적 문제, 정책 실패, 정치적 위기 등 불리한 상황이 발생하면, 법적·정책적 책임으로 이를 수용하지 않고, 이를 '정치적 공격', '정치적 음모', '정권의 탄압' 등으로 해석한다. 수사와 사법 절차를 '정치보복', '표적 수사'로 주장하며 공세적 서사를 구축하여 사건의 본질을 바꿔 버린다.

피해자 대 가해자 구도는 일방의 주장만으로도 쉽게 설정된다. 문제의 원인을 내부 요인(실책, 법적 문제)으로 돌리지 않고, 상대 진영(정권, 검찰, 언론, 외부 세력)을 가해자로 설정하는 프레임이 등장한다. 자신 또는 소속 진영은 '정치적 희생양', '정의로운 피해자'로 표현되고 상대는 '부당한 권력 남용', '정치보복자'로 규정된다.

이는 지지층의 결집과 도덕적 정당화로 옮겨간다. 피해자 프레임을 통해 지지층의 동정심, 분노, 정체성 결속을 강화한다. 지지층은 사법리스크나 정책 실패의 책임을 외부 공격 탓으로 돌리며, 내부 비판에 대해 배신자 낙인을 찍게 된다. '우리가 옳기 때문에 공격받는다'는 확증편향이 작동하고 '우리 진영 전체가 피해자다'는 집단적 피해의식이 생성된다. 언론·검찰·사법부와의 대립 구도도 형성된다. 법원 판결이나 검찰 수사가 불리할 경우, '공정하지 않은 법치'를 문제 삼는다. 특히 언론을 '정권의 홍보 도구'로 규정하여, 자신들에게 불리한 보도가 나오면 '언론이 정권의 편에 서 있다'는 주장을 펼친다. 법원 판결이 불리하면 '사법부가 정권의 눈치를 보고 있다'는 논리로 대응한다. 검찰이 야당 인사의 부패 혐의를 수사하면 '정권이 검찰을 동원해 야당을 탄압하고 있다'는 메시지가, 반대로 검찰이 여당 인사를 수사하면, '여당의 내부 권력 싸움'이라며 정권 내부의 균열을 부각한다. 판결이 불리하게 나올 경우, 판사의 정치적 성향을 문제 삼으며 '사법부가 정권의 하수인이 되었다'고 주장한다.

　이는 다시 진영의 정체성과 직결되면서, 사법리스크가 곧 진영 전체의 투쟁, 민주주의 수호라는 서사로 확장된다. 이렇게 진영 대결의 구도는 완성된다.

　이 싸움은 제도적 구조와 결합된다. 국회에서의 '방탄국회', 당내 리더십 재편, 당 차원의 대응 조직화 등으로 피해자 프레임이 제도적 차원으로 구조화된다. 체포동의안 표결, 원내 전략, 대응 입법 활동이 전방위적으로 가동된다. 외부에 대한 비판과 내부에 대한 단속을 동시에 전개한다. 피해자 프레임이 강력할수록, 내부 비판자는 '적에 동조하는 자'로 낙인찍힌다. 당연히 당내 민주주의, 비판적 토론 기능은 약화되고 적대감으로 인한 투쟁만 남는다.

　피해자 프레임의 최종 단계이자 결과물은 정치 양극화의 심화 및 지속이다. 피해자 프레임이 진영 간 대립 구도를 강화하며, 상대 진영 역시 공격에 대응해 동일한 피해자 서사를 재생산한다. '우리 대 그들' 구도가 강고해지며, 협치와 타협은 실종되고 국민들의 정치적 피로는 누적된다.

사법적·정책적 책임의 실종은 당연한 귀결이다. 정치적 투쟁만 남고, 애초에 등장했던 사법적·도덕적 문제는 온데간데없이 완전히 사라진다. 정치 피로감, 냉소주의가 심화되는 것은 말할 것도 없다. '정치란 죽느냐 사느냐의 결단'이라는 이 성스러운 절대 명령을 쌍방이 가장 맹목적이고 헌신적으로 수행한다.

피해자 프레임은 위기 방어의 수단에서 출발해, 정치적 동원과 정체성 재편, 제도적 구조화, 내부 비판 차단을 거쳐 양극화와 민주주의 기능 약화로 귀결된다. 문제는 이 메커니즘이 상시적으로 재생산되고, 정치 전반을 장악하고 있다는 점이다.

두 정치인의 사법리스크와 정치 파괴

우리 정치에서 피해자 프레임이 극단적으로 활용된 대표적 사례가 바로 조국 사태와 이재명 대표의 사법리스크 문제이다. 두 경우 모두 개인적 도덕성과 사법적 문제에서 비롯된 사건이, 전례 없이 강력한 정치적 프레임 전쟁으로 재구성되었다. 두 사건은 피해자 프레임이 어떻게 정치 양극화를 심화시키는지 여실히 입증한다.

조국 사태의 경우 이 프레임의 위력을 실감할 수 있는 엄청난 폭발력을 보여주었다. 다음의 특징들이 두드러지게 나타났다.

첫째, 개인의 사법적 문제가 정치적 의제와 결합되었다. 법무부장관이었던 정치인의 도덕성과 법적 논란은 검찰 개혁이라는 정책적 이슈와 결합되며 정치적 대결로 전환되었다. 이로 인해 사건의 본질적 쟁점과 개인적 책임 문제는 뒷전으로 밀려났다. 개인 문제와 제도 개혁 담론이 혼재되면서, 합리적 비판과 옹호 모두 기준을 상실하게 되었다. 개인의 책임 문제와 검찰 개혁이라는 정책 모두 제대로 논의되거나 평가되지 못했다.

둘째, 사건은 정체성 투쟁으로 번져 장기화되었다. 조국 사태는 단기적인 정치적 이슈로 소비되지 않았다. 당사자에 대한 비판은 즉각 진영에 대한 공격으로 간주되었고, 정치적 견해와 무관한 법적·도덕적 평가조차 진영 선택의 문제로 환원되었다. 이로 인해 정치적 대립은 분노의 에너지를 얻으며 격화되고 정치는 수렁으로 빠져 들었다.

셋째, 피해자-가해자 구도가 당사자와 사법기구를 넘어 전 사회적 영역으로 확장되었다. 조국 본인과 지지층은 검찰, 언론, 정치적 반대 세력을 구조적 가해자로 설정하고, 자신들을 정치적 탄압의 피해자로 규정했다. 이러한 구도는 사건의 다층적 맥락을 단순화하고, 도덕적 우위를 선점하려는 전략적 효과를 지녔다. 그러나 이는 사안의 복잡성을 제거하는 대신, '우리 대 그들' 구도를 강화하는 데 기여했다.

넷째, 프레임은 내부 비판조차 봉쇄했다. 피해자 프레임이 강화되면서, 조국 사태에 대한 내적 비판이나 문제 제기는 곧 '적대 진영의 논리에 동조'하는 것으로 간주되었다. 정치적 충성도만이 평가 기준이 되어 진영 내 자정 기능이 사실상 마비되었다. 진보 진영의 도덕적 엄숙주의자들도 진영을 지키기 위해 속속 피해자 프레임으로 귀환했다.

다섯째, 도덕적 확증편향이 사회 전반에 확산되었다. 조국 사태는 정치적 정체성이 어떻게 도덕적 판단을 왜곡하고 굴절시키는지를 극명하게 보여주는 사례다. 이제 확증편향은 정보의 선택과 해석에 국한되지 않고, 도덕적 평가와 윤리적 판단마저 정파적 신념에 따라 재구성된다는 점을 보여 주었다. 도덕은 더 이상 사회적 합의가 가능한 어떤 보편적 기준이 아니라, 정치 정체성을 정당화하는 수단이며, 그 역으로 정체성이 도덕을 쥐락펴락할 수 있게 되었다.

결국 조국 사태는 피해자 프레임이 단순한 방어 논리에 그치지 않고 정치적 무기가 되어 진영의 정치적 믿음체계와 결합하여 양극화를 심화시킨 전형적 사례로 귀결되었다. 개인의 사법적 문제가 정치적 정체성 투쟁으로 환원되고 피해자성과 도덕적 우위가 결합하여 대립 구도를 고착화시키는 양상은, 우리 정치가 얼마나 심각하게 프레임 정치에 매몰되어 있는지를 보여준다. 문제는 이 과정에서 정치적 성찰과 책임 논의가 실종되고, 정치적 소모전만 반복된다는 점이다. 이 사태를 겪으며 우리가 보고 들은 것은, 한 도덕주의 정치인의 도덕적 파탄만이 아닌 정치의 굴절이자 완전한 실패였다.

이재명 대표 사법리스크 문제도 매우 비슷하기는 하지만, 그 특징과 파장에서 또 다른 시점을 제시한다. 이재명 대표의 사법리스크는 우리 정치의 진영 대결 고착화, 정당 내 리더십 구조의 변화 그리고 피해자 프레임의 제도적 전면화라는 점에서 매우 독특한 사례다.

첫째, 진영 대결 구도의 완전한 고착화다. 이재명 대표의 사법리스크는 수사와 기소에서부터 곧바로 정권에 의한 야당 탄압, 검찰 권력의 정치화라는 프레임으로 재구성되었다. 민주당은 이를 정치보복으로 규정하며 당 차원의 대응에 나섰다. 국민의힘 역시 이를 범죄혐의자의 정치적 방탄 시도로 비판하면서 대결은 격화되었다.

둘째, 민주당 리더십의 구조적 재편과 결합되어 더 큰 파장을 몰고 왔다. 이재명 대표의 경우 사법리스크가 민주당의 리더십 구조 자체를 변화시켰다는 점이 특징적이다. 당대표 선출 과정에서부터 이재명 대표에 대한 사법리스크는 논쟁의 중심이었음에도, 당은 이 대표를 중심으로 리더십이 완전히 재편되었다. 이내 당의 정체성이 '이재명 방어'라는 정치적 프레임과 완전히 결합되었다. 비판적 목소리나 이견은 차단되고, 당내 민주주의는 사실상 개인의 정치적 방어를 위한 동원 체제로 구조화되었다. 피해자 프레임이 정당 내부 민주주의를 약화시키고 내부 자정 기능조차 무력화하는 최악의 역사적 사례를 만들었다.

셋째, 피해자 프레임이 제도화되었다. 피해자 프레임이 정치적 공방이나 담론 전략을 넘어 제도와 민주적 절차에서 구조적으로 작동하는 방식으로 관철되었다. 이른바 '방탄국회'라는 표현이 등장했듯, 국회는 사법리스크 방어의 제도적 장치로 활용되었다. 체포동의안 부결을 위한 회기 연장, 임시 국회 소집 등이 반복되며 국회의 권한을 정치적 생존 수단으로 전용하였다. 제도 개혁의 외피를 쓴 방탄입법도 경찰청법, 형사소송법 개정 등으로 나타났다. 검찰 수사 편향성 주장과 함께 수많은 특검법 발의와 검찰 및 정부 각료에 대한 탄핵과 해임 요구가 끊이지 않았다. 이로 인해 국회 본연의 입법·감시 기능은 마비되었다.

넷째, 이재명 대표의 사법리스크는 장기화·일상화되며 향후 우리 정치의 부비트랩이 될 것이다. 피해자 프레임은 민주당이 야당인 시절만이 아니라 집권 이후에도 지속될 것이다. 여야 대립 구도, 정권의 정당성 그리고 정치의 사법화와 사법의 정치화, 사법부 독립성 문제와 연결되기 때문이다. 그저 여진이 아니라 또다른 양상으로 더욱 격화될 것이고, 여전히 우리 정치의 늪이 될 수 있다.

허구와 위선을 넘어

피해자 프레임은 우리 정치에서 익숙한 것이지만 그 대부분은 허구적이거나 정치 전략에 가깝다. 그 핵심은 논리와 사실보다 감정 동원과 정치적 정당성 획득에 집중한다. 가장 자주 동원되는 수사가 바로 '정치보복'과 '과도한 수사'이다. 정치보복은 권력을 이용해 정적을 부당하게 탄압하는 중대한 문제다. 해방 이후 조봉암 사건, 김대중 내란음모 사건 등의 실제 정치보복은 한국 현대사에 깊은 상처를 남겼다. 그러나 오늘날의 피해자 프레임은 이처럼 중대한 사례를 모방하면서도, 실제 탄압 여부를 확인하려는 노력 없이, 정치적 위기를 돌파하기 위한 방어막으로 활용되고 있다.

보복과 사법 정의 실현을 구분하지 않으면, 정당한 법 집행도 모두 정치보복이라는 인식으로 흐르게 된다. 법적 증거와 절차에 의해 기소되고 재판이 이루어지는 사건조차 정치보복으로 왜곡된다면 사법의 독립성과 정의는 위협받고, 법치는 정쟁으로 마비될 수 있다.

과도한 수사라는 방어 논리도 위험하긴 마찬가지다. 과도하다는 평가 또한 정치적 입장에 따라 달리 해석된다. 그리고 정치적 지위는 특권이 아니라 책임이며 정치 권력자에 대한 수사는 법치주의 실현의 바로미터이다. 수사는 대상이 아니라 과정으로 판단되어야 한다. 적법성과 비례성이 중요하게 고려되어야 할 뿐이다. 과도하며 '나만 수사한다'는 논리는 책임 회피와 여론몰이에 악용될 위험이 크다. 정치적 위력에 의해 '사실'이 묻히지 않는다면, 과도함은 법과 사실의 언어로 곧 판정될 것이다.

이 프레임은 대부분 허구와 위선을 바탕에 깔고 있다. 증거 부재와 과잉 일반화가 어김없이 나타난다. 야당 탄압이나 정적 죽이기 같은 주장은 대개 구체적 근거 없이 추정과 의혹에 기댄다. 독립성과 절차적 정당성을 확보해 온 사법 시스템을 정치적 의도에 종속된 것으로 매도하면서, 제도 전반의 신뢰를 훼손시킨다. 사법 질서와 정치만 망치는 것이 아니라 사회의 도덕적 기준과 윤리적 원칙마저 훼손한다.

피해자 프레임은 사법적 진실이 밝혀지는 시점엔 이미 사회적 비용이 소진되고, 국론이 분열된 뒤다. 우리에게 남는 것은 그저 '사필귀정'이라는 사자성어를 되뇌는 위로일 뿐이다.

더 심각한 문제는, 이 프레임의 허구가 판명되더라도 이를 반성하지 않는 태도다. 대부분의 정치인은 유죄 판결 이후에도 '역사의 법정에서는 무죄다', '진실은 언젠가 밝혀질 것'이라는 공허한 수사로 끝을 맺는다. 이는 국민에 대한 기만이며 비겁한 레토릭이다. 문제가 사법적 문제라면 진실은 법정에서 가려지고, 역사는 진실에 그가 어떻게 응답했는지를 기록할 것이다.

이 프레임을 넘어서는 길은 그리 많지 않다. 제도적 대응이나 법 집행의 공정성도 중요하지만, 결국 정치인이 책임의 윤리를 회복해야 하며, 국민은 프레임에 휘둘리지 않는 감별력을 길러야 한다.

피해자 프레임은 정치를 무기화하고, 국민을 진영의 감옥에 가둔다. 이 프레임에 갇힌 정치에는 진실도 책임도 미래도 없다. 우리 모두 가면을 벗어야 할 때다.

...

지금까지 정치 양극화를 조장하는 여러 정치 프레임들을 살펴보았다. 이 프레임들은 단지 말의 기교가 아니라, 정치적 믿음체계와 감정 구조를 촘촘히 엮어 만든 인식의 그물망이다. 반복되는 프레임은 정치를 단순한 구도 싸움으로 환원시키고, 복잡한 현실을 도식적으로 정렬하며, 자율적 사고를 약화시킨다.

프레임은 설득의 장치이자 통제의 수단이다. 더 나아가, 어떤 프레임은 감정의 중독을 통해 정치적 흥분과 적대의 회로를 강화한다. 프레임이 사라지면 의미조차 부여되지 않는 정치 현실에서, 우리는 프레임의 '지배'가 아니라 프레임으로부터의 '해독'을 실천해야 한다.

프레임을 단순히 해석하는 것을 넘어, 왜 그 프레임에 반응하게 되었는지, 그 감정과 믿음은 어디에서 왔는지를 성찰해야 한다. 정치해독이란, 프레임에 갇혀 있는 자신을 자각하고, 사유의 공간을 회복하는 일이다.

8장

진실의 침몰: 음모론, 가짜뉴스

정치 선동: 감정의 정치, 믿음의 조작

양들은 예전엔 "네 다리는 좋고, 두 다리는 나쁘다."를 무의식적으로 외쳤다. 그러나 시간이 지나자, 양들은 또 다른 구호를 배우게 되었다. "네 다리는 좋고, 두 다리는 더욱 좋아!"[19]

조지 오웰George Orwell의 《동물농장》에 등장하는 이 장면은 단순한 구호의 반복을 통해 동물들이 새로운 억압 체제에 순응하는 과정을 보여준다. 양들은 인간의 억압에서 벗어난 혁명 이후, 지도부가 인간과 손잡고 권력을 강화하면서 새로 만든 구호를 반복한다. 이는 정치 선동이 어떻게 기억을 지우고 언어를 봉쇄하며, 현실을 왜곡하는지를 압축적으로 드러낸다.

정치 선동은 무지한 대중에게만 통하는 것일까? 히틀러나 스탈린 시대처럼 이념의 광기가 넘쳐흐르던 시절의 이야기일까? 정치 선동은 과거의 유물이 아니다. 오늘날의 정치도 선동으로부터 자유롭지 않다. 디지털 미디어의 발달로 정치 선동은 더욱 정교하고 은밀하며, 빠르게 작동하는 현실이 되었다.

우리 정치를 보자. 진영 간의 적대는 일상이 되었고, 합리적 토론은 감정적 선동에 밀려나 있다. 정치 양극화의 레일 위에서 선동은 정보통신기술과 결합하여 그 파급력과 전파 속도를 극대화하며 작동하고 있다. 특히 가짜뉴스와 음모론은 선동의 가장 효과적인 도구로 기능하며 왜곡된 정치적 믿음체계를 강화하고, 갈등 구조를 고착

---

[19] 조지 오웰 저, 김욱동 역, 《동물농장》, 비채, 2013., 80쪽.

시키는 데 결정적 역할을 한다.

정치 선동political propaganda은 대중의 정치적 태도와 행동을 특정한 방향으로 유도하기 위해 사실을 왜곡하거나 감정·공포·분노 등의 정서를 자극하는 전략적인 커뮤니케이션이다. 정치 선동의 목적은 명확하다. 대중의 비판적 사고를 마비시키고, 정치적 지지를 강화하며, 정적을 악마화하거나, 특정 이슈에 대한 왜곡된 인식을 심어주는 것이다. 이는 정치적 위기 탈출, 지지층 결집, 권력 유지 등 다양한 목적에 복무한다. 정치 선동은 공포 조장, 진영 적대감 강화, 가짜 뉴스 유포, 음모론 생산, 피해자 또는 영웅 만들기 등의 방식을 이용한다.

정치 선동은 정치적 믿음체계와 깊이 얽혀 있다. 선동은 단지 사실 왜곡이 아니라 믿음의 감정적 토대를 구축하고, 특정 신념을 반복 학습하게 만들며, 상징 조작을 통해 믿음체계의 도덕적 서사를 강화한다. 따라서 정치 선동을 단순한 선전·조작의 차원에서만 보지 말고, 그것이 어떤 믿음체계를 정당화하고 재생산하는지를 함께 살펴야 한다.

정치 선동은 감정적 호소, 편향된 정보, 반복 학습, 상징 조작 등을 통해 작동한다. 두려움, 분노 등의 감정을 자극하여 대중의 즉각적 행동을 유도하며 구호와 이분법적 구도를 통해 대중의 사고를 단순화, 획일화한다. 선동의 효과는 개인의 판단을 집단 정체성에 종속시키고 적과 아군의 구분을 선명하게 절대화한다. 또한 정치 선동은 우리의 인지편향과 결합하여 더욱 강력히 작동한다. 정치 선동은 정치가 필요로 하는 '정치적 진실'을 가공하여 창조하고, 이를 대중에게 확산시키며 확신시키는 작업이다.

현대의 정치 선동은 사실이나 논리보다 공포, 분노, 혐오, 피해의식 같은 감정을 자극하는 데 집중한다. 감정은 이성적 판단을 무력화하고, 선동을 빠르고 광범위하게 확산시키는 핵심 매개가 된다. 과거의 선동이 명백한 거짓을 퍼뜨리는 데 집중했다면, 오늘날의 선동은 '사실일 수도 있는 의혹'을 암시하고 반복하는 방식으로 불신과 혐오를 유포한다.

이러한 선동은 유튜브, SNS, 밈, 짧은 영상 등 디지털 미디어를 통해 일상 속에 스며든다. 알고리즘은 사용자에게 선동적 콘텐츠를 반복 노출시켜 확증편향을 강화하며, 정치적 판단은 점점 집단 정체성과 도덕 감정에 종속된다. 정치적 비판은 도덕적 비난으로 전환되고, 정치 쟁점은 선악의 문제로 단순화된다. 구호, 이미지, 해시태그, 댓글 등 일상의 콘텐츠 소비는 선동적 메시지의 전달 통로가 된다.

정치 선동은 공론장을 감정의 전장으로 만들고, 정치의 숙의 기능을 마비시키며, 정치 양극화와 정체성 대결을 구조화한다. 이러한 선동 구조를 구체적으로 작동시키는 대표적 기제가 바로 가짜뉴스와 음모론이다. 이 두 장치가 어떻게 정치적 믿음체계를 왜곡하고, 민주주의 공론장을 파괴하는지를 살펴 보자.

음모론

음모론은 정치 선동의 최종 병기다. 음모론에 대한 정의는 다양한 차원에서 가능하다. 마이클 셔머Michael Shermer는 《음모론이란 무엇인가》에서 음모론을 다음과 같이 정의한다. "음모란 두 명 이상의 사람 또는 집단이 비도덕적으로 또는 불법적으로 이득을 취하거나 다른 사람에게 해를 끼치기 위해 비밀리에 모의하거나 행동하는 것을 말한다. 음모론이란 음모가 실제인지 여부과 관계없이 음모에 대한 구조화된 믿음을 말한다. 음모자 또는 음모주의자는 음모가 실제인지 여부와 관계없이 가능한 음모에 대한 음모론을 주장하는 사람을 말한다."[20]

얀-빌헬름 반 프로이엔Jan-Willem van Prooijen은 《음모론》에서 음모론을 "비합법적이거나 악의적이라고 인식되는 숨겨진 목표를 달성하기 위해 여러 행위자가 비밀리에 합의하여 협력하고 있다는 믿음"[21]이라고 정의하며, 사람·사물·사건이 의미 있는 패턴으로 인과적으로 연결되어 있다는 가정, 의도적인 행위자, 여러 사람들의 연합, 사회와 집단에 대한 위협, 비밀스러운 작업이라는 다섯 가지 핵심 요소가 있다고 말한다.

음모론을 좀 더 폭넓게 설명할 수도 있다. 꼭 의도적인 불순함이 존재하지 않아도 음모론이라 할 수 있다. 음모론은 사건에 대한 하나의 설명이다. 하지만 엉터리 설명이고 논리적이지 않고 증거가 없는

---
[20] 마이클 셔머 저, 이병철 역, 《음모론이란 무엇인가》, 바다출판사, 2024., 39쪽.
[21] 얀-빌헬름 반 프로이엔 저, 신영경 역, 《음모론》, 돌배나무, 2020., 18-19쪽.

설명이다. 그러나 동시에 매우 매력적인 설명이자, 빠르게 확산되는 설명이다. 설명에 '놀라움'과 '새로움'이 많기 때문이다. 따라서 음모론은 '문제가 되는 또는 설명하려는 사건을 음모의 결과로 보고 음모와 음모 집단을 찾고 탐구하고 설명하는 일상적 이론'으로 정의될 수 있다. 음모론은 증거 없이 꾸며진 설명일 뿐이다. 음모를 꾸몄을 것이라는 짐작, 추측, 예단이 유일한 증거이다. 증거로 제시되는 많은 것들도 사건의 동시성을 인과성으로 오해한 것들이다. 음모론의 강력한 힘은 증거에 있지 않고 그 믿음(설명)을 믿고자 하는 열망과 확신에 있다.

음모론의 구조에서 가장 주목할 것은 패턴이다. 음모론은 무작위 사건들을 연결하여 의미 있는 패턴을 만든다. 그리고 이 패턴을 의도적인 행위자에 불어넣는다. 여기서 확증편향이 큰 역할을 한다. 마이클 셔머는 회의주의 잡지 〈스켑틱〉Skeptic에서 이 메커니즘을 잘 설명하고 있다.[22]

---

[22] 1. 음모의 증거는 통상적으로 별 연관성이 없는 사건들을 점으로 보고 그것들을 연결하는 패턴을 통해서 나타난다. 음모라는 혐의를 제외하고는 이 연결들을 지지하는 다른 증거가 없을 때, 증거가 다른 통상적인 연관성과 너무도 잘 들어맞을 때, 우연성이 있다면, 음모론은 대개가 거짓이다.
2. 음모론 패턴에 숨어 있는 행위자가 있는 것은 그것을 해낼 슈퍼맨의 권력을 필요로 한다. 하지만 어떤 경우에도 대부분의 세월동안 우리가 생각하는 것만큼 그렇게 힘이 있지는 않다.
3. 음모는 많은 사람들이 관계된다. 그리고 이의 성공적 완성을 위해선 엄청난 수의 사람들이 필요하다.
4. 음모에는 참여한 그 수많은 사람들이 모두 그들의 비밀에 대해 침묵을 지켜야 한다.
5. 음모론은 국가와 경제와 정치 시스템을 통제하려는 거창한 야망이 있는 사람들을 전제한다. 특히 세계 지배를 상정한다면, 그것은 필시 거짓에 가깝다.
6. 음모론은 작은 사건에서 증폭된다. 그 작은 사건은 사실일 가능성이 낮은, 보다 큰 사건으로 번져간다.
7. 음모론은 불길하고 사악한 의미를 무작위적이고 중요하지 않은 사건에 부여한다.
8. 음모론은 사실들과 추측을 구분하지 않고 가능성과 사실성에 대한 평가 없이 뒤섞는다.
9. 음모론은 모든 정부기관이나 민간기구에 대해 극단적인 의심을 갖는다.
10. 음모론자들은 다른 대안적 설명을 고려하는 것을 거부하며 자신의 설명에 대해 반대되는 모든 증거를 거부한다. 그리고 노골적으로 오로지 확증적인 증거만을 찾는다.
Michael Shermer and Pat Linse, 'Conspiracy Theories: Who Believes Them, and Why? How Can You Determine if They are True or False?', 〈skeptic〉, 2014.

음모론은 선동의 최종 병기

우리는 연예계 뒷이야기부터 외계인의 존재에 이르기까지 온갖 종류의 음모론에 노출되어 있다. 그러나 그중에서도 가장 파괴적인 것은 정치적 음모론이다. 얀-빌헬름 반 프로이엔의 지적처럼 음모론은 "잠재적으로 적대적인 외집단으로부터 자신이 속한 집단을 보호하고자 하는 열망을 반영하고 있고, 대부분 굳건한 이념에 바탕을 둔 경우가 많다."[23] 따라서 음모론이 정치에 활용될 때 그 위력과 해악은 단순한 허위정보의 차원을 아득히 넘어선다.

정치적 음모론은 정치적 사건을 합리적이고 객관적인 분석이 아닌 의도적인 음모와 조작의 결과로 해석하려는 시도이다. 이는 종종 특정 정치 세력이 전략적으로 활용하는 수단이다. 음모론은 지지층을 결집시키고, 반대 진영을 공격하며 정치적 책임을 회피하는 데 탁월한 효과를 발휘한다. 특히 선거, 스캔들, 정책 논란 같은 정치적 위기 국면에서 대중 감정을 자극하고, 진실과 거짓의 경계를 흐리며, 정당한 정치 과정 자체를 파괴하는 강력한 선동 도구가 된다.

사실, 모든 음모론은 본질적으로 정치적이다. 대다수의 음모론은 사회적 불안과 정치적 혼란을 초래한다는 점에서 정치와 불가분의 관계를 가진다. 재난, 경제 위기, 과학적 이슈 등과 관련된 음모론도 정부와 공적 기관에 대한 불신을 증폭시키면서 정치적 함의를 가지게 된다. 이는 공공 정책과 민주주의의 정상적 작동을 교란하고 궁극적으로는 사회를 분열로 이끈다.

음모론이 정치 선동의 도구로 작동할 때 대체로 다음과 같은 특징을 가진다.

감정 동원을 통한 대중 자극: 음모론은 대중의 불안, 분노, 공포를

---

[23] 얀-빌헬름 반 프로이엔, 앞의 책, 9쪽.

극대화하여 선동 효과를 끌어올린다. 복잡한 정치 현실을 '악의 세력 대 선한 피해자'의 이분법 구도로 단순화하면서, 대중이 이성적 판단이 아닌 감정적 반응에 빠지도록 유도한다. 이는 특히 선거 국면이나 사회적 위기 상황에서 위력을 발휘하며, 지지층을 결속시키고 반대 진영에 대한 적대감을 고조시킨다.

정치적 목적을 가진 전략적 정보 조작: 음모론은 단순한 루머가 아니라, 목표 달성을 위한 의도적 정보 조작이다. 특정 정치인이나 기관에 대한 불신을 유포하거나, 정권의 실책을 감추고 반대 진영을 공격하는 도구로 쓰인다. 합법적인 수사나 재판조차 '정치보복'으로 낙인찍으며, 법적 책임을 회피하는 전략으로 활용되기도 한다.

공식적 정보와 권위에 대한 불신 조장: 음모론은 정부, 공적 기관, 언론 등 공식적인 정보 제공자를 불신하게 만든다. '기득권 언론은 진실을 감추고 있다'는 주장을 강조하며, 정부의 공식 발표, 과학적 연구 결과 등이 조작되었다는 인식을 확산한다. 대중이 유튜브, SNS 등 음모론적 정보원을 더 신뢰하게 유도하며, 이로써 공론장 기능이 무력화된다.

반박이 불가능한 자기 강화 구조: 음모론이 가지는 큰 힘 중 하나는 반박이 어려운 '자기 강화적 논리 구조'를 갖고 있기 때문이다. 자기 강화적 논리란 특정한 믿음이나 주장이 외부의 논리에 의해 무너지는 것이 아니라, 오히려 더욱 강해지는 구조를 가진 논리체계를 의미한다. '선관위가 부정선거를 저질렀다'는 주장에 대해 수차례 검증 결과가 나와도 '그 검증도 조작된 것이다. 관련 기관과 언론이 진실을 은폐하고 있다'는 주장이 뒤따른다. 아무리 '증거가 없다'고 말해도 '증거 없는 것이 당연하다. 그들이 증거를 남겼겠냐? 증거가 없는 것이 확실한 음모의 증거다'는 논리로 자기 주장을 오히려 강화한다. 진실을 은폐하기 위한 또 다른 음모가 연이어지면서 신봉자들은 더욱 강한 확신을 유지한다.

흑백 논리와 이분법적 갈라치기: 음모론은 복잡한 사회 문제를 단순한 선악 구도로 해석하고 흑백 논리로 갈라친다. 진실 대 거짓, 선과 악의 구도를 사건을 바라보게 하여 합리적인 사회적 논의를 불살라 버린다. 정치적 논쟁이 감정 싸움이 되고 반대 의견을 가진 사람들과 토론이 불가능해지며, 극단주의 성향이 극도로 강화된다.

음모론과 왜곡된 믿음체계 강화

음모론은 정치적 믿음체계의 형성, 강화, 변형 과정에서 중요한 역할을 한다. 특히 음모론은 정치 정체성과 결합될 때, 정치적 태도와 신념을 더욱 극단적이고 배타적으로 만든다.

음모론은 자신이 속한 진영에 대한 충성심을 강화하고, 동시에 반대 진영에 대한 적대감을 고취하는 도구로 활용된다. '우리는 속고 있다', '그들은 진실을 숨긴다'와 같은 음모론적 서사는 정치적 믿음체계를 보다 폐쇄적이고 공격적인 형태로 변화시킨다. 이로 인해 합리적 토론은 배제되고, 정치적 관용과 대화는 실종된다.

또한 음모론은 개인의 확증편향과 깊은 연관이 있다. 사람들은 기존에 가지고 있던 정치적 믿음체계에 부합하는 정보는 받아들이고, 반대되는 정보는 왜곡하거나 무시하는 경향을 지닌다. 음모론은 이 확증편향의 기반 위에서 더욱 견고하게 자리 잡는다. 반박 가능성이 없는 자기 강화 구조로 인해, 음모론은 쉽게 수정되지 않고 오히려 기존 신념을 더욱 강화하는 효과를 낳는다. 이는 정치적 믿음체계가 점점 더 폐쇄적인 형태로 굳어지게 만든다.

더 나아가, 음모론은 '우리 대 그들'이라는 적대적 집단 정체성을 강화한다. '그들'은 부패하고, 악의적이며, 제거되어야 할 존재로 규정되고, '우리'는 진실을 알고 있으며 정의로운 피해자라는 신념이 형성된다. 이는 정치 양극화를 심화시키고, 서로 다른 정치 집단 간의 대화를 단절시키며, 타협 불가능한 적대 구도를 고착시킨다.

음모론은 정책 논의를 왜곡하고, 선거 과정을 불신과 선동의 무대로 만든다. 복잡한 정책을 단순한 '음모'로 설명하면서 대중의 오해를 유도하고, 정책에 대한 신뢰를 훼손한다. 나아가 선거 결과를 불신하게 만들고, 특정 후보를 부당하게 공격하거나, 선거 부정 의혹을 조장함으로써 민주주의 핵심 제도에 대한 불신을 확산시킨다. 음모론은 이처럼 특정 정치적 믿음체계의 논리를 정당화하며, 정치적 태도에 강력한 확신을 부여한다.

가장 우려스러운 지점은 음모론이 극단적 행동의 정당화 도구로 작동한다는 사실이다. '진실이 조작되었다', '정상적인 방법으로는 해결되지 않는다'는 주장은 법과 제도를 우회하는 비상적인 행동을 정당화하고, 심지어 정치적 폭력까지 부추긴다. 어쩌면 음모론이 노리는 최대의 목표는 정치적 폭력 유발일지도 모른다.

음모론은 정치적 믿음체계를 강화하는 동시에 그것을 폐쇄적, 적대적, 비합리적인 구조로 고착시킨다. 이는 민주주의의 공론장을 파괴하고, 정치적 극단주의와 폭력의 토대를 제공하며, 사회 전체의 신뢰 기반을 위협하는 위험한 현상이다.

정치적 음모론 메커니즘

음모론의 메커니즘은 크게 창작(생산, 공동생산), 유포(증폭), 확산(소비 및 신봉)의 세 과정으로 이루어진다.

음모론의 출발점은 대개 정치적 목적을 가진 특정 집단이다. 정당이나 정치인은 음모론을 생산하거나, 기존 담론을 변형하여 정치적 무기로 활용한다. 일부 언론 및 미디어도 음모론 생성에 관여한다. 특정 정파와 결탁한 언론은 정치적 유불리에 따라 뉴스의 프레임을 설정하고, 검증되지 않은 정보를 기사화하여 여론을 조작한다. 더 많은 조회수와 광고 수익을 노리는 인터넷 기반 뉴스 매체와 유튜브 채널은 더욱 자극적인 내용을 다루며, 이를 통해 수익을 극대화한다.

음모론이 사회적으로 파급력을 가지려면, 이를 적극적으로 유포하고 증폭하는 주체가 필요하다. 이 과정에서 중요한 역할을 하는 것이 유튜브, SNS, 인터넷 커뮤니티이다. 극단적 정치 성향을 가진 이들은 기존 언론을 불신하는 대중을 대상으로 '주류 언론이 감추는 진실'이라며 대중의 이목을 끈다. 이 채널들은 알고리즘을 이용해 유사한 콘텐츠를 지속적으로 추천받게 만들며, 이용자의 시야를 제한된 정보에 가두는 확증편향 알고리즘의 고리를 만든다. 정치적 성향이 강한 인터넷 커뮤니티는 반대 진영을 공격하는 수단으로 음모론을 조직적으로 전파하며, 사실이 아닌 주장도 반복과 집단 행동을 통해 '진실처럼' 자리 잡게 만든다. 음모론 확산에 특히 위험한 것은 양 진영을 대표하는 소위 인플루언서들의 맹활약이다. 이들이 만들거나 유포하는 음모론은 그들이 갖는 '대체 권위자'의 힘에 의해 그리고 파급력에 의해 더 강하고 빠르게 현실의 힘이 된다.

음모론의 진정한 파급력은 그것을 믿고 재생산하는 대중의 참여로 완성된다. 기존 정치적 신념과 부합하는 음모론을 접한 유권자들은 그것을 진실로 받아들이며, 더 나아가 적극적인 유포자가 된다. SNS를 통한 지인 간 공유, 메신저를 통한 유포, 댓글을 통한 반박 차단, 커뮤니티 내 '확인'과 '동조'의 반복이 이루어진다. 대중은 더 이상 정보 수용자가 아닌 정치적 서사의 공동 창작자가 되어, 진영 결속과 신념 강화에 몰입하게 된다.

정치적 위기나 사회적 혼란이 클수록 음모론에 대한 신뢰는 높아진다. 정부나 언론, 전문가 집단에 대한 불신이 깊어질수록 '숨겨진 진실'을 찾으려는 심리가 강해지며, 대안 매체의 영향력은 커진다. 음모론을 소비하는 대중은 단순한 정보 수용자가 아니라, 적극적인 유포자이기도 하다.

음모론에 기대는 정치

　음모론이 정치인들과 어떻게 연결되고 어떻게 작동할까? 대개의 경우, 정치인과 정당은 음모론을 직접 창작하거나, 확산에 기여하며, 이를 여론 형성 및 정치적 의사결정에 활용한다. 또한 음모론을 신념화한 지지층과 결합하는 전략을 구사하여 그 효과를 극대화한다. 때로는 음모론과 싸우는 모습을 보이며 그 효과를 정치적으로 흡수하는 이중 전략을 구사하기도 한다.

　음모론은 정치적 위기를 반전시키기 위한 대체 서사로 자주 등장한다. 선거 패배, 정책 실패, 정권 위기 상황에서 정치인은 외부 세력의 개입, 불공정한 제도, 적대적 음모를 내세워 책임을 외부로 전가한다. 예컨대 2020년 총선과 2022년 대선 이후 제기된 부정선거 음모론은 보수 진영 일부에서 선거 결과를 부정하고 지지층을 결집시키기 위한 전략으로 활용되었다. 지역구 낙선자들이 선거 패배 원인을 '금품 살포'나 '종교 세력 개입' 같은 확인되지 않은 외부 요인으로 돌리는 것도 유사한 양상이다. 이러한 전략은 정치적 패배를 인정하지 않고, 자신에 대한 책임론을 희석시키는 효과를 노린다.

　정치인과 정당은 직접 음모론을 창작하지 않더라도, 기존 음모론을 증폭시켜 정치적 이득을 얻는다. 음모론을 직접 주장하는 대신, '그럴 가능성이 있다', '여러 논란이 있다', '당국의 해명만으로 이해되지 않는 부분이 있다'는 식으로 확산을 거든다. 이에 대한 비판에 대해서도 '여론의 문제 제기를 음모론으로 몬다'는 방식으로 대응한다. 이 방식은 음모론을 직접 주장하는 부담 없이 음모론의 기대 효과를 얻을 수 있기에 정치인들이 가장 선호하는 방식이다.

　많은 정치인들이 음모론자라는 비판을 받으면 '합리적으로 의심할 만하다'라거나 권력에 대한 견제라며 빠져나가려 한다. 권력을 가진 사람들을 주의 깊게 관찰하고 그릇된 정책을 발견하거나 과오가 추정되면 이를 의심하는 것은 당연하다.

그러나 합리적 의심과 음모론적 설명은 확연하게 구별된다. 합리적 의심은 제기되는 주장이나 설명을 무비판적으로 받아들이지 않고, 객관적 증거와 논리적 분석을 바탕으로 검토한다. 실증적인 증거가 있고 논리적으로 일관되며, 기존의 사실과 충돌하지 않는다. 합리적 의심이 제기하는 가설은 검증 가능하고 반증될 가능성이 있다. 무엇보다도 새로운 증거가 제시되면 기존의 견해를 기꺼이 수정한다. 특정한 결론에 집착하지 않고 다양한 가능성을 열어두는 것이다. 이에 반해 음모론은 증거의 선택적 해석, 반증 불가능성, 무리한 인과관계 설정을 핵심으로 하며 수정 가능성이 철저하게 배제된다. 따라서 정치인이 음모론을 합리적 의심으로 둘러대는 것은 금세 드러날 수밖에 없다.

정치가 음모론을 이용하여 얻는 이득은 다양하다. 음모론 그 자체를 밀고 나가 정치적 성과를 거두기도 하지만, 이에 못지않은 간접적인 이득을 얻기도 한다. 가장 손쉬운 방법이 여론 장악 도구로 활용하고 건강한 공론장을 흔들어 왜곡시키는 효과다. 복잡한 정치적 사안을 단순한 '음모론적 해석'으로 프레이밍하여 대중의 감정을 자극한다. 그리고 공식적인 정책 논의가 아닌, 음모론 중심으로 여론이 전개되도록 한다. 정치적 논쟁을 감정적인 프레임으로 전환하여 실제 정책 실패나 논란을 회피하는 데 활용하는 것이다. 특정 정책에 대한 반대를 조작된 여론으로 무력화하는 교묘한 방법도 이 경우이다.

음모론을 당과 진영의 내부 단속 및 결집에 활용하기도 한다. 지도자가 직접 음모론을 믿거나, 정치적 메시지로 이를 강조함으로써 당 내부와 지지층을 극단적으로 결집시켜 내부 분열을 방지한다. 반대 진영과의 협력이나 대화를 차단하는 도구로도 사용된다. 합리적인 논쟁 없이, 반대 진영과의 협력 자체를 음모로 간주하여 대립 구도를 유지하면서 정치적 이득을 확보하기도 한다.

가장 폐해가 크고 결정적인 위험은 음모론을 정책 결정, 권력 행사에 활용하는 것이다. 대표적인 사례가 윤석열 전 대통령의 비상계엄령 선포이다. 헌법재판소의 탄핵심판 과정에서 부정선거 음모론이 주요한 정치적 고려 사항이 되었음이 본인의 진술로 확인되었으며, 계엄령 발표 후 즉각적인 선관위 진입 등의 행동으로 분명히 드러났다. 2016년 박근혜 전 대통령 탄핵 과정에서 대규모 촛불집회가 발생했을 때도, 당시 청와대와 군 수뇌부는 촛불집회를 '배후 세력이 조작한 국가 전복 시도'라고 간주하고, 계엄령 검토에 들어갔다.

정치인들이 음모론 신봉자들과 연대하는 것은 가장 흔하고 또 가장 쉬운 활용 방법이다. 정치인은 음모론을 믿는 집단에 자신이 확고한 같은 편임을 알리며 정치적 기반을 강화한다. 또한 극단적인 유튜버, 인터넷 커뮤니티와의 연계를 통해 적극적으로 음모론 확산에 참여한다. 정치인들이 특정 유튜브 채널에 출연하여 메시지를 직접 유출하거나, 유사한 인플루언서들이 출연하여 직접적인 발언을 하도록 한다. 이는 극단적 정치 커뮤니티와의 공생적 동맹이다.

음모론은 단순한 유언비어가 아니라 전략적으로 활용되는 강력한 정치적 도구이다. 정당과 정치인은 이를 이용해 지지층을 결집하며, 정책 결정과 심지어 권력 행사에까지 영향을 미치고 있다. 음모론이 정치의 무기가 되는 한, 우리 정치의 신뢰도는 회복되기 어렵다.

음모론 폐해를 줄이는 것은 가능한가?

음모론은 사회적 불안 조성, 정치 양극화 심화, 민주주의의 신뢰 저하 등 심각한 폐해를 초래한다. 이러한 폐해를 줄이는 것은 반드시 필요한 일이지만, 현실은 녹록치 않다. 정치권이 음모론을 통해 위기를 모면하거나 지지층을 결집한 성공의 학습 효과가 있기에 이 유혹을 뿌리치기란 쉽지 않다.

그렇다면 개인은 음모론의 유혹에서 자유로울 수 있는가? 이도 그리 쉽지만은 않다. 특정한 정치적 믿음체계를 가지고 있고, 자신의 진영에서 음모론을 제기한다면 더욱 어렵다. 정치적 믿음체계는 인식과 판단을 구조화하며, 일관성을 유지하려는 성향이 강하다. 여기에 음모론 특유의 자기 강화적 논리는 반박이 불가능한 순환 구조를 지닌다. 또한 자신의 믿음을 반박하는 사람들을 '적'으로 규정하여 논의를 차단한다. 게다가 이러한 음모론은 든든한 응원 구조가 있는데 바로, 집단 내 동조 압력과 필터 버블 효과이다. 인터넷 커뮤니티, 유튜브, SNS 등에서 동일한 논리를 공유하는 사람들이 서로의 신념을 강화하며, 외부의 반박을 배척하는 환경이 존재한다.

그럼에도 불구하고 이를 극복할 여지는 있다. 개인적 차원에서 비판적 사고와 정보의 검증 능력을 키우는 것이 중요하다. 이 주장에는 어떤 객관적인 증거가 있는가? 이 증거는 신뢰할 만한 출처에서 나온 것인가? 반대되는 증거나 설명이 존재하는가? 이 가설을 반증할 수 있는 방법이 있는가? 스스로 질문을 던지며 감정적 확신이 아니라 증거 중심의 사고로 전환하는 노력이 필요하다. 자신의 확증편향을 점검하고, '우리가 옳고, 상대는 거짓이다'라는 이분법적 흑백 논리를 떨치고, 두 사건이 연속적으로 일어났다고 해서 원인과 결과로 단정하는 인과관계 착각을 제거해야 한다. 그리고 주변 사람이나 소속감 때문에 음모론으로 기울고 있지는 않은지 스스로 점검하는 노력도 기울여야 한다.

만일 음모론을 믿는 사람과 대화를 하게 된다면, 그를 설득하고자 하는 이유와 용기가 있다면 어떻게 할 것인가? 여기에 대한 마이클 셔머의 제안은 도움이 된다.

1. 감정이 오가게 하지 마라. 2. 사람을 공격하지 말고 아이디어를 논

하라. 3. 존중을 표하고 최선의 의도를 가정하라. 4. 당신이 동의하지 않는 의견을 다른 사람이 유지하는 이유를 당신이 이해하고 있음을 알려라. 5. 상대방에게 자신의 입장을 더 자세히 설명해 달라고 요청하라. 6. 문제의 반대편에서 논증을 해보라. 7. 적극적으로 경청하는 연습을 하라. 8. 상대방의 논증을 강한 논증으로 만들라.(상대방이 하는 것처럼 상대방의 논증을 명확하게 표현하라) 9. 당신 내면의 소크라테스를 찾아보라.(이는 소크라테스 대화법을 이용하라는 의미이다-필자 주) 10. 결함이 있거나 정직하지 못한 주장을 식별하라. 11. 대화 상대가 자신의 믿음을 얼마나 확신하고 있는지 알아보라. 12. 기꺼이 당신의 마음을 바꾸고 대화 상대방에게 자신의 의견을 바꿔도 괜찮다고 제안하라. 13. 사실의 변화가 반드시 세계관의 변화를 의미하지는 않는다는 것을 보여주려고 노력하라.[24]

그의 책에는 각각의 지침에 대해 간략하지만 충분한 설명들이 덧붙여 있다. 음모론 신봉자를 설득하고자 하는 우리의 노력에 중요한 시사점을 주는 것들이다.

사회적으로 음모론 폐해를 줄이는 것이 가능한가? 음모론을 완전히 없애는 것은 현실적으로 어렵지만, 그 영향을 줄이고 확산을 막는 것은 가능하다. 팩트 체크 시스템과 미디어 리터러시 교육을 강화하면 피해를 줄일 수 있다. 법적·제도적 대응을 통해 악의적인 음모론 유포자를 강력히 규제하는 것도 효과적인 방법이다. 정부·언론·시민사회가 협력하여 허위정보를 검증하고 대응하는 체계를 마련하면, 음모론이 사회적으로 미치는 영향을 최소화할 수 있다. 선거 기간 동안 음모론적 주장에 대한 강력한 대응 시스템 구축하는 것도 필요하다.

---

[24] 마이클 서머, 앞의 책, 289-296쪽.

음모론은 진실의 빈자리를 채우는 것이 아니라, 그 자리를 왜곡된 의심과 적대의 안개로 덮어 버린다. 민주주의는 의심 위에 서지 않고, 검증과 책임 위에 선다는 사실을 잊지 말아야 한다. 음모론이 뿌리내리는 곳에 비판적 이성은 설 자리를 잃고, 혐오와 불신만이 자란다. 우리는 더 이상 거짓된 서사의 유혹에 스스로를 내맡겨서는 안 된다. 음모론은 정치의 무기일 수 있으나, 그 무기가 만드는 정치는 결코 우리의 미래가 될 수 없다.

가짜뉴스

우리는 날마다 수없이 많은 뉴스와 정보 속을 헤엄친다. 하지만 어떤 뉴스는 '사실'이라는 외피를 두르고 있지만, 실제로는 허위와 조작으로 채워진 위험한 콘텐츠일 수 있다. 바로 그것이 가짜뉴스다. 가짜뉴스는 해프닝이 아니다. 정치적 선동과 여론 조작의 도구로 활용되며, 이성이 아닌 감정을 자극해 우리의 판단을 흐리고, 민주주의의 기반인 공적 토론과 정책 선택을 왜곡한다. 특히 선거철과 정치적 위기 상황에서 더욱 극성을 부리는 가짜뉴스는 우리 사회의 갈등을 부추기고 믿음체계를 극단화시키는 '정보 전염병'이다. 그 전염병은 우리의 감정과 믿음을 타고 옮겨 다닌다.

가짜뉴스fake news는 사실이 아니거나 의도적으로 사실을 왜곡하거나 허위정보를 조작하여 전달하는 뉴스 형식의 콘텐츠를 의미한다. 이는 단순한 오보와 구별되며, 정치적·이념적·경제적 목적을 가지고 특정한 방향으로 여론을 조작하려는 의도를 포함한다.

가짜뉴스는 허위정보의 한 유형에 해당한다. 이 둘은 종종 혼용되어 사용되지만, 가짜뉴스는 뉴스 형식을 띠면서 사실이 아닌 정보를 제공하는 것이며, 허위정보는 의도적으로 조작된 잘못된 정보 전반을 의미한다. 가짜뉴스는 일반적으로 언론기사의 형식, 완전히 거짓이거나 일부 사실을 과장하거나 왜곡하는 것, 의도적으로 제작되는 것, 소셜미디어와 온라인 플랫폼을 통해 빠르게 확산되는 것을 특징으로 한다.

허위정보와 가짜뉴스에는 의도적 왜곡이 있고, 감정적 선동을 담으며, 확증편향을 부추긴다. 빠른 확산 속도도 특징이다. 가짜뉴스는 단지 사실을 오해하게 만드는 것을 넘어, 사회적 신뢰의 기반을 허물고, 민주주의의 메커니즘 자체를 왜곡시킨다. 허위의 감정 동원은 정보 생태계를 '신념과 선동의 전쟁터'로 만든다. 특히 사회갈등, 선거, 재난 등의 시기에 가짜뉴스는 여론을 조작하고 시민의 이성적 판단을 마비시킨다.

진실이 믿음에 종속되는 사회

최근 '탈진실post-truth 사회'라는 우리 시대의 문제적 징후를 설명하는 담론이 설득력을 얻고 있다. 이 용어는 객관적 사실과 진실보다 개인적 신념과 감정이 정치적·사회적 의사결정을 좌우하는 현실을 의미한다. 이러한 시대적 징후는 가짜뉴스와 음모론의 범람, 진영 간 적대와 극단화, 정치적 믿음체계의 경직화와 밀접하게 맞물려 있다.

탈진실 사회의 주요 특징은 객관적 사실의 무력화다. 진실이 의미 없어지거나 중요한 것이 아니게 된다. 과학적 증거나 검증된 사실보다 '무엇을 믿고 싶은가'가 사회적 판단의 기준이 된다. 진실은 검증 가능한 실체가 아니라, 각자의 믿음에 따라 재구성되고 선택되는 조작 가능한 것으로 전락한다. 이 재구성된 것을 신뢰도를 높이기 위해 천연덕스럽게 '대안적 사실'alternative facts이라 부른다.

이 과정에서 감성적 메시지는 진실의 자리를 대체한다. 논리적 설명이나 근거 있는 주장은 외면당하고, 분노와 공포, 환멸을 자극하는 감정적인 구호와 음모론이 더 빠르고 깊게 확산된다. '기성 언론은 모두 가짜뉴스고, 유튜브가 진짜다'는 말은 더 이상 일부 극단의 목소리가 아니라, 다수의 신념이 되어간다.

탈진실 사회는 이렇게 정의될 수 있다. '탈진실 사회는 진실이 믿음에 종속되는 사회이다'. 믿음이 진실을 규정하고, 믿음이 진실을 부정하며, 믿음이 진실을 선별하는 사회이다. 객관적 사실과 논증을 통해 진실을 밝히려는 모든 시도는 무력화된다. 진실은 더 이상 검증의 대상이 아니라, 정치적 유용성과 감정적 확신에 따라 소비될 뿐이다. '거짓이 많아지는 사회'가 아니라, 진실과 거짓의 구별 자체가 희미해지는 것이다. 개인의 믿음과 정체성에 따라 구성되고 선택된 것이 진실의 자리에 오른다. 참인지 거짓인지는 그것이 실제로 입증되었는가가 아니라, 얼마나 많은 사람들이 그것을 믿느냐 혹은 그것을 믿는 사람이 얼마나 강력한 정치적·사회적 영향력을 행사하느냐, 결정적으로 자신의 믿음체계가 이를 수용 가능한가에 따라 결정된다.

이러한 경향은 특히 정치 영역에서 더욱 뚜렷하게 나타난다. 자신의 정치적 믿음체계에 불편한 진실은 곧 '왜곡된 주장'으로 받아들이고 반대 진영은 '거짓을 퍼뜨리는 세력'으로 낙인찍는다. 결국 정보의 건설적 토론은 사실상 종결된다.

믿음에 부합하는 사실만을 받아들이는 인식의 닫힌 회로는 결국 민주주의의 가장 중요한 기반인 공적 토론, 합리적 의사결정, 정책의 경쟁을 무너뜨린다. 진실은 더 이상 사회적 합의를 위한 공통 기반이 아니라, 진영을 강화하기 위한 무기가 된다. 과학적 사실조차 '정치적 믿음'에 따라 수용 여부가 결정된다. 기후변화를 "중국이 미국 제조업을 약화시키기 위해 만들어 낸 거짓말"이라고 주장했던 도널드 트럼프의 주장은, 무지가 아닌 그의 정치적 믿음체계가 사실을 재구성한 전형적인 사례다.

탈진실 사회에서는 진실을 말하는 사람이 오히려 공격받는다. 특정한 사실이 불편하거나 집단의 이익과 충돌할 경우, 그 사실을 드러낸 사람은 '좌파', '기득권 하수인' 등으로 배척당한다. 사실을 드러내는 이들이 사라진 사회는 결국 거짓과 왜곡이 지배하는 사회가 된다.

탈진실 사회에서의 진실은 검증된 '사실'이 아니라 믿음의 '장식'이 된다. 믿음이 먼저고 진실은 그 믿음을 뒷받침하기 위해 끼워 맞취진다. 먼저 믿고 나중에 진실을 고른다. 언젠가는 가짜뉴스라는 개념도 진실을 사랑하는 이들이 붙인 '가짜'라는 수식어를 떼어내 버릴지도 모른다.

가짜뉴스 메커니즘

가짜뉴스는 정치적 믿음체계와 결합하여 정치 양극화를 심화시키고, 민주주의 공론장을 해체하는 강력한 선동 도구다. 특히 가짜뉴스는 사실보다 감정과 신념이 더 강력한 힘을 발휘하는 환경에서 더욱 폭발적인 영향을 미친다.

공론장의 붕괴: 민주주의는 사실에 기반한 합리적 토론과 정보 검증을 전제로 한다. 하지만 탈진실 사회에서는 논리보다 감정, 사실보다 확신이 우선된다. 공적 토론장은 진실이 아닌 감정과 허위정보가 주도하면서 정책 논쟁은 사라지고 정치적 서사는 이분법적 구호로 단순화된다. 명백한 과학적 사실조차도 믿음을 이기지 못한다.

반지성주의와 전문가에 대한 불신: 가짜뉴스는 전문가와 공신력 있는 기관에 대한 불신을 조장한다. 과학적 검증이나 통계적 데이터는 '권력의 도구'로 의심받고, 직관과 음모론이 더 신뢰받는 현실이 펼쳐진다. 특히 전문가 분석을 악의적으로 왜곡하거나, 사실을 의도적으로 삭제한 정보를 유포함으로써 여론을 조작한다.

확증편향과 집단 동조: 믿음이 진실을 이긴다. 가짜뉴스는 확증편향과 집단 동조 심리를 정밀하게 파고든다. 그리고 정치적 믿음체계는 가짜뉴스의 확산을 정당화하고, 반박을 차단하는 방패가 된다. 개인은 자신의 믿음을 확인시켜주는 정보에 더 쉽게 반응하고, 집단 내 다수 의견에 따른다.

가짜뉴스는 믿음체계를 먹여 살린다: 가짜뉴스는 정치적 믿음체계의 생존 수단이다. 믿음이 강할수록 그것을 정당화할 정보가 필요하며, 객관적 사실이 이를 충족하지 못할 경우 가짜뉴스가 '대체 사실'로 기능한다. 믿음이 진실을 가리고 진실을 재구성하고 진실을 대체하는 구조가 된다.

민주주의의 파괴와 신뢰의 붕괴: 유권자는 가짜뉴스가 팽배해진 사회에서 더 이상 객관적 정보에 기반해 정치적 판단을 내릴 수 없다. 이는 정치 양극화는 물론, 사회 전체의 신뢰 기반을 허물며 민주주의의 작동 조건 자체를 무너뜨린다. 민주주의는 정보의 자유로운 유통, 검증 가능한 사실의 기반, 비판적 토론을 통해 유지되지만 가짜뉴스가 만연하면 이 모든 전제가 무력화된다.

가짜뉴스는 단순한 정보 왜곡을 넘어 정치적 믿음체계의 강화 장치이자, 민주주의의 기반을 흔드는 구조적 위협이다. 정치가 진실을 대하는 방식, 대중이 신념을 유지하는 방식, 사회가 의견을 교환하는 방식 전반을 오염시킨다.

가짜뉴스 우범지대: 정치인, 정책, 여론 조사, 사회적 재난

가짜뉴스는 이미 일상과 사회 전반의 모든 영역에 광범위하게 퍼져 있다. 특히 정치 사건과 정치인, 정책, 여론조사 그리고 사회적 재난을 둘러싼 영역에서 집중적으로 생산되고 유포되고 있다. 그 사례를 일일이 열거하고 분석하는 것은 현실적으로 불가능하고 별무소용이다. 가짜뉴스가 판치는 우범지대인 이 네 영역을 중심으로 가짜뉴스의 주요 유형과 특징을 살펴 보자. 이는 가짜뉴스의 작동 기제와 파급력을 인식하고, 이에 효과적으로 대응할 수 있는 예방적 훈련의 차원이다.

정치적 사건과 정치인에 대한 가짜뉴스는 사건의 배경과 원인 조작, 정치인의 관여와 역할 왜곡, 사건 내용의 과장 및 조작, 사건의 의미와 영향에 대한 허위 예측, 스캔들 조작과 유포, 발생하지 않은 사건의 조작, 정치인의 말과 행동에 대한 허위정보 조작 등의 형태로 나타난다.

정치적 사건이 발생하면, 가짜뉴스는 그 배경과 원인을 조작하거나 특정 세력을 배후로 지목함으로써 사건의 본질을 흐리고 진상 규명을 왜곡한다. 정치적 사건에 대한 합리적 해석은 음모론적 서사에 밀리고, 대중은 분노와 불신에 휘말린다.

또한 정치인의 역할과 개입 정도를 의도적으로 왜곡하거나 조작해 특정 정치인을 유리하거나 불리하게 만들고, 정치적 이미지를 조작한다. 정치인의 공로를 부풀리거나 폄하하고, 심지어 관련되지 않은 사건들과 연결하여 공격 도구로 활용한다. 특히 정치인의 도덕성과 사생활을 둘러싼 허위 스캔들은 전형적인 가짜뉴스의 먹잇감이다. 거짓 의혹은 정치적 신뢰를 훼손하고, 국민의 냉소와 분열을 유도한다. 또한 정치인의 발언을 악의적으로 편집하거나 맥락을 왜곡해 정치적 논란을 촉발하고, 불필요한 갈등을 증폭시킨다.

정책 관련 가짜뉴스는 정부나 정당의 정책을 왜곡해 전달함으로써 국민의 오해를 유도하고 정치적 갈등을 심화시킨다. 우선적으로 정책의 배경과 목적을 왜곡해 정권의 이념적 목적이나 특정 집단의 이익을 위한 것처럼 프레이밍한다. 이는 정책의 공공성을 훼손하고 정파적 해석을 유발한다. 정책 내용을 조작한 가짜뉴스도 많다. 핵심 내용을 과장하거나 축소해 정책에 대한 잘못된 기대나 불필요한 반대를 유도하여 정책의 본래 취지를 희석하거나 왜곡한다. 기대 효과의 과장과 축소도 나타난다. 정책의 긍정적 효과는 무시되고, 부정적 효과는 과도하게 부풀려진다. 이로 인해 국민 불안이 증폭되고, 정책 추진이 왜곡된 여론에 휘둘린다.

정책 수혜자에 대한 허위 프레임도 빈번하다. 정책이 특정 계층만을 위한 것처럼 조작하거나, 수혜자에 대한 왜곡과 비난을 덧씌운다. 해당 정책으로 인한 피해를 과장해 사회적 갈등을 부추기기도 한다.

예산 관련 허위정보도 단골 메뉴다. 정책의 재정 부담을 과장하거나 세금 낭비 프레임을 씌워 반감을 조장한다. 실제보다 정책의 실현 가능성을 낮추며, 예산 집행에 대한 불신을 확대한다. 정책 가짜뉴스는 국민의 합리적 판단을 방해하고, 공론장을 왜곡하며 민주적 정책 형성과 실행을 어렵게 만드는 핵심 요인이다.

여론조사가 가짜뉴스와 결합하면서 정치적 왜곡과 선동의 기제로 오용되는 것도 심각한 문제이다. 조작된 수치, 악의적 편집, 음모론적 불신 조장, 여론의 절대화는 모두 여론조사를 '민심'이 아닌 '무기'로 바꾸어 놓는다.

여론조사 가짜뉴스의 가장 단순한 형태는 허위 수치의 유포다. 존재하지 않는 조사기관의 이름으로 발표되지 않은 수치를 퍼뜨리거나, 과거 결과를 현재인 것처럼 재포장하기도 한다. 더 정교한 형태로는 여론조사를 편집하고 왜곡하는 방식이다. 특정 문항만을 인용하거나, 다른 조사와 병렬 비교를 통해 의도적 오해를 유도한다. 일부 응답만을 확대 해석하는 방식도 많다. 이때 정보의 핵심은 조작이 아니라 해석의 유도에 있다. 정치적 목적에 맞게 수치를 재가공하는 이 방식은 오히려 더 교묘하게 여론을 조작한다. 정확한 조사 결과가 발표되어도, 그 결과 자체를 부정하는 가짜뉴스도 많이 등장한다. '그 조사는 편향됐다', '전화 면접은 노년층만 받는다', '여론은 조작된다'는 식의 주장이다. 더 근본적인 문제는 여론조사가 정치적 정당성의 절대 기준으로 오용되는 현상이다. '국민 대다수가 원한다', '민심은 이미 결정됐다'는 식의 주장은, 일시적이고 제한적인 조사 결과를 전체 국민의 의사처럼 포장한다. 이는 여론을 '참고자료'가 아니라 '판결문'처럼 사용하는 위험한 정치 행위다. 최근에는 존재하지 않는 여론조사 기관 이름을 만들어 내거나, 유튜브나 특정 성향 언론이 만든 비공식 조사를 공신력 있는 수치처럼 유통하는 현상도 흔하다.

여론조사가 가짜뉴스와 결합될 때 수치, 그래프, 백분율이라는 형식을 띠기 때문에 객관적으로 보이기 십상이다. 여론조사 기반 가짜뉴스는 가장 위협적인 수단이 된다. 우리가 여론조사를 어떻게 다루고, 그것을 둘러싼 정보를 얼마나 비판적으로 해석하는가에 따라, 민주주의의 건강성도 함께 결정될 것이다.

사회적 재난이나 대형 참사가 발생하면, 불안과 정보 공백을 틈타 가짜뉴스가 빠르게 확산된다. 사고 원인, 수습 과정, 정부 대응, 피해자 관련 정보 등이 조작·왜곡되며, 특히 정치적 의도가 개입되면 그 파급력은 더욱 커진다. 가장 먼저 사고 원인 왜곡과 음모론이 등장한다. 재난 초기의 불확실성을 이용해, 특정 세력의 개입설, 테러 의혹, 외부 조작설 등이 제기된다. 이는 과학적인 진상 규명을 방해하고, 무고한 개인이나 집단에 대한 비난과 혐오를 부추긴다. 수습과 대응 책임 왜곡도 가짜뉴스의 타깃이다. 정부, 구조대, 정치인의 대응을 둘러싼 허위정보가 양산된다. 구조 지연 조작설, 공로 과장 또는 폄하가 대표적이다. 이로 인해 재난대응체계에 대한 신뢰가 흔들린다. 피해자와 유가족 음해하는 악질적인 가짜뉴스도 나온다. 보상 욕심, 정치적 도구화 등 유가족과 피해자를 향한 가짜뉴스는 2차 피해를 야기하며 사회적 공감과 연대를 뒤흔든다. 여기에 조사와 법적 책임을 왜곡하는 뉴스도 더해진다. 정부의 은폐, 증거 조작, 책임자 면책 등 확인되지 않은 정보가 확산되어 객관적 조사가 방해받고 정치적 갈등으로 변질된다.

더욱 큰 문제는 사회적 재난의 정치화다. 이는 자연재해, 대형 사고, 전염병, 환경 문제 등 사회적 재난을 특정 정치 세력이 이용하는 현상을 의미한다. 정치적 책임 회피와 전가, 언론과 여론의 공방, 정파적 이해관계, 허위 정보의 확산으로 인해 재난의 정치화는 격렬하게 진행된다. 야당은 정부의 대응 실패를 부각하며 정권교체를 주장하고 정부는 대응 성과를 강조하거나 책임을 외부 요인으로 돌린다.

재난을 계기로 재난지원금, 규제 강화 또는 완화와 관련된 정책적 논란도 가세한다.

피해자와 유가족은 정치적 논쟁 속에서 2차 피해를 당한다. 사건이 정치 이슈로 변질되어 실질적인 해결책이 미뤄지고 유가족이 특정 정치 세력의 도구로 이용되거나, 음해와 비난의 대상이 되기도 한다. 재난의 정치화로 인해 사고 원인 규명이 정치적 갈등으로 변질되고, 법적 책임 규명이 객관성을 잃고 정치적으로 흐른다. 참사 원인을 밝혀야 할 시점에 정치 공방만 벌어지면서 실질적인 개선책 마련이 어려워진다.

재난이 정치적으로 이용되면, 국민들 사이에서도 정당 지지 여부에 따라 재난 책임에 대한 의견이 극단적으로 갈리게 된다. 정치적 대립으로 향후 재난대응체계 보완이 어려워지는 것은 필연이다. 사회적 재난 관련 가짜뉴스의 확산을 막는 일은 재난의 정치화의 관건이다. 정보의 신속한 제공, 언론의 책임 있는 보도, 소셜미디어의 가짜뉴스 필터링 강화, 시민들의 정보 검증 능력 향상이 강조되지만, 일단 정치로 불길이 옮겨 붙으면 이들은 사후 약방문에 불과해진다.

가짜뉴스와 미디어 리터러시

가짜뉴스의 폐해는 막을 수 있는가? 가짜뉴스는 단순한 잘못된 정보 제공을 넘어, 사회적 갈등, 정치 양극화, 공적 신뢰 붕괴를 초래하는 심각한 문제다. 특히 디지털 플랫폼과 소셜미디어의 발달로 인해, 허위정보의 전파 속도와 파급력이 과거와 비교할 수 없을 정도로 커졌다. 가짜뉴스는 선동적 언어, 감정적 자극, 확증편향과 결합하여 시민의 비판적 사고를 마비시키고, 민주주의의 토대인 사실에 기반한 공론장을 훼손하는 데 이른다.

언론은 객관적 정보 제공에 더 큰 책임감을 가져야 한다. 특히 팩트 체크 시스템의 활성화가 필요하다. 팩트 체크는 "거짓이거나 오해의 소지가 있는 메시지 또는 중요한 맥락이 결여된 메시지를 바로잡고 명확히 하기 위한 추가적인 정보와 증거를 제시하는 것을 목표로 한다."[25] 미국의 경우 다양한 팩트 체크 기관과 온라인 사이트가 존재한다. '팩트 체크'FactCheck.org는 펜실베이니아대학교 애넌버그 공공정책센터에서 설립한 비영리기관으로, 정치인과 공직자들의 발언을 검증하여 사실 여부를 확인한다. '폴리티팩트'PolitiFact는 플로리다주 지역신문인 탬파베이타임스가 운영하는 기관으로, 정치인들의 발언을 '진실'부터 '거짓'까지 6단계로 평가하는 '진실 측정기'Truth-O-Meter를 운영하고 있다. 워싱턴포스트의 '팩트 체커'The Fact Checker는 신문사 내부의 팀으로, 정치인들의 발언을 검증하고 거짓말의 정도에 따라 '피노키오' 등급을 부여하고 있다. 또한 '국제 팩트 체킹 네트워크'IFCN, International Fact-Checking Network는 미국의 미디어 연구 교육기관 포인터연구소Poynter Institute에서 설립한 국제 조직으로, 전 세계 팩트 체크 기관들의 협업과 팩트 체크를 위한 교육과 기관 인증을 지원하고 있다.[26] 우리도 공공성과 지속 가능성을 갖춘 국내 팩트 체크체계의 마련과 확장이 요구된다.

하지만 제도적 장치만으로는 충분하지 않다. 가장 결정적인 대응은 시민 개개인의 미디어 리터러시 역량 강화다. 미디어 리터러시는 정보를 비판적으로 해석하고, 출처를 검증하며, 감정적 선동과 편향을 구별하는 능력이다. 특히 감정 자극이나 확증편향에 휘둘리지 않

---

[25] 팩트 체크에 대한 이 정의는 IFCN이 2024년 보스니아의 사라예보에서 개최한 글로벌 팩트 체크 회의에서 발표한 '사라예보 선언'에서 인용하였다. 이 선언은 팩트 체크 활동에 대한 부당한 공격에 대하여 팩트 체크가 표현의 자유이며, 검열이 아니라 시민의 권리임을 선언하고 있다. https://www.poynter.org

[26] IFCN은 팩트 체크를 위한 규범으로 팩트 체크 원칙(Code of principles)를 제정하고 적극적인 활용을 권장하고 있다. 비당파성과 공정성, 출처의 투명성, 재정과 조직의 투명성, 검증 방법의 투명성, 공개적이고 정직한 수정 등이다. https://www.poynter.org/fact-checking/2018/a-new-home-for-the-ifcn-code-of-principles/

고, 사실과 의견을 구분하고 다양한 정보원을 비교·검토하는 태도가 중요하다.

무엇보다 필요한 것은 뉴스와 믿음을 분리해 바라보려는 노력이다. 가짜뉴스를 멀리하는 것보다 자신이 믿고 싶은 것과 실제 사실 사이의 거리를 인식하고, 그 틈을 성찰하는 것이 더욱 본질적인 방어가 된다.

우리가 정보를 해석하고 비판하는 능동적 주체가 될 때, 허위정보와 정략적 선동이 '현실의 힘'을 갖지 못하게 된다. 민주주의는 사실 위에 서고, 거짓을 분간하고 다룰 줄 아는 시민에 의해 유지된다.

...

정치적 선동과 음모론, 가짜뉴스는 더 이상 어쩌다 있는 특별한 일이 아니다. 그것은 정당한 정치적 경쟁을 왜곡하고, 시민의 판단을 흐리며, 공론장을 조작하는 현대 정치의 주된 전략 중 하나가 되었다. 감정의 선동은 믿음을 강화하고, 믿음은 진실을 대체한다. 그리고 한번 구조화된 믿음은, 아무리 명백한 반증 앞에서도 좀처럼 흔들리지 않는다.

지금 우리에게 필요한 것은 단순한 정보 정정이 아니라 정치해독이다. 선동과 허위 정보가 자극한 감정과 믿음을 해체하지 않는 한, 어떤 팩트도 작동하지 않는다. 무엇이 진실인지조차 판단하지 못하게 된 감정과 믿음 구조를 해체하는 작업 없이 우리는 진실을 사랑할 수 없다.

음모론의 자극, 선동의 쾌감, 가짜뉴스의 독성에 노출된 인식은 더 이상 자율적 시민의 감각을 유지할 수 없다. 진실을 다시 정립하기 위해서는, 먼저 자신이 어떤 진실을 믿도록 유도되었는지를 성찰해야 한다. 정치해독은 진실을 찾는 기술이 아니라, 진실을 잃어버리게 만든 믿음을 비판하는 일이다.

9장

레토릭의 붕괴와 배신

믿음에 복무하는 레토릭

정치는 '말'로 하는 것이란 말이 있다. 여러 부정적 의미를 덜어 내면, 정치는 본질적으로 '설득의 과정이다'는 뜻이다. 정책을 추진하거나 정당의 이념을 전파할 때, 정치인은 '말'로 대중과 동료 정치인을 설득하고 협상하며 정치적 의사결정을 이끌어 낸다. 정치인에게 '말'은 사실을 전달에 그치지 않고 특정한 방식으로 사실을 해석하고 의미를 부여하는 도구이다. 정치적 메시지는 해석과 프레임을 담아 설득하고 무언가를 유도한다.

정치인이 설득을 위해 하는 '말'을 레토릭rhetoric이란 개념으로 다루면 훨씬 더 많은 논의를 이끌어갈 수 있다.

레토릭은 설득의 기술이다. 수사학修辭學으로도 불린다. 2,500여 년 전 아리스토텔레스가 세운 레토릭 개념에서 여전히 우리는 설득의 기술을 이해하고 활용하고 있다. 레토릭 개념은 낡은 것이 아니라 오래도록 다듬어진 탄탄한 개념이다.

레토릭이 일상에서 쓰이는 많은 경우, 혼용과 오해가 깊게 배어 있다. 그중 하나가 '빈말 또는 과장된 표현'의 의미로 '내용이 없고 미사여구나 겉만 번지르르한 말' 또는 '의례적 표현'이다. '수사'에 대한 국어사전의 뜻풀이 "말이나 글을 다듬고 꾸며서 보다 아름답고 정연하게 하는 일 또는 그런 기술"의 영향이다. 때론 레토릭은 '말장난 또는 궤변'으로 이해되어 부정적 이미지가 붙는다. "그는 흔한 레토릭으로 변명했다"는 용례가 여기에 해당한다.

레토릭이 감정에만 호소하여 이성적 판단을 흐리게 만드는 기술로 인식되기도 한다. 그러나 레토릭을 감정적 대중 선동 기법으로 한정하는 것은 온전한 이해가 아니다. '설득의 기술'로 설명해도 부정적 이미지는 사라지지 않는다. '설득'이란 말이 기교, 강한 권유 등과 연결되어 썩 유쾌하지 않을 뿐 아니라 정치와 만나면 더 불쾌해진다. 정치가 말을 오염시키는 경우는 이뿐만은 아닐 것이다.

레토릭은 '이성과 감정이 조화로운 논리적이고 체계적인 설득의 기술(예술)'로 이해하는 것이 정확하다. 우리 정치의 레토릭을 검토하는 이 책에서도 이러한 일상적 혼용의 사례와는 아무 상관이 없다. 그런 수많은 의례적 빈말들을 분석하여 정치적 냉소 이외에 무엇을 얻을 수 있겠는가? 정치 레토릭을 분석하는 것은, 정치인들의 정치 언어 설득 전략을 비판적으로 이해하고, 그 속에 담겨진 전략을 파악해 보는 차원이다.

아리스토텔레스는 레토릭을 합리적 논증과 감성적 호소를 결합하여 효과적인 설득을 이루는 기술로 보았다. 레토릭은 설득의 기술이자 인간이 갖추어야 할 중요한 능력이다. 그는 훌륭한 설득을 이루기 위해 필요한 세 가지 핵심 요소를 제시한다.[27]

먼저 에토스ethos로 화자의 신뢰성과 도덕성이다. 말하는 사람이 청중에게 신뢰를 얻을 수 있어야 한다. 도덕성, 지식, 전문성 등이 그 원천이다. 둘째, 파토스pathos, 감정 호소이다. 청중의 감정을 움직여야 설득력이 높아진다. 이야기, 비유, 감성적 언어를 활용하여 청중의 공감을 이끌어 내야 한다. 셋째, 로고스logos로 논리와 이성에 기반한 설득이다. 논리적이고 합리적인 근거를 제시해야 한다. 연역적 및 귀납적 논증으로 설득력을 높이고 통계 자료나 과학적 결과를 제

---

[27] 아리스토텔레스는 《수사학》 1권 2장에서 다음과 같이 설명한다. "말로 신뢰를 주는 방법으로는 세 가지가 있다. 어떤 것은 화자의 성품과 관련되어 있고, 어떤 것은 청중의 심리 상태와 어떤 것은 뭔가를 증명하거나 증명하는 것처럼 보이는 말 자체에 관한 것이다." 아리스토텔레스 저, 박문재 역, 《아리스토텔레스 수사학》, 현대지성, 2020., 17-18쪽.

시하여 주장의 타당성을 뒷받침하는 것 등이다. 그는 이 세 가지가 균형을 이루어야 강력한 설득이 가능하다고 보았다. 신뢰할 수 있는 화자가(에토스) 논리적 근거(로고스)를 제시하면서, 청중의 감정을 고려한(파토스) 전략을 구사해야 한다는 것이다.

모든 레토릭이 정치적 믿음체계와 관련되지는 않을 것이다. 하지만 레토릭이 정치적 믿음체계와 연관되면 그 효과는 더욱 강력해진다. 정치적 믿음체계와 레토릭은 상호 작용하면서 정치적 설득 과정을 만들어 간다. 믿음체계가 레토릭이 효과적으로 작동할 수 있는 배경이 되고, 레토릭은 정치적 신념과 가치관을 강화하거나 변화시키며, 정치적 믿음체계는 레토릭을 수용하거나 거부하는 인지적 틀로 기능한다.

우리 정치에 나타나는 대표적인 레토릭들은 사전에 치밀하게 기획되었든 혹은 순간적으로 표출되었든 대부분 에토스, 파토스, 로고스의 요소로 평가될 수 있다.

정치인들은 자신의 출신 배경, 직업 경험, 도덕성, 인품 등을 활용하여 에토스를 구축하고 강화한다.

출신 배경을 통한 에토스 구축: '흙수저' 출신을 강조하여 서민과의 유대를 부각시키거나 농촌, 빈민가 출신을 내세워 사회적 약자에 대한 공감 능력을 부각한다. 군인 출신 정치인은 위기 대응 능력과 결단력을 강조하고, 검사 출신은 부패 척결과 법치 수호자의 이미지를 구축한다.

도덕성과 청렴성을 통한 에토스 강화: 민주화운동 경력을 통해 '도덕적 지도자'로 부각하거나, 서민적 면모를 드러내어 인간적 신뢰를 강화한다. 청렴한 개인 생활이나 검소한 삶을 강조하는 사례들이 이에 해당한다.

전문성과 경력 기반의 에토스 구축: 경제관료, 기업인, 경제학 전공 교수 등은 국가 경제를 책임질 능력을, 판사 출신은 원칙과 법에 충실한 공정성을, 인권변호사 출신은 약자 보호와 인권 수호의 이미지를 심어준다.

가문과 명문가 혈통을 통한 에토스 연결: 독립운동가 후손임을 강조하거나, 정치 명문가 출신임을 내세워 역사적 정통성과 책임감을 강조하는 경우도 있다.

사회적 역할과 헌신을 통한 에토스 구축: 시민운동가 출신 정치인은 '시민을 위한 정치를 실천하는 사람'으로서 신뢰를 얻으려 하고, 지역구에서 꾸준히 봉사해 온 정치인은 '주민과 함께하는 사람'으로 자신을 부각시킨다.

파토스 측면에서는 공포, 분노, 희망, 연민, 애국심 등 다양한 감정을 동원하는 전략이 두드러진다.

공포와 불안 자극: 북한의 핵 위협, 전쟁 가능성 등을 부각시키거나, 글로벌 경제 위기, 부동산 값 폭등, 청년 실업 등을 강조하여 생존과 미래에 대한 불안을 자극한다.

분노와 적개심 동원: '적폐 청산' 구호를 통해 과거 부정과 부패에 대한 분노를 유발하거나, 역사왜곡·외세 간섭에 대한 민족 감정을 자극하여 단결심과 저항심을 불러일으킨다.

연민과 동정 유발: 사회적 약자, 소수자, 장애인, 노동자 등에 대한 정책을 강조하며, 고통의 서사를 내세워 연민을 촉발한다. 또한 정치적 희생자로서 억울한 탄압을 당했다는 '피해자 서사'를 내세우는 경우도 많다.

희망과 낙관 제시: 새로운 정치, 공정 사회, 세대 교체, 국가 혁신, 4차 산업혁명 대응, 복지국가 실현 같은 밝은 미래 비전을 제시하여 긍정적 감정을 확산시킨다.

애국심과 민족적 정서 자극: 올림픽, 월드컵 같은 국가적 이벤트를 통한 단결 감정 고취, 독립운동 정신 계승, 일본·중국과의 역사 갈등을 민족 자존심과 연결시키는 전략이 여기에 해당한다.

로고스는 정책 분야에서 객관성과 설득력을 확보하는 데 주로 활용된다.

경제 논리와 통계 활용: GDP 성장률, 고용률 상승, 수출 증가 등의 지표를 통해 경제 성과를 부각시키거나, 실업률, 자영업 폐업률, 지니계수 등을 통해 불평등과 민생의 어려움을 호소한다. 소득주도 성장 대 낙수 효과 논쟁을 통해 경제 정책의 우월성을 논증하고, 부동산 대책에서는 공급확대론과 수요조절론을 근거로 상반된 논리를 펼친다.

정책 정당성 강화: 복지 확대를 두고 재정 건전성과의 균형 문제를 논리적으로 제기하거나, 부동산 세제 개편에서는 조세 정의와 공정 과세 원칙을 근거로 내세운다. 사회적 불평등 해소를 위한 최저임금 인상, 공공임대주택 확대 등도 수치와 사례를 동원해 논리적 당위를 강화한다.

안보 논리와 국제관계: 한미동맹 강화론과 남북대화론, 북한 핵위협에 대한 대응에 대한 논쟁에서 많은 논거와 주장들이 등장한다.

개혁과 사회 정의 논리: 개헌에 대한 의견, 검찰 개혁의 경우 '권력기관 견제'와 '공정한 사법 시스템 구축'을 논리적 근거로 제시하고, 선거 제도 개편 논쟁에서는 대표성과 표의 등가성 등이 제시된다.

환경과 사회적 문제 해결: 탈원전 정책은 안전성과 지속 가능성에 기초한 환경 논리를 제시하며, 저출생 대책은 국가 존속과 경제 활력이라는 미래 전망과 결부하여 논리적 필요성을 강조한다.

보수와 진보의 레토릭에는 차별점이 나타난다. 보수는 에토스에서 스스로를 안보의 수호자, 자유민주주의 수호자 그리고 법과 원칙을 준수하는 책임 있는 행위자로 신뢰를 구축한다. 안보와 질서 유지를 우선 가치로 삼으며 안정성을 강조함으로써 신뢰를 확보하려 한다. 파토스에서는 안보 불안, 공산주의 및 급진적 변혁에 대한 공포, 애국심과 국가적 자부심을 자극하는 감정적 호소를 적극적으로 활용한다. 이는 공동체에 대한 소속감과 위기의식을 불러일으키는 역할을 한다. 로고스에서는 시장 경제 효율성, 경제 성장과 번영, 일자리 창출, 강력한 안보 정책 등 구체적 정책 방향을 통해 현실적 문제 해결 능력을 강조한다.

진보는 에토스에서 정의의 실현자, 사회적 약자의 대변자, 평화와 인권의 수호자 등을 강조하며 신뢰를 구축한다. 도덕적 정당성도 이들의 핵심 근거이다. 파토스에서는 경제적 불평등, 사회적 부정의에 대한 분노, 약자에 대한 연민, 공정하고 평등한 사회를 향한 희망 등을 중심으로 감정적 동조를 유도한다. 로고스에서는 경제 민주화, 복지 확대, 사회적 안전망 강화, 평화와 남북 공존 등을 강조하며 논리적 설득력을 보여준다.

보수는 '자유와 안전'을, 진보는 '정의와 평등'을 중심 가치로 삼고, 각자의 에토스, 파토스, 로고스를 통해 서로 다른 정치적 믿음체계와 비전을 설득하려 시도해 왔다.

양극화 레토릭, 전쟁의 언어들

우리 정치에서 정치인들이 가장 공을 들이는 레토릭이자 우리가 가장 많이 듣는 레토릭은 전쟁의 언어들이다. 선과 악을 잔혹하게 가르는 진영 대결 속에서 그들은 최선을 다해 싸우고 있고, 우리는 최악을 견디고 있다.

정치를 불가피한 전쟁으로 보는 레토릭들이 멈추지 않는다. '이젠 전쟁이다', '여기서 물러서면 다 죽는다'. 종말론적 공포와 적대적 저주도 주저하지 않는다. '이 정권이 나라를 말아먹고 있다', '대한민국이 벼랑 끝에 서 있다'. 배신과 반역의 프레임과 낙인도 일상이다. '변절자, 배신자, 매국노', '사회의 암 덩어리', '반드시 뿌리 뽑아야 할 독버섯'. 적대 세력의 비인간화도 거리낌 없다. '그들은 괴물 같은 존재다', '이들은 국민이 아니다', '벌레 같은 자들, 청산해야 한다'. 배제와 청산의 논리도 과감하다. '완전히 쓸어버려야 한다', '남김없이 척결해야 한다'. 끊임없이 지상 최대의 악당들이 소환된다. '히틀러, 스탈린도 이들보다는 낫다', '우리 역사에 남을 최악의 배신자들' 등등. 이러한 양극화 레토릭은 정치적 협력과 타협이 불가능하다는 선언이자, 사회적 갈등과 혐오를 통해 승리하겠다는 전쟁의 출사표들이다.

이러한 양극화 레토릭 구사에 탁월한 사람이 소속 진영에서 승승장구하고 지지층으로부터 열화와 같은 지지를 받는다. 극단적인 언어와 선명한 이분법적 구도를 강조하는 정치인이 '희망의 전사'가 되고, 합리적이고 절제된 정치인은 '불신의 전사자'가 된다. 양극화 레토릭은 정치적 생존을 위해 증폭되고, 증폭된 레토릭이 진영 간 적대감을 심화시키며, 심화된 적대감이 더 강한 양극화 레토릭을 요구하는 악순환이 발생한다.

우리 정치에서는 감정 호소 중심으로만 레토릭을 구성하는 파토스의 남용이 너무 많다. 에토스와 로고스가 빠진 파토스가 전부인 경우이다. 공포, 분노, 동정심 등 강렬한 감정을 자극하여 지지층을 결집하고 반대 세력을 공격하거나 자신이나 소속 집단을 피해자로 설정하여 동정심을 유발한다.

또한 에토스 설정에서도 도덕성에 크게 의존한다. 정치인의 신뢰도 기준에 전문성, 경험, 능력, 자질보다 도덕성이 으뜸으로 올라선다. 한마디로 도덕 과잉이다. 이러한 에토스의 불균형으로 정치에서 도덕적 기준이 과도하게 강조되거나, 정치적 판단이 도덕적 평가에 지나치게 의존하게 된다. 그 정도가 너무 강하여, 정책 논의보다 도덕성 논란이 정치적 의제를 지배하고, 도덕성으로 정치적 공격과 정당성을 훼손하는 일이 너무 빈번하다. 이러한 도덕 과잉은 우리 정치의 양극화를 심화시키는 요인의 하나이다.

로고스 측면에서도 문제가 숱하다. 논리와 이성에 기반한 설득에 있어 논리적 근거 부족, 선택적이고 왜곡된 논리, 논리적 비약과 과장된 표현이 빈번하게 사용되고 있다. 정책 논쟁에서 구체적인 데이터나 실증적 연구 결과보다 정치적 구호와 명분만이 반복되는 경우가 너무 많다. 법안 발의 및 정책 논의 과정에서 해당 정책이 경제·사회에 미칠 영향을 면밀히 분석하거나, 실현 가능성을 따지거나, 왜 최우선적으로 추진되어야 하는지를 충분히 제시하지 않는다. 실질적인 경제 지표나 장기적 분석 없이 '서민 대책이다' 또는 외교 문제에서도 구체적 전략과 외교적 고려 없이 '주권을 팔아먹었다' 등의 감정적 프레임이 강조되기 일쑤다.

그리고 자신에게 유리한 논리만을 선택적으로 활용하거나, 특정한 논리를 왜곡하여 대중을 설득하는 방식이 자주 사용된다. 정치인들은 같은 사안을 다룰 때 자신이 속한 진영의 입장에 따라 상황에 따라 논리를 선택적으로 적용하는 경우가 너무 많다. 특정 정책이 유리할 때는 '경제 성장' 논리를 강조하고, 불리할 때는 '형평성' 논리를 강조하는 방식으로 레토릭이 변화무쌍하다. 동일한 재정 확대 정책도 야당일 때와 여당일 때 입장이 뒤바뀐다.

아울러 논리적 비약과 과장된 레토릭이 난무한다. 정치인들은 자신의 정책을 홍보하거나 상대를 비판할 때, 논리적 근거 없이 극단적인 표현을 사용하여 감정 동원에 지나치게 열중한다. 현실적으로 검증되지 않은 주장을 기정사실화하거나 일부 사례를 전체적인 것처럼 일반화하기도 한다. '이 정책이 시행되면 기업들은 다 외국으로 나갈 것이다', '검찰 개혁을 반대하는 자들은 모두 적폐 세력이다' 등이 대표적이다. 이러한 문제들은 정치 담론의 질을 저하시킬 뿐만 아니라, 정책 논의를 감정적·이념적 대립으로 전락시키는 결과를 낳는다.

이제 전쟁의 언어에서 공존의 언어로의 전환이 필요하다. 레토릭에 내용을 채우고 진단과 대안을 명확히 하는 것부터 시작해야 한다. 예컨대 단순히 '공정한 사회'라는 추상적 담론이 아니라, 무엇이 불공정한지, 어떤 제도 개선이 필요한지, 어떤 데이터를 근거로 삼는지를 구체적으로 제시해야 한다. 그리고 공적 언어에 대한 책임성 강화되어야 한다. 정치인의 말은 공적 효과를 동반하는 발화 행위다. 따라서 정치인과 언론은 언어의 공공성에 대한 책임 규범을 강화하고, 정치적 책임과 사회적 제재를 분명히 하며, '사실 기반 담론'에 대한 공적 기준을 정립해야 한다.

진영 간 대결을 부추기는 이분법의 레토릭을 넘어, 갈등을 조정하고 차이를 조율하는 언어, '공존의 언어'로의 전환만으로도 우리 정치는 한걸음 나아갈 수 있다.

에토스의 붕괴, 파토스의 배신, 로고스의 기만

우리 정치의 레토릭은 양극화에 복무하는 폐해말고도 그 자체에서 매우 심각한 문제가 나타난다. 바로 에토스의 붕괴, 파토스의 배신, 로고스의 기만이다. 레토릭이 스스로 붕괴하고 있다. 정치인과 정당이 내세웠던 에토스는 내로남불과 선택적 정의로 무너지고, 파토스로 호소했던 감정들은 정반대의 감정을 불러일으키고, 로고스에는 왜곡과 편향 심지어 조작 등이 나타나 설득력 자체를 무력화하고 있다.

에토스는 정치 지도자들이 내세운 신뢰 자산들이 이중성을 보이거나 일관되지 못하거나 심지어 거짓으로 드러나며 붕괴한다.

에토스 붕괴의 요인은 각양각색이다. 우선 이중적 행태와 위선적 모습, 공적으로 강조하는 가치와 사적으로 드러나는 행동 사이의 괴리가 클 때 신뢰는 급격히 무너진다. 공정성과 도덕성을 내세운 정치인이 특혜를 누리거나 부패 스캔들에 연루되는 경우 신뢰는 급전직하한다. 깨끗한 정치, 청렴한 정치를 강조한 정치인의 부정부패 혐의나 도덕적으로 부적절한 행적이 드러나는 경우도 마찬가지다. 일관성 없는 태도와 변덕스러운 메시지로 입장을 쉽게 번복하거나 상황에 따라 다른 논리를 적용할 때 대중은 신뢰를 거둔다. 정치 지도자가 의도적으로 사실을 왜곡하거나 반복적인 거짓말을 할 경우 대중의 신뢰는 물론이거니와 정치적 메시지 자체가 무의미해져 버린다.

정파적 이해관계를 우선하는 볼썽사나운 모습도 믿음직스럽지 못하다. 선동적인 감성 레토릭 남발은 한순간의 인기를 끌 순 있겠지만 시간이 지나면 신뢰를 잃고 만다. 의사결정 과정이 불투명하고 사적 이익을 추구하는 데 힘쓰는 정치인이 공적 사안에 아무리 목소리를 높여도 먹히지 않는다. 반복되는 무책임한 공약과 실현 불가능한 정책을 남발하는 정치인의 신뢰 점수는 0에 가깝다. 정치적 실패에 남 탓하거나 외부 요인에 책임을 돌리는 무책임한 정치인도 에토스를 가질 리 만무하다. 이러한 이유로 수많은 정치인들이 신뢰 자산을 소진하고 있다.

정치인의 에토스 붕괴는 개인적인 문제에 그치지 않고 극단적 선동과 냉소주의적 악순환을 유발한다. 하지만 이러한 에토스의 상실도 정치적 믿음체계를 공유하는 강성 지지층에게는 별다른 문제가 되지 않는다. 그것이 더욱 큰 문제다. 정치 지도자가 거짓을 말하거나 이중적 행태를 보이고 정책적 일관성이 무너지더라도, 강성 지지층은 이를 문제 삼지 않고 오히려 더 응원한다. 정치적 신뢰의 위기가 상대 진영과 대결을 더욱 강화하는 방향으로 작동하는 역설이 발생한다. 강고한 믿음체계로 결속한 이들은 '우리 편이면 괜찮다'는 도덕적 이중 잣대를 사용하고 '저쪽 사람들은 더한 짓을 하고도 멀쩡하다'는 물타기 논법을 들이민다.

더한 극단도 현실에서 이루어지는데, 지도자의 신뢰 자산 붕괴를 희생과 투쟁의 이미지로 변환하는 일이다. '우리 진영을 위해 희생하는 존재'라는 인식과 '진정한 개혁을 위해 고난을 겪는 인물'로 묘사하며 오히려 더 큰 지지를 보낸다. 에토스의 위기가 양극화의 레일 위에 다시 한번 올라타 질주한다.

여기서 잠깐, 왜 어떤 정치인은 에토스의 위기도 치유받고 또 어떤 정치인은 몰락하는가? 그것은 아마도 정치적 믿음체계 형성과 강화에 대한 기여도의 차이, 믿음체계 유지에 활용 가능성의 차이, 정서적 일체감의 차이에서 오는 것이라 짐작된다.

파토스의 배신도 가히 심각하다. 정치 지도자들이 감정적 호소를 활용하여 대중을 동원하고 지지를 얻었지만, 대중이 배신감을 느끼거나, 처음 호응했던 감정적 반응과 정반대인 감정을 경험하는 일의 반복이 우리가 정치에 지치는 이유이다. 실컷 분노하고 끝없이 걱정하고 경탄하고 기대하고 충분히 동정하고 즉각적으로 호응하며 손을 내밀었지만, 돌아오는 것은 빈손이다. 정치인의 감정적 호소에 호되게 당한 것이다. 감정적 호소가 현실적인 정책이나 구체적인 대안 없이 제시된 상황의 필연적 수순이다.

파토스의 배신을 여기서 헤아리는 것은 시간 낭비다. 정치가 우리의 삶을 바꿀 것이라는 기대는 한갓 여름밤의 꿈이다. 애초에 실현 가능성이 낮았거나 비현실적인 공약에 대한 배신감도 흔한 일이다. '증세 없는 복지', '반값 등록금', '집값 안정', '소득주도 성장', '한반도 평화', '기본소득 제공' 등은 로고스의 형식을 띠었지만 사실 감정의 구호이다.

상대 진영과 단호히 맞서야 할 때라며 호소하고 감정적 대립 전선에 나서달라고 요청하여 응하였더니 싸움이 별 의미 없는 것이었거나, 정작 자신들은 뒤꽁무니를 뺀 경우나, 끝이 흐지부지 아무것도 아닌 경우에, 거리로 나간 사람들은 배신감을 허탈하게 털며 돌아와야 한다. 약속했던 감정적 열망이 실현되지 않을 때 평론가는 이를 '정치적 실패'라고 부르고 대중들은 이를 '배신'이라 부른다.

감정적 호소는 강력한 동원력을 가지지만, 로고스와 에토스가 뒷받침되지 않을 경우, 결국 파토스의 배신이라는 역풍을 맞게 된다. 하지만 강고한 정치적 믿음체계 안에 갇혀 있다면, 지지자들은 새로운 싸움을 시작할 준비가 되어 있다. 그것은 배신이 아니라 고난이며, 거듭되는 고난은 승리가 가까웠음을 말하는 전령이기 때문이다.

로고스의 기만 또한 일상이다. 왜곡된 정보와 거짓 논리를 통한 여론 조작, 왜곡된 통계를 이용해 정책의 효과를 과장 또는 축소, 선택적 사실 활용과 통계 왜곡, 특정한 해석 프레임으로 유불리에 따른 여론조작, 인과관계의 오류와 일반화의 오류를 통해 논리적 비약 등은 터무니없는 일이긴 하지만, 정치에서는 늘 경험하는 일이다. '우리 정부가 들어서고 경제 성장률이 높아졌다'. 실제로는 국제 경기 회복 덕분이거나, 이전 정부의 정책이 영향을 미친 것인데도 마치 현 정부의 성과인 것처럼 발표한다. '최저임금을 인상했더니 자영업이 살아났다'. 특정 지역이나 업종에서 일시적으로 증가한 사례만 인용하고, 최저임금 인상으로 인한 자영업 폐업 증가 등은 배제한다. '실업률이 줄어들었다'. 비정규직과 단기 알바 증가로 실업률이 낮아진 경우임에도 일자리 창출의 성과를 강조한다.

정책 실패에 대한 책임 회피와 물타기 논법도 로고스의 기만이다. 정책 실패를 인정하지 않고, 다른 외부 요인이나 과거 정부 탓으로 돌리는 방식이다. '정책이 실패한 것이 아니라, 글로벌 경제 위기가 원인이다', '야당이 발목을 잡아서 개혁을 제대로 추진할 수 없었다', '보수 정권이 경제를 왜곡시켰다', '전 정부가 집값 폭등의 불씨를 지폈다', '전 정부의 굴종적 대북 정책이 안보를 위태롭게 했다'.

여기에 반드시 추가해야 할 것이 모호한 표현으로 메시지를 전달하는 경우다. 의미가 불분명하거나 해석의 여지를 남기는 모호한 표현을 사용하여 대중을 혼란스럽게 하고, 결과적으로 기만하는 로고스다. '고용이 개선되는 추세다', '모든 가능성을 열어두고 있다'. 우리가 하면 개혁, 저들이 하면 독재라는 이중 잣대도 로고스의 실패이자 기만이다. 자신들이 하면 '정당한 개혁', '경제민주화'이지만 상대 진영이 하면 '권력 장악을 위한 음모', '기업을 죽이는 정책' 등등. 로고스의 기만은 논리적 토론을 불가능하게 하고, 정치적 선전만 남긴다. 덩달아 냉소주의 확산과 사회적 갈등 증폭으로 민주주의의 실패를 부추긴다.

우리 정치는 왜곡된 정치적 믿음체계에 갇혀 있으며, 양극단으로만 질주할 수밖에 없는 양극화의 레일 위에 올라타 있다. 이 궤도를 벗어나지 않는 한, 에토스의 붕괴는 숙명이고, 파토스의 배신은 예견된 결말이며, 로고스의 기만은 정치의 일상이 되어 버린다. 그럼에도 불구하고, 양극화의 레일 위에서는 레토릭이 어떤 일이든 만들어낼 수 있다. 진실도 거짓도 감동도 배신도 모두가 레토릭의 손에서 빚어지며 마치 영화처럼 연출된다. 끝없는 레토릭의 향연 속에서 정치가 해야 할 '진짜 말'은 사라지고, 그 빈자리를 허망한 꼼수와 공허한 구호가 채운다. 이 질주가 멈추지 않는 한, 우리는 정치 레토릭의 무한한 가능성을 증명하며 스스로를 기만하는, 가장 서글픈 정치 양극화의 세상을 계속 살아가야 한다.

오늘날의 정치 레토릭은 단지 메시지와 메신저의 문제만은 아니다. 그것은 수용자의 감정 구조에 기대어 작동하는 전략적 설계물이다. 말은 사실을 전달하는 것처럼 보이지만, 실제로는 감정을 자극하고, 믿음을 강화하고, 판단을 유도한다. 정치인은 '설득'을 말하지만, 수용자는 동원되고 유혹된다.

문제는 정치인의 언어 자체가 아니라 우리의 반응에 있다. 누군가의 말에 열광하거나 분노할 때, 우리는 논리보다 그 말이 불러일으킨 감정과 믿음에 이끌려 정치적 태도를 결정하기 쉽다. 정치인의 말은 정치적 감정 반응을 유도하는 트리거가 된다.

바로 이 감정 반응의 회로를 자각하고 정돈하는 노력이 필요하다. 왜 그 말에 끌렸고, 왜 그것을 의심하지 않았는지를 묻는 것이다. 말의 진실성보다 내 감정의 반응을 점검하는 일, 그것이 정치해독의 출발점이며, 성숙한 주체로 홀로 서는 것이다. 정치의 언어를 다시 회복하기 위해서는, 정치인의 말보다도 우리의 귀를 해독해야 한다. '나는 왜 그것을 그저 듣고 있었는가'를 묻는 성찰이야말로, 정치해독이 요청하는 과제다.

10장

정치과잉과 정치의 종교화

정치의 삶에 대한 공습

오늘날 우리는 정치에 대해 너무 많이 알고, 너무 자주 말하며, 너무 깊이 휘말린다. 그러나 그럴수록 정치는 우리에게서 더 멀어지고, 정작 삶은 더 혼란스러워진다. 정치에 대한 실망은 이제 피로감을 넘어 정치라는 존재 자체에 대한 회의로 번지고 있다. '정치란 무엇인가?'라는 질문은 더 나은 대안을 찾기 위한 사유가 아니라, '이 정치를 어떻게 견뎌야 하는가'라는 절박함 속에서 나오는 신음에 가깝다.

정치는 원래 인간 공동체의 갈등을 조정하고, 삶의 조건을 조율하는 제도적 장치다. 그러나 지금의 정치는 그 고유한 기능의 경계를 넘어 감정과 사고, 관계와 정체성, 존재의 의미에까지 침투하고 있다. 정치가 삶을 위한 조정자가 아니라, 삶 그 자체를 설계하려는 절대 권위처럼 작동한다. 이른바 정치과잉의 시대. 정치가 우리 삶의 전 영역을 해석하고 규정하려는 절대적 규범화는 하나의 병리 현상이다.

정치과잉의 가장 두드러진 특징은 경계의 무한 확장이다. 모든 삶의 차원을 정치적 프레임 안에서 의미화하려 한다. 정치가 삶 그 자체를 조직하고 설계하려는 순간, 인간은 더 이상 자신의 삶을 해석하고 구성할 수 없는 정치의 피지배자로 전락한다.

또한 정치과잉은 감정 구조를 독점한다. 정치적 입장은 감정의 방향을 결정하고, 정치적 프레임은 감정을 정당화한다. 분노는 정의로, 혐오는 의무로 포장되고, 공감은 특정 정체성에만 허용된다. 감정은 더 이상 인간적 반응이 아니라 정치적 동원의 수단이 되었다.

정치가 세계에 대한 해석의 유일한 창이 되는 것은 더욱 위험천만한 과잉이다. 일상의 경험까지 정치적 코드로 환원되면 삶의 다층성과 복합성은 사라진다. 정치가 유일한 세계의 해석틀로 기능할 때, 우리는 삶의 다양한 의미들을 정치를 통해서만 획득할 수 있다. 사유는 정치로 단순화되고, 판단은 정치적 틀에 맞춰지며, 정치적 타자의 목소리는 거부된다.

정치과잉은 시민의 자율성 파괴로도 이어진다. 정치를 감정적으로 소비하고 진영 논리에 반사적으로 반응하는 시민은 더 이상 주체가 아니라 '동원되는 지지자'로 머문다. 숙의하고 판단하는 존재가 아니라 정체성과 감정에 반응하는 존재가 된다. 자율적 사고와 성찰의 능력은 퇴화하고, 정치에 반응하는 속도만이 중요한 덕목이 된다.

무엇보다 정치과잉은 민주주의의 본질인 관용과 다원성을 훼손한다. 모든 것이 정치화될 때, 타자는 정치적 이유로 적대를 피할 수 없다. '다름'은 '틀림'으로 '이견'은 '배신'으로 변질되며, 민주주의의 전제인 공존과 합의는 사라진다. 정치가 갈등을 조정하는 도구가 아니라 갈등을 증폭시키는 전장이 된다.

이러한 정치과잉은 단지 제도 정치인의 문제가 아니다. 정치가 삶의 조건을 조정하는 수준을 넘어, 삶 전체를 점유하려는 과도함에서 비롯된다. 정치가 감정과 윤리를, 사유와 관계를, 해석과 판단을 점유하려는 순간, 우리는 정치의 감옥에 갇히게 된다.

정치가 절대화되는 사회는 결국 전체주의의 문턱에 이른다. 파시즘, 스탈린주의, 극단적 민족주의의 공통점은 정치를 구원의 도구로 신격화하고, 정치적 신념을 신앙처럼 절대화하며, 시민의 자유와 사적 삶을 통제한 데 있었다.

정치과잉 비판은 정치를 부정하거나 축소하자는 것이 아니다. 오히려 정치를 제자리에 되돌려 놓자는 요청이다. 정치는 어디까지나 삶의 조력자여야 한다. 인간의 감정, 사유, 관계, 신념은 정치의 밖에서도 존재할 수 있어야 한다. 정치를 삶의 모든 영역에 끌어들이는 순간 정치도 삶도 함께 파괴된다. 정치는 삶 전체를 대체할 수 없다. 정치의 자리는 삶의 조건을 위한 조정자로 한정되어야 한다. 지금 우리가 정치과잉을 경계해야 하는 이유는 단순한 피로감 때문이 아니라, 그것이 민주주의와 삶의 다양성을 파괴하는 삶에 대한 공습이 되기 때문이다.

민주주의는 정치적 자유뿐 아니라 사적 영역의 자유와 자율성을 기반으로 한다. 우리는 정치적 존재이면서 윤리적 주체이자 사적인 인간이다. 자신의 삶을 정치적 틀 바깥에서도 구성하고 만끽할 수 있어야 한다. 정치가 절대화되면, 정치적 정체성 외의 삶은 무의미하거나 배제되어 버린다. 이는 자유에 대한 용서할 수 없는 침범이다.

정치는 삶을 규정하는 절대적 힘이 될 수 없으며 되어서도 안 된다. 이 주장은 민주주의의 본질, 인간의 존엄, 자유로운 삶을 지키기 위한 지극히 인간적인 선언이다.

과잉과 부재의 동시성

최근 우리 사회에서도 정치과잉에 대한 우려가 점차 늘고 있다. 그에 반해 '모든 것이 정치적이다'라고 주장하는 이들도 많아지고 있다. 이 명제는 과연 무엇을 의미하는가?

이는 현대 정치 철학과 사회운동 담론에서 널리 인용되는 명제이지만, 그 진의는 종종 오해되거나 왜곡된다. 이 명제가 원래 의미하는 바는, 정치가 특정 제도나 정책에만 관여하는 것이 아니며, 일상 속에 권력 구조와 억압체계가 어떻게 스며들어 있는지를 비판적으로 성찰하라는 요청이다. 젠더 역할, 교육과정, 언론 편집, 일상 속 문화 등 중립적이고 사적인 것으로 여겨지는 삶의 영역들도 사실은 정치적 이해관계와 권력의 산물이라는 통찰이 그 핵심이다. 이러한 문제의식은 페미니즘, 탈식민주의, 문화연구 등에서 일상에 내재된 불평등을 드러내는 실천적 언어로 작동해 왔다. '모든 것이 정치적이다'라는 명제는 보이지 않던 억압의 기제를 숨겨진 정치성으로 보고 이를 폭로하려는 비판적 접근이다.

'모든 것이 정치적이다'는 주장은 정치과잉 비판을 무력화하는가? 그렇지 않다. 그런 주장은 정치성과 정치과잉을 구분하지 못한 논리적 혼동에서 비롯된다. 정치성이란 삶에 내재된 권력관계를 인식하려는 태도이며, 우리에게 필요한 비판적 관점이자 감각이다. 반면 정치과잉은 이 정치성을 감정적으로 과장하거나 진영적 논리로 환원해, 삶의 모든 문제를 정치적 투쟁의 연장선에 놓는 과도한 실천 방식이다.

정치과잉은 정치성 인식에서 비롯되는 것이 아니라, 그 인식을 감정적으로 동원하는 전략에서 발생한다. '정치가 일상에 스며 있다'는 말을 정치성이 어떻게 감정 구조와 결합하여 과잉 작동하는지, 어떤 믿음체계가 사고를 포획하고 있는지를 되묻는 성찰로 삼아야 한다. 정치성의 인식은 정치과잉을 정당화하는 논리가 아니라 오히려 그것을 해독할 수 있는 출발점이다.

이 명제가 오해될 경우, 모든 현상을 정치적 투쟁의 장으로 환원하고, 삶의 다층적인 가치들을 정치적 입장에 따라 분류하거나 해석하려는 과도함이 나타난다. 이렇게 되면 삶의 다양한 영역은 이념의 전장으로 휩쓸려 들어간다. 사랑과 우정, 미학과 예술, 사유와 놀이 같은 인간의 활동들이 정치 논리로 훼손되는 결과를 낳는다. 정치 바깥의 모든 활동이 정파적 입장을 기준으로 평가되고, 정치적 판단으로 인간의 존재가 규정된다. 이는 정치의 절대화이며 이로써 민주주의의 본질인 관용과 다원성, 타자 인정의 윤리는 심각하게 훼손된다.

여기에 더해 '우리 사회의 문제는 정치과잉이 아니라 정치의 부재다'라는 주장도 제기된다. 정치의 부재를 비판하는 것은 언제나 옳다. 정치가 제 역할을 하지 못하고 있는 정책의 부재, 책임 정치의 실종, 공공성의 약화를 지적하는 한에서다. 그러나 이 주장이 '과잉'과 '부재'의 수사적 대비 효과를 넘어, 현실의 정치과잉을 외면하거나 부정하는 주장이라면 이는 말장난에 머문다. 우리는 정치과잉으로부터도 정치 부재로 인해서도 고통받고 있다. 정치 양극화와 정치의 신앙화는 부재이면서 과잉이다. 필요한 정치는 텅 비어 있고 왜곡된 정치는 가득차 있는, 과잉과 부재의 동시성이 주는 이중 고통을 우리는 겪고 있다.

한편 이 주장은 정치과잉 비판에 대한 오해이기도 하다. 정치과잉 비판은 탈정치 주장도 정치에 대한 혐오도 아니다. 나아가 시장에 대한 정치의 방관을 외치는 시장자유주의자들의 호소도 아니다. 오히려 정치의 공공성 회복을 주문하는 저항의 논리다.

정치의 중요성을 강조하며 아리스토텔레스의 정치관이 언급되는 경우도 있다. 그의 저서 《정치학》에는 "인간은 본성상 정치적 동물이다."라는 유명한 언급이 등장하고, 《니코마코스 윤리학》에서는 "정치학은 가장 탁월한 기술이며, 다른 모든 기술과 학문보다 상위에 있고 그것들의 목적을 포함한다."고 말한다.

사실, 아리스토텔레스의 정치관은 고대의 도시국가인 폴리스라는 공동체에 뿌리를 두고 있다. 그 시대의 폴리스는 정치가 구성원 모두에게 '좋은 삶'에 대한 규범적 이상을 제시할 수 있다는 전제를 공유하고 있었다. 정치는 단순한 권력 행위가 아니라, 삶의 방향과 목적까지를 통합적으로 설계하고 실현할 수 있는 윤리적 기술로 이해되었다.

그러나 현대 민주주의는 그와는 전혀 다른 조건 위에서 성립하고 작동한다. 오늘날 우리는 개인의 자유와 평등 그리고 좋은 삶에 대한 다원적 기준과 자율적 선택의 권리를 민주주의의 핵심 가치로 삼는다. 이러한 조건에서 정치는 더 이상 삶의 궁극적 목적을 제시하는 기술일 수 없다. 당연히 다양한 삶의 방식이 정치 바깥의 공간에서 자유롭게 유지될 수 있도록 조율하는 역할로 제한되어야 한다. 아리스토텔레스가 정치의 윤리적 공동체적 이상을 정립했지만, 현대 민주주의의 다원성과 자유, 권력 작용을 고려할 때 그의 정치중심주의는 비판적으로 성찰되어야 할 하나의 고전적 전제다. 오히려 정치의 절제 그리고 정치를 넘어선 삶의 방식들의 자율성이 더 중요해진 시대에 우리는 살고 있다.

아리스토텔레스의 관점은 개인의 사적 영역, 신념, 정체성, 취향 등 정치 바깥의 영역의 존엄과 자유를 인정하지 않거나 억압할 수 있다. 우리는 정치적 동물로만 살아갈 수 없다.

따라서 정치의 중요성을 말하는 것과 정치를 삶의 전 영역으로 확장하는 것은 전혀 다른 문제다. 전자는 정치를 공동체의 필수적 기제로 이해하지만, 후자는 정치를 삶 전체를 관장하는 절대 권위로 이해한다. 정치는 우리 삶에 반드시 필요한 것이지만, 삶 전체를 대체할 수는 없다.

정치의 본래적 역할이 회복되지 않는 한, 정치과잉이라는 병리는 계속될 것이다. 이제 필요한 것은 더 많은 정치가 아니라, 더 나은 정치, 절제된 정치, 조율 장치로서의 정치다. 정치의 절제와 균형이야말로 우리가 지켜야 할 민주적 질서의 핵심이며, 더 나아가 우리 삶의 풍부함과 다원성을 위한 근본적인 조건이다.

정치 양극화가 만드는 정치과잉

우리 정치가 일상과 관계에 미치는 영향은 심각하다. 친구, 가족, 연인, 동료 간의 관계마저 정치적 성향에 따라 갈라지고, 일상이 모두 '정치 코드'로 해석된다. 한국보건사회연구원의 조사에 따르면 "정치 성향이 다른 사람과 연애나 결혼을 할 수 없다"고 응답한 비율이 58.2%에 달했다.[28] 정치가 인간관계와 감정, 선택의 자유를 재단하는 기준으로 자리 잡은 것이다.

더욱이 모든 사람들이 정치적 입장을 밝힐 것을 요구받는 실존적 딜레마 상황에 빠져 들고 있다. 정치적 의견을 밝히길 요구하는 사회적 압력이 있고, 이를 따르지 않으면 비겁하다거나 생각 없는 사람으로 비난을 받는다. 개인이 내면적 신념이나 윤리적 판단과 충돌하는 정치적 입장을 요구받기도 한다. 이런 경우 자신을 속이거나 침묵하거나 아니면 갈등과 불이익을 감수하며 저항해야 하는 상황에 놓이게 된다. 정치 양극화가 극심한 현실에서 '어디 편이냐'이라는 질문의 연속은 그 자체가 폭력이다. 그리고 양심의 자유에 대한 침해이다.

우리 사회가 정체성 정치의 극단을 향하고 있는 것이 가장 큰 문제다. 우리는 진영이라는 강고한 정체성에 강박되어 있으며 적대적 대결 구도는 '우리'와 '그들'의 분리와 선택을 강요하고 있다. 여기에 더해 강한 집단주의, 공동체 중심의 사고방식 등의 문화적 배경도 있다. 이러한 구조에서 정치적 견해 차이는 단순한 차이가 아니라 존재의 승인 여부로 전이된다. 정치적 입장은 곧 소속감, 도덕성, 충성심의 증표이자 사회적 존재에 대한 심사 기준이 되고 있다. 우리는 정치 때문에 너무 자주, 타인이 '나와 다른 사람'이라는 가장 기본적인 사실을 잊어버리고 있다.

정치적 이유로 차별과 편견이 심화되고 있는 현실은 정치과잉의 폐해이자 정치 양극화가 초래한 비관적 풍경이다. 특히 정치 양극화

---

[28] 2024년 6~8월 19~75세 남녀 3,950명을 대상으로 실시한 조사에서, 청년(19~34세, 51.8%)보다는 중장년(35~64세, 56.6%)과 노인(65세 이상, 68.6%)에게서 정치적 성향에 따라 인간관계 영향을 받는다는 비율이 높게 나왔다. 이는 기성세대의 정치과잉이 훨씬 심각함을 보여준다. 또한 응답자 중 33%는 "정치 성향이 다른 친구 및 지인과 술자리를 할 수 없다"고 답했다. 이는 정치적 믿음체계의 분열이 인간관계에 반영되는 심각성을 보여준다.
한국보건사회연구원, 〈사회통합 실태 진단 및 대응 방안(X) - 공정성과 갈등 인식〉, 2024, 60쪽.

에 따라 나타나는 정서적 양극화는 이제 비정치적 영역까지 깊숙이 침투하고 있다. 일상생활 속에서 사람들은 자신과 정치적 입장이나 정당 선호를 공유하는 이들에게는 우호적이지만, 그렇지 않은 이들에 대해서는 지적이거나 도덕적으로 열등하다는 인식을 갖는 경향이 강해지고 있다. 온라인과 오프라인을 가리지 않고, 정치적 성향이 다른 사람들에 대한 조롱, 분노, 혐오가 여과 없이 표출된다. 이와 같은 현상은 정치가 단지 공적 영역에 머무르지 않고 개인의 정체성과 인간관계, 사회적 태도 전반에 영향을 미치고 있다는 점에서 심각하다. 결국 당파적 양극화의 심화는 정치적 논쟁에만 국한된 문제가 아니라, 우리가 살아가는 일상의 전면에 걸쳐 스며들고 있다.[29]

공론장도 예외가 아니다. 거의 모든 여론 플랫폼은 특정 정치 세력의 프레임 경쟁에 잠식되어 있으며, 정보는 사실보다 정파적 해석과 감정적 선동에 의해 소비된다. 종편 TV채널은 하루 종일 자극적 정치 뉴스로 시청률을 끌어올리고, 유튜브와 SNS는 선정적 콘텐츠와 음모론, 가짜뉴스를 통해 분노와 혐오를 유통한다. 공론장은 진영의 전장이며, 우리는 정보 소비자가 아니라 정치 감정의 소비자로 기능한다. 정치적 소속감에는 열광하면서도 정책에는 무관심한 기이한 정치, 정치 이야기는 폭증하지만 정치 토론은 사라지는 역설이 지속되고 있다.

정치 신념의 종교화는 정치과잉의 정점이다. 정치적 믿음은 경전

---

[29] 장승진과 장한일은 유권자 차원에서 정치적 당파성이 일상에 미치는 영향을 다룬 연구에서 "(1) 나와 정치적 생각을 달리하는 사람과 사회적 모임을 함께 하는 것이 불편하다, (2) 연인 혹은 부부끼리 정치적으로 비슷한 생각을 하는 것은 그들의 관계를 유지하는 데 중요하다, (3) 개인의 지적 능력은 그 사람이 어떤 정당을 지지하는지에 영향을 준다, (4) 나와 비슷한 정치적 생각을 하는 사람들은 그렇지 않은 사람들에 비해서 도덕적으로 우월하다의 네 가지 진술에 대한 대답"을 활용하여 연구 결과를 설명한다. 특히 "정당 간 감정적 선호의 차이가 큰 사람일수록 자신과 정당일체감을 공유하는 사람들과의 선별적 관계를 더욱 선호하고 상대방이 어떤 정당을 지지하는지에 따라서 그 사람의 도덕성과 지적 능력을 판단할 가능성이 증가함을 보여준다."고 말한다.
장승진·장한일, 〈당파적 양극화의 비정치적 효과〉, 한국정치학회보 제54집 5호, 한국정치학회, 2020.

처럼 절대화되고, 지도자에 대한 맹목적 충성은 신앙이 되며, 반대 진영에 대한 공격은 이단 심판처럼 서슴없다. 정치가 이성적 논쟁의 공간이 아니라 감정과 믿음의 전쟁터로 전락하고 있다. 정치적 입장은 개인의 삶 전반을 평가하는 기준이 되었고, 비정치적인 감정 표현, 예술 활동, 일상적 판단마저 정치적 도덕률로 재단된다. 정치가 정체성과 감정에 과도하게 결박되고, 삶의 다양한 층위와 자율성은 위축되거나 파괴된다.

선거의 일상화도 정치과잉의 또 다른 양상이다. 우리는 거의 매년 선거를 치르고, 선거가 끝나기도 전에 다음 선거를 준비한다. 정치권은 상시적으로 정권교체 프레임을 통해 선거 모드에 돌입하며, 모든 정치 활동이 이기고 지는 싸움이 되어 버렸다. 선거 결과에 대한 과도한 감정 반응도 문제다. 승리에 도취해 상대 진영을 조롱하고, 패배에 좌절하여 체제 자체를 부정하는 태도가 반복된다. 지지 정당의 승리를 자신의 존재 승인으로, 패배를 존재의 실패로 받아들이는 것은 정치가 정체성과 자존감을 과도하게 점유하고 있다는 증거다. 선거는 민주주의 제도이지 우리 삶의 평가 기준이 아니다. 정치적 승패를 삶의 전부로 받아들이는 태도야말로 정치과잉의 가장 위험한 단면이다.

정치란 공존의 기술이며, 민주주의란 승자와 패자가 함께 살아가는 질서다. 선거에서의 승리가 독선으로, 패배가 냉소로 귀결되어서는 안 된다. 정치는 감정과 정체성의 격렬한 투사 공간이 아니라 공공성과 이성, 숙의와 절제의 공간이 되어야 한다. 그러기 위해 우리는 삶의 다양한 영역을 정치의 압박으로부터 지켜내야 한다.

정치과잉은 법과 제도를 손질한다고 해결될 문제가 아니다. 정치과잉은 정치에 대한 인식, 시민의 태도, 공론장의 구조까지 아우르는 총체적 사회 문제다. 특정 세력의 과도한 반응이나 일시적 과열 때문이 아니라 정치가 감정과 정체성의 전장이 되고, 사회 전체가 이분법적 프레임에 포획되는 구조가 일상화된 결과다.

정치가 스스로 제자리를 찾아야 한다. 정치의 자기 절제 없는 정치과잉의 문제는 반복될 수밖에 없다. 그러나 우리 정치는 과잉을 전제하지 않으면 굴러갈 수 없는 지경에 이르렀다. 도덕, 감정, 정체성을 끊임없이 자극함으로써 스스로를 정당화해야 하는 운명이기 때문이다.

우리가 먼저 변하는 수밖에 없다. 정치가 스스로 우리에게 자유로운 삶을 허락할 리는 만무하다. 우리가 분리하여 나와야 한다. 우선적으로 정치적 믿음체계의 절대화에서 벗어나야 한다. 본래 정책이나 이념의 방향성이어야 할 정치 믿음은, 과잉된 정치 속에서 도덕화, 감정화되고 있다. 이로 인해 믿음은 성역이 되고, 정치는 교조화되며, 비판과 수정의 여지마저 사라진다. 정치과잉은 믿음체계를 절대화하고, 절대화된 믿음체계는 다시 정치과잉을 강화하는 악순환을 만든다. 이 고리를 끊어야 한다.

정치와 일상은 건강하게 분리되어야 한다. 모든 것을 정치로 해석하려는 습관을 경계해야 한다. 문화, 예술, 종교, 학문, 시민사회 등은 정치로부터 일정한 자율성을 보장받아야 하며, 미디어는 자극을 파는 정치 콘텐츠보다 책임 있는 정보 제공자로 기능해야 한다.

무엇보다 중요한 것은 개인의 정치적 겸허함이다. 자신의 정치적 신념을 절대화하지 않고, 타인의 입장을 경청하며, 정치 바깥의 다양한 삶의 가치를 존중하는 태도가 필요하다. 일상에서 정치적 거리두기를 실천할 수 있는 지혜, 불안과 분노를 정치적 감정에 그대로 투사하지 않는 성찰이 필요하다.

정치의 종교화

정치가 점점 종교를 닮아가고 있다. 이는 단지 정치적 열정이 과열되었다는 차원의 문제가 아니다. 우리는 이미 '정치 종교'를 마주하고 있다. 정치적 신념은 도그마처럼 절대화되고, 정당과 정치인은 구원의 대상처럼 숭배되고 있다. 정치가 논쟁의 장이 아니라 믿음의 전당 혹은 신성한 의례로 전환되고 있다.

'정치의 종교화'는 정치적 믿음체계가 절대적 신념, 도덕적 선악 기준, 교리화된 담론으로 변화하는 현상이다. 이때 정치는 합리적 논의와 타협이 아니라 절대적 진리와 도덕적 순결을 요구하는 신앙 공동체의 대결장으로 변질된다.

종교적 믿음체계는 절대적 진리나 초월적 권위에 기반한다. 그 신념은 논리적 반박이나 실증적 증거로 흔들리지 않으며, 개인의 정체성과 존재의 의미에 깊이 연결된다. 경험적으로 검증할 수 없는 영역이 많고, 외부 비판은 종종 '신의 뜻'이나 '시험의 시간'[30] 같은 교리적 해석을 통해 거부하거나 재조정된다. 이런 특성은 종교의 힘이기도 하지만, 동시에 믿음 수정의 가능성을 제약하는 요인이 된다.

우리 사회에 진영 믿음체계가 지배적이지만 신앙적 복종을 요구하는 정도로 강압적이지 않다는 반박도 있을 수 있다. 그러나 현실 정치의 구조와 행태를 보면 이는 절대 지나친 기우가 아니다. 정치의

---

[30] 기독교에서는 '시험'을 시련과 유혹으로 본다. 신앙의 진실성과 인내를 드러내는 기회이며, 고난 가운데에서도 하나님과의 관계 속에서 해석되고 극복되어야 할 시기로 이해된다. 정치에서도 우리는 종종 정치적 믿음체계를 붙잡기 위해 막무가내 정치 현실을 시험의 시간으로 인내하기도 한다. 이때는 '역사의 신' 또는 '정의의 신'에 의지한다.

종교화는 은밀한 강압 구조이며 현실에서 선택을 제한하고 침해하는 것으로 작동한다.

정치적 선택은 본래 다양한 가치와 이해관계 사이의 조정과 균형을 통해 이루어져야 한다. 그러나 정치가 종교화되면, 그러한 선택의 다층성과 복합성은 제거되고 '옳은 것'과 '그른 것', '선'과 '악'이라는 이분법적 도식만이 허용된다. 이로 인해 개인은 다양한 대안을 비교하고 판단할 자유를 박탈당한 채, 집단이 부여한 정답만을 따를 것을 실질적으로 강요받는다. 그 결과 자율적 판단은 수동적인 선택으로 축소된다. 선택의 제한이 곧 강압인 것이다.

이러한 작용은 폭력적이거나 노골적인 형태로 드러나지 않지만, 도덕적 프레임, 집단적 감정 동원, 레토릭 등의 은밀한 방식으로 우리를 규율한다. 이처럼 스스로 선택했다고 믿게 만들면서 선택을 구조적으로 제한하는, 보이지 않는 강제의 메커니즘이 관철되고 있다.

결국 정치의 종교화가 초래하는 가장 심각한 문제는, 시민이 자유롭고 이성적인 판단 주체로 존재하는 것을 어렵게 만든다는 데 있다. 정치적 자율성은 보이는 강제력만이 아니라 이러한 내면화된 구조적 강압에 의해서 쉽게 훼손된다. 바로 이 점이 정치의 종교화가 민주주의에 있어 본질적으로 위험한 이유이다.

아울러 정치 종교화 현상은 눈에 보이는 정치적 행동 양식을 통해 다양하게 확인되고 있다. 먼저, 정치적 믿음체계의 절대화와 비판의 봉쇄이다. 정치적 신념을 도덕적 우월성의 상징으로 바꾸고, 그 자체가 '의심해서는 안 될 교리'처럼 받들게 만든다. 신념은 토론의 대상이 아니라 복종과 동일시되며, 이견이나 비판을 허용하지 않는다. 이러한 절대화는 순교자와 배신자 담론으로 이어져 집단 내부의 증오를 정당화하고 결속을 강화한다. 이견을 허용하지 않을 뿐만 아니라, 이단 심판과 내부 숙청도 반복된다. 정치적 신념이 절대화될수록 내부에서 다양성은 용납되지 않는다. 중도적 태도나 실용적 접근은 변절로 간주되며, 극단적인 노선만이 집단의 정체성과 순수성으로 여겨진다. 이로 인해 정치 조직은 사유의 폐쇄성과 수정 불가능성 속에 스스로를 가두게 된다.

아울러, 진영과 정당에 대한 충성의 요구가 강력하다. 집단과 정치 지도자에 대한 태도가 숭배에 가깝게 표출된다. 정치 지도자는 '구원자'의 위치에 오르고, 정치적 지지는 이제 정책과 인물에 대한 자유로운 판단을 넘어 도덕적 충성의 대상이 되었다. 지도자의 정책 실패나 도덕적 결함조차 '더 큰 정의를 위한 불가피한 희생'이나 순교자로 정당화되고 있다. 무조건적 지지와 일체감을 요구하는 것은 정치적 신앙인으로서 기능하기를 바라는 것이다.

또한 종교 공동체처럼 정치 공동체에 도덕적 무오류성이 횡행하고 있다. '우리'는 본질적으로 선하고 정의롭다는 집단적 도덕 신념이 정치적 판단의 출발점이 되며, 이는 어떤 실패나 위선 앞에서도 집단 내부의 정당성을 흔들지 못한다. 반면 '그들'은 아무리 실용적이고 타당한 정책을 제시하더라도 도덕적으로 타락한 집단으로 간주되어 배제된다.

열광적인 정치 행동도 주목할 만한 현상이다. 구원에 대한 믿음처럼 정의 실현, 민주 수호, 구국 등의 사명감이 이끄는 성스러운 투쟁으로 정치적 의사가 표현된다. 대규모 집회, 과격한 집단 행동, 전 국민 궐기대회 등 감정적 결속과 집단 정체성 강화를 위한 정치적 의례가 상시적으로 전개된다.

정치의 종교화는 정치 담론의 목적과 성격, 형식과 내용 그리고 질적 수준을 모두 바꾸어 버린다. 정책의 실질적 효과나 타당성보다 '우리가 얼마나 억울한가', '우리가 얼마나 도덕적으로 우월한가'라는 정서적 서사가 우위를 점한다. 합리적 토론보다 상징과 감정, 선동과 구호에 의해 지배되며, 정치 이벤트는 성스러운 집회처럼 연출되고 소비된다. 정책과 정치인에 대한 객관적 평가는 사라지고, 그 자리를 충성 경쟁과 영웅 서사, 피해의식의 재확인이 대신한다.

정치가 신앙화되면 민주주의는 부흥회의 절차가 된다. 민주주의는 타협과 숙의, 반론과 교차 검증, 정책 경쟁과 다원성 위에 세워진다. 그러나 정치가 교리화되고 이견이 금기시되는 순간 비판적 사고는 금단의 열매가 되고, 공론장은 도그마의 확성기가 되며, 시민은 판단의 주체가 아니라 충성의 신도가 된다. 정치는 더 이상 문제 해결의 수단이 아니라, 집단 감정의 투사장이자 정체성의 배타적 상징체계로 기능하게 된다.

정치의 종교화는 새로운 것이 아니다. 지난 세기 전체주의 체제는 정치와 종교의 경계를 허물며, 이념을 신앙의 차원으로 구축한 바 있다. 나치즘이나 스탈린주의, 극단적 민족주의는 모두 지도자를 숭배하고 집단을 성역화하며 반대자를 이단으로 처형했다. 그 비극적 유산은 오늘날 정치 양극화라는 무대를 통해 귀환의 기회를 엿보고 있다. 민주주의가 허약해질 때, 정치 종교화는 언제든 고개를 든다.

정치는 신앙이 될 수 없다. 정치는 공공의 갈등을 조정하고 삶의 조건을 개선하며, 다양한 이해관계를 합리적으로 조율하는 제도적 장치다. 정치는 수정과 반론, 비판과 타협을 전제해야 하는 잠정적 합의의 절차이자 기술이다. 진영이나 정당 내부에서 비판을 허용하지 않는 순간, 그것은 더 이상 민주주의에 기여할 수 없다. 공존과 경쟁은 비판의 자유가 만든다.

그러나 희망이 전혀 없는 것은 아니다. 정치적 믿음체계가 때때로 종교적 신념처럼 경직되고 절대화되는 모습을 보이더라도 절망할 필요는 없다. 정치적 믿음체계는 본질적으로 종교적 믿음체계와는 다른 성격을 지니며, 스스로를 교정할 수 있는 유연성과 개방성을 내포하고 있다. 우리는 이 차이를 인식하는 데서 정치의 종교화 극복의 가능성을 찾을 수 있다.

정치적 믿음은 토론과 비판, 검증과 조정이라는 제도적 메커니즘

안에서 현실과 상호 작용할 수밖에 없다. 정치적 믿음체계는 계시와 약속이 아니라 현실에 발 딛고 있는 믿음이다. 종교가 영원한 구원을 약속한다면, 정치는 지금 여기의 문제 해결을 요구받는다. 정치적 입장은 정권교체, 정책 성과, 경제 지표, 사회적 요구 등 가시적인 조건과 경험에 의해 검증된다. 종교적 신념이 개인의 영적 구원에 깊이 뿌리내린 반면, 정치적 입장은 계층, 지역, 세대, 직업적 조건에 따라 변화할 수 있으며, 새로운 정치 세력이나 정책 대안이 등장하면 유동적으로 이동할 수 있다. 게다가, 정치적 사건과 사회적 경험은 믿음체계에 대한 회의와 반성을 촉발하는 구체적 계기를 제공한다. 이 기회를 흘려보내느냐 활용하느냐의 문제다. 이러한 정치적 믿음체계의 유동성은 종교적 교리의 경직성과 근본적으로 구분되는 지점이다. 정치적 믿음체계는 언제든 비판과 재구성의 대상이 될 수 있고, 그래야만 한다. 바로 여기에 민주주의의 희망이 있다.

그 희망의 현실화는 인식의 대전환을 요구한다. 이 전환을 '정치의 탈신성화'라 부를 수도 '비신앙적 시민성 회복'으로 부를 수도 있을 것이다. 정치를 절대 진리와 도덕의 전장이 아니라 협의와 선택의 공간으로, 감정의 대리전이 아니라 이성의 숙의 문제로, 구원의 수단이 아니라 공존의 기술로, 자아의 무한 확증과 정체성 투사가 아니라 타인의 수용과 협력으로 봐야 한다. 정치의 탈신성화는 해방 선언으로 이루어지는 것이 아니라 내면의 훈련과 해독의 과정을 통해 완성된다. 이 해독을 이끌어가는 힘은 성찰이다.

가장 우선해야 할 것은 정치적 믿음체계에 대한 비판적 성찰이다. 자신의 신념이나 부여된 정체성에 집착하기보다 정책의 성과, 사회의 요구, 현실의 타당성을 기준으로 정치적 선택을 조정할 수 있어야 한다. 종교가 아닌 정치에서 요구되는 덕목은 믿음의 고수보다 합리적 유연성과 열린 사유이다.

믿음 앞에서의 겸허함

정치가 신앙처럼 작동하는 시대, 우리 자신의 정치적 믿음체계에 대해 다시 돌아봐야 한다. 정치적 믿음이 강고해질수록 나타나는 대표적 문제 중 하나는 '믿음 닫힘'belief closure 현상이다.[31] 이는 믿음이나 믿음체계의 인지적·심리적 폐쇄 상태를 의미한다.

믿음 닫힘은 곧 선택적 정보 수용의 구조를 따른다. 자신의 신념을 강화하는 정보에만 주목하고, 반박 정보는 회피하거나 왜곡하여 받아들이며, 대안적 시각이나 논거에 대해 방어적 태도를 보인다. 이때 정치적 믿음은 숙고의 결과가 아니라, 확증편향의 회로 속에서만 증폭되는 자기 강화 시스템의 결과이다. 믿음에서 파생되는 결론만이 인정되고, 그 믿음을 수정할 계기는 차단된다.

이 현상을 극복하려면 믿음을 수정할 수 있는 의지와 능력 모두가 요청된다. 의지란 자신의 믿음이 절대적일 수 없음을 인정하고, 기존 신념에 균열을 허용하려는 태도다. 자신이 속한 집단의 견해, 사회적 압력, 심리적 안전지대를 벗어나 다른 관점에 귀 기울이려는 용기를 포함한다. 그러나 이러한 의지가 아무리 강해도, 실천할 수 있는 인지적 역량이 뒷받침되지 않는다면, 개인은 쉽게 믿음의 방어기제로 되돌아간다.

여기서 말하는 능력이란 단지 정보를 많이 아는 것을 뜻하지 않는다. 그것은 비판적 사고력, 정보해석력, 논리적 추론 능력, 무엇보다

---

[31] '믿음 닫힘'의 개념은 피터 보고시안(Peter Boghossian)의 《신앙 없는 세상은 가능하다》에서 빌려왔다. 그는 믿음 닫힘을 "정정과 변경을 거부하는 누군가 지지하는 특정한 믿음이나 믿음체계"란 뜻으로 사용한다. 그는 "믿음 닫힘의 정도는 다양하다. 닫힘의 가장 극단적인 단계는 가지고 있는 믿음/믿음체계가 고정되고 굳어지고 바꿀 수 없는 상태로, 따라서 정정할 수 있는 가능성이 매우 적은 상태다. 그보다 약한 것은 믿음을 따르는 정도가 완고한 것이고, 더 약한 것은 그 사람의 믿음이 열릴 가능성과 의지가 있는 경우이다. 누구나 어떤 믿음에 대해 닫힐 수 있고, 이는 믿음의 내용과는 상관이 없다."고 말한다.
피터 보고시안 저, 이재호 역, 《신앙 없는 세상은 가능하다》, 리북, 2016., 47쪽.

자신의 인지적 한계와 편향을 인식하는 메타인지meta-cognition[32] 역량이다. 정보가 넘쳐나는 시대일수록 잘못된 정보, 편향된 해석, 집단적 확증편향에 휘말릴 위험이 커진다. 중요한 것은 자신의 믿음이 틀릴 수 있다는 가능성을 전제하는 용기이다. 아무리 많은 정보를 접하더라도, 그것이 기존 신념을 정당화하는 데만 사용된다면 그 능력은 폐쇄된 믿음을 강화하는 데 그칠 뿐이다.

따라서 믿음 닫힘을 극복하려면 자신의 믿음을 의심할 수 있는 내적 용기와, 그 믿음을 점검할 지적 역량이 반드시 병행되어야 한다. 믿음을 정정할 준비가 된 자만이 타인의 믿음과 열린 자세로 대화할 수 있다.

믿음 닫힘의 또 다른 유형은 우리의 사회적 태도와도 관련이 있다. 자신의 판단에 자아도취적으로 몰두하는 일종의 나르시시즘이다. 자존심이 판단에 개입하고 또는 논쟁에서 이기고 싶어서 비판과 다른 생각을 고려하지 않는 경우도 있다. 그리고 자신의 평판을 위해서 이성이라는 무기를 잘못 사용하고 있기도 하다. 직관주의자라 할 수 있는 조너선 하이트Jonathan Haidt는 이렇게 이야기한다. 이성은 "진리를 찾는 수단이 아닌 남들과의 논쟁에서 주장하고 설득하고 조작하는 수단으로 봐야"[33] 한다. 스스로에게 물어야 한다. 나는 왜 이 믿음을 계속 옹호하는가? 그것은 타당한 논거 때문인가, 아니면 나의 자존심과 평판을 걸고 있기 때문인가? 솔직하게 이를 물을 수 있다면, 믿음 앞에서 진실해질 수 있다. 자신의 평판을 위해 믿음을 지켜야 한

---

[32] 메타인지는 자신의 생각과 인지 과정을 스스로 되돌아보고 조절하는 능력을 뜻한다. 이는 곧 '생각에 대한 생각', '아는 것을 안다는 것'을 뜻하며, 기억, 이해, 판단, 학습 등의 인지 과정을 객관화하고 성찰하는 능력이다. 메타인지는 단순한 지식 축적을 넘어서 자신의 판단이 정당한지, 감정은 어떻게 영향을 주고 있는지, 내가 놓치고 있는 전제는 없는지를 되묻는 태도로 이어진다. 이 점에서 메타인지는 비판적 사고의 핵심적 기초이자, 공적 성찰을 가능하게 하는 조건이다. 정치적 맥락에서는, 감정과 믿음에 사로잡힌 채 반응하기보다, 그 반응의 이유를 되묻고 거리를 둘 수 있게 만드는 해독의 실마리로 작동한다.

[33] 조너선 하이트 저, 왕수민 역, 《바른 마음》, 웅진지식하우스, 2014., 178쪽.

다면, 진실한 삶은 아닐 것이다.

믿음 닫힘은 경직된 상태에서부터 부분적 완고함, 변화 가능성을 지닌 개방 상태까지 연속적 스펙트럼으로 존재한다. 따라서 이를 극복하기 위한 전략도 다층적이어야 한다.

첫째, 가장 우선되어야 할 것은 자기 인식과 메타인지의 훈련이다. 정치적 믿음체계가 강해질수록, 사람들은 자신의 입장을 객관적 진실이나 상식이라 착각하기 쉽다. 그러나 모든 믿음은 검토 가능한 가설이며, 수정 가능한 판단일 뿐이다. 자신의 믿음이 어떤 경험, 정체성, 감정 혹은 소속감의 결합 속에서 형성되었는지를 자각하는 것은 정치 신념의 절대화를 막는 첫걸음이다. '나는 왜 그렇게 믿는가', '내 믿음은 어떤 감정적 필요에서 비롯된 것인가', '이 믿음은 언제, 어떻게 형성되었는가'와 같은 질문을 스스로에게 던지는 메타인지적 접근은 믿음을 성찰의 대상으로 전환시키는 유효한 도구다.

둘째, 정보 소비의 경계 넘기를 실천해야 한다. 진영 논리에 기반한 정치 현실은 정보 소비의 편향을 구조화한다. 많은 이들이 자신도 모르게 자신이 속한 진영의 미디어와 커뮤니티에만 의존하고, 타 진영의 시각은 왜곡되었거나 해롭다고 멀리한다. 이 같은 정보 폐쇄성을 극복하려면, 의도적으로 불편한 정보에 노출되는 훈련이 필요하다. 낯선 논리와 반대 입장을 마주할 때의 불편함은 '인지적 스트레칭'이라 부를 수 있으며, 이는 사고의 유연성과 믿음의 개방성을 회복하는 결정적인 계기가 된다.

셋째, 자신의 정치적 정체성을 검토해야 한다. 오늘날 정치 담론은 '누가 말했는가'에 집착한 나머지 '무엇이 말해졌는가'를 놓치기 쉽다. 정치적 정체성은 자기 검토를 통해 갱신되고 재구성되어야 할 열린 체계이다. 자신의 정체성이 어떤 경험, 교육, 환경, 감정, 기억 속에서 형성되어 왔는지 물으며 유연하고 개방된 정치적 정체성을 새로이 구축할 수 있다. 성찰은 자신이 누구인가를 반복해서 되묻는 과정이다.

　결국 정치적 믿음체계의 경직성과 절대화 극복은 개개인의 내면에서 시작되는 변화를 통해서만 가능하다. 따라서 우리에게 필요한 것은 믿음과 정체성을 무기로 휘두르는 오만이 아니라, 그것을 언제든 검토하고 수정할 수 있는 겸허함과 유연성이다. 겸허함이 우리를 대화와 이해, 설득과 변화로 이끈다. 정치적 믿음을 하나의 열린 판단의 틀로 여기는 태도는 타인의 의견을 경청하고 스스로를 성찰할 수 있는 공간을 열어 준다. 이것이 민주 시민의 위대한 교양이다.

　닫힌 믿음에서 벗어나려는 용기, 수정 가능한 믿음을 품으려는 지성이 만날 때, 우리는 양극화의 굴레에서 벗어나 정치와 삶의 균형을 회복할 수 있다. 민주주의는 타인과 함께 더 나은 사회를 모색하려는 성찰과 대화의 의지에서 자란다. 자신의 믿음을 다루는 가장 진지한 방법은 겸허함을 갖는 것이다.

11장

정치해독을 위하여

POLI-
TICAL
DETOX
폴리티컬 디톡스

정치해독

정치해독: 정치적 성숙을 위한 사유와 실천

'정치해독'political detox은 개인과 사회가 왜곡된 정치적 믿음체계, 감정 구조, 진영 종속, 적대적 프레임과 레토릭, 정치의 종교화, 정치 과잉, 낡은 이념 등으로부터 벗어나기 위해 수행하는 비판적 성찰의 과정이며, 성숙한 시민성을 회복하기 위한 실천이다.[34] 정치적 중립이나 무관심으로의 후퇴가 아니라, 정치가 과도하게 개입한 삶을 다시 정돈하고, 개인의 자율성과 공동체적 연대를 회복하려는 주체적 노력이다.

정치해독은 단순히 정치에서 거리를 두는 '탈정치'가 아니다. 오히려 정치를 권력 투쟁의 장에서 공존의 기술로 전환하고, 정치 참여의 질을 성찰과 책임, 상호 이해의 기반 위에서 고도화하려는 시도다. 이는 시민 각자가 자신의 정치적 태도를 돌아보고, 감정과 믿음, 언어와 행동의 구조를 비판적으로 재구성하는 내면의 훈련이자 실천이다.

정치해독은 정치적 회복이며 재구성이다. 그것은 정치적 피로를 극복하고, 극단화된 믿음을 성찰하며, 편향된 판단을 다시 세우고, 나와 타인을 연결하는 공적 감각을 되찾는 과정이다. 이제 우리에게

---

[34] 정치해독은 학술적으로 정립된 개념은 아니지만, 우리 삶에 스며든 정치적 독소들을 벗고 성숙한 시민성을 회복하기 위한 철학적이고 실천적인 개념으로 제시한다. 일반적으로 해독(detoxification)은 신체나 정신에 축적된 유해 물질이나 유해한 영향을 제거하거나 줄이는 과정을 뜻한다. 좁게는 축적된 유해 물질을 제거하는 의학적 치료를 말하지만, 넓은 의미에서는 유해한 심리·사회적 구조에 대한 의존적 사고방식이나 감정 패턴을 교정하는 심리적 회복, 건강한 삶의 균형을 되찾는 과정을 의미한다.

필요한 것은 더 많은 이념도, 더 거친 언어도, 더 강한 적대도 아니다. 한 사람 한 사람의 내면에서 시작되는 성찰의 힘, 그것이야말로 진짜 민주주의를 가능케 할 유일한 길이다.

우리는 지금 정치를 마치 신앙처럼 믿고, 적을 악마처럼 적대하고, 모든 사회적 갈등을 정치의 이름으로 처리하려는 시대에 살고 있다. 정치는 더 이상 제도와 정책의 영역에 머무르지 않고 감정과 언어, 인간관계와 자아 정체성까지 점령한 거대한 구조물이 되었다. 다른 정당을 지지한다는 이유만으로 관계가 끊기고, 서로 다른 의견을 가졌다는 이유만으로 혐오와 조롱을 일삼고 있다.

정치해독은 이러한 감정의 홍수 속에서 자신의 위치를 자각하고, 한 걸음 떨어져 자신이 무엇에 반응하고 무엇을 믿고 있는지 돌아보는 일이다. 정치를 더 잘 보기 위해, 다시 선택하기 위해, 삶이 정치에 끌려다니지 않기 위한 '성찰적 거리두기'가 정치해독이다.

왜 정치해독이 필요한가

우리에게 정치해독이 필요한 이유들은 우리가 무엇을 해독할 것인지를 적시하는 설명이 된다. 다음의 과제들은 진영과 이념, 세대를 불문하고 함께 실천할 과제들이다.

왜곡된 믿음체계의 고착: 우리 정치의 핵심 문제는 정치가 왜곡되고 설득력 없는 믿음체계에 의해 움직인다는 점이다. '종북좌파 망국론', '반민주세력 청산론', '정치적 냉소주의' 등의 믿음체계는 논리나 사실이 아니라 감정과 서사에 의해 강화되며, 진영의 당파적 정체성을 결속하는 데 동원된다. 이러한 믿음체계의 비논리성, 자기 확증 구조, 도덕화된 정체성을 해체하고, 정치적 인식의 현실성과 유연성을 회복해야 한다.

감정 구조의 왜곡과 과몰입: 정치 담론이 이성보다는 분노, 공포,

혐오, 도취 같은 감정 구조에 의존하면서, 감정은 정치를 움직이는 동력이 되었다. 정치 언어는 우리의 감정을 조작하는 도구로 변질되었고, 우리의 사고를 멈추게 한다. 감정을 성찰하고, 감정의 거리두기, 나아가 감정의 복원과 성숙한 공감 능력의 회복을 필요로 한다.

진영 대결과 당파적 정체성 정치: 정치가 '공공의 문제 해결'이 아니라 '적대의 심화와 재생산'이 되었다. 진영은 유연한 연대의 순기능을 하지 못하고 폐쇄적 정체성의 울타리가 되었다. 이분법적 사고는 '그들'을 악마화하고 '우리'를 신성시한다. 이 당파적 정체성 기반 진영 구조에서 벗어나기 위해 메타인지적 성찰, 정보 교차 소비, 논쟁이 아닌 숙의, 공통의 사회적 합의가 필요하다.

프레임 선동과 정치 레토릭의 타락: 정치 언어는 사실을 드러내는 창이 아니라 사실을 가리는 안개가 되었다. 프레임은 현실을 조직하는 도구가 아니라 진실을 조작하는 수단이 되고, 레토릭은 공동체 설득이 아니라 선동과 결속의 주문으로 변질되었다. 특히 음모론과 가짜뉴스는 이 왜곡된 프레임의 최전선에서 작동하며, 정치적 진실을 조롱거리로 만든다. 언어의 정직성, 담론의 개방성, 표현의 윤리성을 회복하려는 노력이 절실하다.

정치과잉과 일상의 정치화: 정치가 삶의 문제를 해결해 주지 못할 뿐만 아니라, 삶을 잠식하고 판단을 마비시키고 감정을 지배하고 있다. 정치과잉은 시민의 자율성과 관계의 자유, 판단의 독립을 위협한다. 정치와 삶의 건강한 경계를 회복하고, 시민이 자신의 삶에 대한 주체성과 판단의 독립성을 되찾는 과정이 모두에게 요청되고 있다.

정치의 종교화와 절대 신념화: 정치가 '진리'와 '구원'의 자리를 차지할 때, 그것은 더 이상 민주주의가 아니게 된다. 정치는 협상과 조정의 기술이어야 하나, 지금은 종교처럼 구원을 약속하고, 타자를 이단시하고, 무오류의 권위를 자처하는 체계로 작동하고 있다. 정치의 신앙화를 걷어내고, 협력과 선택의 기술, 조정과 책임의 제도로 되돌리는 비신앙적 시민성을 회복하여야 한다.

 탈진실 사회와 정보의 왜곡된 소비: 오늘날 우리는 공통된 사실, 공통의 문제가 아니라 진영에 따라 알고리즘이 선별한 정보를 소비하며, 믿음체계는 이를 통해 더욱 강화되고 있다. 정보 소비의 구조적 왜곡, 확증편향의 강화 메커니즘을 인식하고, 다양한 정보 환경에 대한 교차적 노출과 비판적 정보 리터러시가 필요하다. 진실이 외면받고 사실이 믿음에 종속되는 현실에 대응하기 위한 시민적 훈련이 절실하다.

 무력감과 정치적 냉소의 확산: 정치가 과잉되었지만, 동시에 시민은 정치에 참여해도 변하지 않는다는 체념을 학습하게 되었다. 냉소는 정치 불신을 넘어 민주주의 자체에 대한 불신으로 이어진다. 냉소주의, 탈정치, 무관심에서 실질적인 참여와 손에 잡히는 변화를 경험하면서 민주주의의 내실화를 추구해야 한다.

 상징과 이미지 정치의 지배: 정치는 점점 의제나 정책이 아니라 이미지, 상징, 퍼포먼스에 의해 작동한다. 정책의 내용보다 정체성의 태그, 발언의 강도, 퍼포먼스가 주목받는다. 이는 정치의 시뮬라크르화, 즉 표상과 상징의 유희에 가깝다. 이러한 상징 과잉을 인식하고, 현실에 발 딛고 실제 문제 해결에 접근하는 정치적 판단력이 요청된다.

 문제 해결이 아니라 도덕 전쟁의 지배: 정치는 공동의 문제 해결보다도, 도덕적 정체성의 자기 확신과 자기 실현의 장으로 기능하고 있다. 개인은 자신의 선함을 입증하고 악을 응징하기 위해 정치에 참여하며, 그 과정에서 정치적 판단이 아닌 윤리적 판단이 정치의 전부가 되고 있다. 정치를 도덕의 투사 공간이 아닌 조정과 협의의 공간으로 되돌길 수 있는 인식 전환이 요구된다.

 낡은 이념의 반복과 정치 상상력의 마비: 이념은 우리가 꿈꾸는 미래를 만들기 위한 가치체계이다. 우리는 지금 시대 변화에 부응하지 못한 과거의 낡은 이념을 반복하는 관성에 젖어 있다. 진보는 여전히 1980년대 민주화 이념에 갇혀 있으며, 보수는 냉전적 반공주의나 국가주의에 안주한다. 정치 담론에서 이념은 정책의 방향이나 구체적 가치 실현의 언어가 아니라, 정체성 동원의 깃발로 전락했다. '공정', '정의', '자유', '개혁', '보수', '진보' 등의 용어는 현실 정책과 조응하지 않은 채 공허한 구호로 소비되고 있다. 정치는 살아 있는 현실을 다루는 작업이다. 따라서 우리가 직면한 새로운 문제들을 담아낼 유연하고 현실에 발 딛은 이념 그리고 이를 가능케 할 정치적 상상력의 회복이 절실하다. 이제는 과거 언어의 반복을 넘어 우리 시대를 위한 새로운 가치와 비전을 창조할 수 있어야 한다.

정치해독의 목표는 이러한 과제들을 해결하여 우리가 능동적 정치 주체로 우뚝 서는 것, 성숙한 민주주의 향유자로 올라서는 것이다.

정치해독, 어떻게 가능한가

정치해독이 단지 분석과 진단에 머물러서는 충분하지 않다. 삶의 감정과 관계, 정보와 사고의 방식까지 스스로 점검해야 한다. 정치의 감정화, 정체성화, 일상화에 맞서는 작은 실천이야말로 정치해독의 출발점이다. 개인적 차원에서 다음의 구체적 실천이 제시될 수 있다.

자각: 정치적 사건에 자동적으로 분노하거나 좌절할 때, '나는 왜 이렇게 반응하는가'를 스스로 묻는 것이 출발이다. 감정과 사건을 분리해 바라보는 자각은 해독의 첫걸음이다.

거리두기: 정치가 자신의 존재를 결정짓게 두지 말자. 정치적 갈등은 외부의 사건일 뿐, 자신의 가치와 자존감과는 별개다. 이 분리를 통해 감정의 요동에서 벗어날 수 있다.

절제: 정치 뉴스, SNS, 끝없는 논쟁에 과도하게 노출되면 감정은

피폐해진다. 정보에는 적당한 '거리'와 '양'이 필요하다. 삶의 평형은 정보량보다 감정의 균형에서 비롯된다.

전환: 정치에 대한 분노와 불안을 억누르기보다, 운동, 예술, 독서, 지역 활동 등으로 전환하자. 정치 감정을 삶의 창조적 에너지로 바꾸는 것이 진정한 해독이다.

복원: 가족, 친구, 자연, 예술, 취미 등 정치를 통하지 않는 세계를 복원하자. 정치에 흔들리지 않는 내면의 자율성이 있어야 정치에도 건강하게 참여할 수 있다.

최근 심리학에서도 '정치 스트레스 증후군'political stress syndrome이 주목받고 있다. 지나친 정치 노출이 만성적 불안과 분노, 무력감을 낳고, 일상의 감정 건강을 해치는 구조가 점점 심화되고 있다. 정치해독은 바로 이 악순환을 끊고, 자신의 감정과 삶의 리듬을 되찾기 위한 노력이다. 정치에서 물러서기 위한 것이 아니라, 정치의 파고를 견딜 수 있는 감정의 내공과 생각의 여백, 관계의 여지를 회복하기 위한 실천이다.

아울러 정치해독을 위해 감정의 회복, 인식의 성찰, 관계의 재정립이라는 세 축을 중심으로 한 보다 집중적인 삶과 정치의 재구성 노력이 필요하다. 우리는 정치를 통해 세상을 이해하고 판단하지만, 그 과정에서 정치는 종종 우리의 감정과 사고, 관계의 질서마저도 지배한다. 정치적 피로와 갈등, 단절의 시대에 우리가 회복해야 할 것은 단지 정치로부터의 거리만이 아니라, 삶의 중심으로서의 '나 자신'이다.

감정의 해독: '정치를 위한 분노'에서 '삶을 위한 감정'으로 전환해야 한다. 오늘날 정치는 감정을 동원하는 구조 속에서 작동한다. 분노는 의분이 되고, 희생은 영웅화되며, 혐오는 정의라는 이름으로 정당화된다. 그러나 이러한 감정은 대부분 정치적 동원과 적대의 구조 속에서 규율되고 선택된 것이다.

감정은 정치 이전에 인간의 삶을 구성하는 자연스러운 에너지다. 정치해독은 이 왜곡된 감정 구조를 걷어내고, 감정을 삶의 언어로 되돌리는 작업이다. 우리는 스스로에게 물어야 한다.

지금 내가 느끼는 이 감정은 내 삶에서 비롯된 것인가, 아니면 누군가가 설계한 것인가? 이 분노는 정당한가, 아니면 감정에 끌려가고 있는가?

정치 콘텐츠에서 잠시 눈을 돌리고, 가까운 사람들과의 사소한 일상을 나누는 대화 속에서, 우리는 감정을 다시 삶의 자리로 되돌려 놓을 수 있다. '정치적 감정'보다 '생활의 감정'을 회복하는 것이 해독의 첫걸음이다.

인식의 해독: 믿음을 잠시 내려놓는 용기도 필요하다. 정치가 종교처럼 작동할 때, 믿음은 숙고의 결과가 아니라 충성의 증표가 된다. 묻지 않고 믿고, 듣지 않고 분류하며, 정보는 검증보다 반복을 통해 신념으로 고착된다. 어느새 사고의 문은 닫히고, 우리는 스스로 생각한다고 믿으며 타인을 따르고 있는 경우가 많다.

정치해독은 이러한 자동화된 인식의 흐름을 멈추고, 자신의 믿음을 하나의 해석틀로 객관화해 보는 성찰이다. 내가 가진 정치적 확신은 어디에서 비롯된 것인가? 내가 지지하는 집단이 잘못했을 때도 비판할 수 있는가? 정보는 얼마나 다양한 관점에서 접하고 있는가? 이 질문들이 도움이 될 수 있다.

반대편의 목소리에 귀 기울이고, 자신의 믿음을 점검해 보는 작은 질문만으로도 사고의 깊이는 넓어질 수 있다. 정치적 확신보다 더 중요한 것은, 질문할 수 있는 용기와 사유의 여백이다.

관계의 해독: 관계를 정치 바깥으로 데려오는 노력은 더욱 중요하다. 정치는 이제 사람 사이를 가르는 기준이 되었다. 정치적 입장이 다르다는 이유로 대화가 끊기고, 친구와 멀어지고, 가족 사이에도 침묵이 흐른다. 어느새 정치적 동질성만이 만남의 조건이 되고, 인간관

계는 정체성의 울타리 안에 갇힌다.

정치해독은 이러한 관계의 병리적 구조를 회복하려는 노력이다. 타인의 '다름'을 적대가 아니라 공존의 조건으로 받아들이고, 정치적 불일치를 감정적 단절로 연결하지 않는 태도가 필요하다.

우리는 스스로에게 물어야 한다. 정치적 입장이 다른 사람과도 관계를 지속할 수 있는가? 타인의 의견에 귀 기울이고 있는가, 아니면 차단하고 있는가? 정치적 동질감 없이도 함께 살아갈 수 있는가? 정치 이야기를 하지 않아도 되는 시간을 만들고, 함께 다른 삶의 주제를 이야기하는 연습이 필요하다.

성숙한 민주주의는 강한 신념이 아니라, 품위 있는 태도에서 비롯된다. 무엇을 주장하느냐보다 어떻게 말하고 듣느냐가 정치의 품격을 결정한다.

정치해독은 성찰이며 훈련이다. 정치해독은 결코 정치 참여의 포기를 의미하지 않는다. 오히려 그것은 더 깊은 개입과 더 책임 있는 판단을 가능하게 하는 준비다. 감정에 휘둘리지 않는 내면, 사고를 점검할 수 있는 성찰, 관계의 폭을 넓히는 유연함이야말로 민주 시민의 자질이다. 정치의 격렬한 폭풍우로부터 우리를 지켜주는 항구는 다름 아닌, 자기 자신의 내면이다.

정치해독: 공적 성찰, 비판적 사고, 정치 리터러시

자신의 정치적 판단에 책임질 수 있는가? 정치적 정체성 이전에 인간으로서의 윤리를 갖추고 있는가? 상황이 변하면 자신의 입장도 유연하게 조정할 수 있는가? 지금의 정치적 태도는 진실을 향한 것이 아니라, 나 자신을 정당화하는 수단이 되고 있지는 않은가? 이런 질문은 자주 그리고 진심으로 던져야 한다.

질문은 해답보다 먼저이며, 더 중요하다. 질문은 잠시 멈추는 사유이자 다시 시작하는 용기이며 감정을 되찾고, 인식을 정렬하며, 관계를 회복시키는 내면의 힘이다. 우리는 질문을 통해 다시, 성숙한 시민으로서의 홀로서기를 시작할 수 있다.

정치는 삶 전체를 대신할 수 없다. 정치는 삶을 조정하고 뒷받침하는 하나의 공적 기술이어야 하며, 우리의 감정과 사고, 관계의 근원은 정치에 국한되지 않는다. 정치에 함몰되지 않고도 정치를 실천할 수 있고, 냉소하지 않고도 정치를 비판할 수 있으며, 거리를 유지하면서도 공동체를 위해 정치에 참여할 수 있다. 이 균형을 지향하는 태도가 바로 정치해독의 목표이며, 성숙한 시민의 자질이다.

정치해독은 공적 성찰public reflection, 비판적 사고critical thinking, 정치 리터러시political literacy를 필요로 하고 또한 이 세 가지 요소를 통해 비로소 완성된다. 이들은 서로 분리된 개념이 아니라, 하나의 방향성을 공유하며 상호 보완적으로 통합될 수 있는 시민의 자질이다.

공적 성찰은 새로운 시민성의 미덕과 자질을 형성하기 위한 철학적·윤리적 사유의 과정이다. 공적 성찰은 정치의 의미를 다시 묻고, 공공선에 대한 책임을 숙고하며, 민주적 삶을 지탱하는 내적 성숙을 추구한다. 이를 통해 우리는 공공의 윤리적 주체로 성장할 수 있다.

비판적 사고는 감정과 선동, 편향과 확증에 휘둘리지 않고, 논리적 일관성, 사실적 근거, 윤리적 정당성을 따져 보는 사고의 훈련이자 이성적 삶의 태도다. 비판적 사고는 정치적 주장과 믿음을 맹목적으로 수용하지 않고, 깊이 있는 민주주의를 가능하게 하는 판단의 도구가 된다.

정치 리터러시는 정치적 정보를 이해하고, 담론을 분석하며, 참여를 실행하는 지적 기초이자 시민 역량이다. 이는 단순히 정책이나 정당을 아는 것을 넘어, 정치 언어의 함의, 권력의 프레임, 집단 심리의 작동을 비판적으로 파악하고 대응하는 능력을 포함한다. 정치 리터러시는 비판적 사고의 분석력, 공적 성찰의 윤리적 기준 위에서 정립된다.

공적 성찰

"성찰 없는 삶은 가치 없는 삶이다."

소크라테스의 이 명제는 성찰의 중요성을 강렬하게 환기한다. 성찰은 자아, 인식, 존재 그리고 도덕적 책임에 대한 자기 규제적 사고의 과정으로 자신의 생각과 행동을 비판적으로 검토하고 그 의미를 깊이 숙고하는 정신적 활동이다. 이는 개인의 가치관을 재정립하고, 사회적 책임을 자각하게 하며, 성숙한 시민으로 성장하도록 이끈다.

공적 성찰은 정치적 주체로서 자신의 사회적 책임과 윤리적 태도를 깊이 숙고하며 정치적 신념, 감정, 태도, 행동 전반을 공동체 맥락에서 비판적으로 성찰하고 조정하는 인식적·도덕적 실천 과정으로 정의할 수 있다. 이는 '정치적 성찰'로 부를 수 있으나 정치 현상, 정책, 권력, 정치 행위에 대한 비판적 분석을 넘어서는, 사회적 책임감과 윤리적 태도를 강조하는 차원에서 공적 성찰이라 부르는 것이 더 적절하다.

공적 성찰이라는 새로운 개념을 제시하지 않아도, 성찰이라는 지적 행위이자 윤리적 실천을 통해서 우리의 정치적 성숙을 향한 노력을 주문할 수 있다. 그러나 정치과잉, 감정 정치, 진영 대립이 만연한 오늘날, 우리는 정치 주체로서 더 목적의식적이고 집중적인 성찰의 노력으로 정치에 대한 고뇌를 풀어가야 한다.

나아가 공적 성찰은 그 방향과 폭을 개인의 내면에 한정하는 것을 넘어 공공의 장에서, 공동체의 미래 속에서, 타인과의 관계 맥락 안에서, 자신의 믿음과 행위를 숙고하고 조정할 수 있는 보다 넓고 깊은 성찰에 대한 요청이다. 성찰이 '거울 앞에서 나'를 비추는 일이라면, 공적 성찰은 '창을 통해 세상을 바라보는 나'로 나아가는 일이라 할 수 있다.

공적 성찰은 성찰의 차원과 지평을 확장하는 데도 도움이 된다. 개인에서 사회로, 사적 반성에서 공적 책임으로 그리고 시대의 요청에 대한 응답으로 나를 이끌어 간다. 내 생각과 감정을 점검하는 데 그치지 않고, 나의 믿음이 공동체에 미치는 영향, 나의 정치적 행동이 사회적 신뢰와 정의에 끼치는 파장까지 함께 숙고하는 성찰이다.

내가 옳다고 믿는 것이 타인의 권리를 침해하고 있지는 않은가?, 나의 정치적 열정은 공동체를 강화하는가 아니면 분열시키는가?, 내가 속한 집단의 신념을 무비판적으로 따르고 있지는 않은가?, 나는 공공선을 위한 책임 있는 시민으로서 충분히 성찰하고 행동하고 있는가? 공적 성찰은 이 질문들을 마주하는 것이다.

무엇을 할 것인가?

정치는 단순한 참과 거짓의 문제가 아니다. 정치는 가치의 충돌, 윤리적 딜레마, 시민으로서의 책임과 역할, 다원적 이해관계가 얽힌 복합적인 장이다. 공적 성찰은 바로 이 다층적 현실 속에서, 어떤 가치가 더 공공선을 증진하는가, 어떤 선택이 더 정의에 부합하는가를 끊임없이 묻고 고민하는 더 깊은 사고와 윤리적 숙고이다.

정치적 성숙은 감정적 반응을 넘어, 자신의 신념을 비판적으로 검토하고, 공동체 전체를 고려하며, 정치적 책임을 자각할 수 있는 지속적인 숙고와 꾸준한 훈련을 통해 비로소 이루어진다. 공적 성찰은 이 성숙을 가능하게 하는 핵심 통로다.

공적 성찰에서의 질문은 다양할 수 있다. 그러나 그 핵심은 우리가 함께 살아가는 시민으로서 필요한 본질적인 자질을 있는지를 점검하는 것이다. 정치적 확신을 넘어서는 성찰이 우리에게 있는가? 내 신념의 윤리적 파장을 돌아보는 여유가 있는가? 공공선과 공동체를 위한 책임 의식을 갖춘 참여자인가? 공적 성찰은 이 질문에 응답하는 능력이다. 그리고 이 능력은 우리가 단순히 의견을 교환하는 존재를 넘어, 함께 살아가는 시민으로 성숙하는 데 필요한 가장 본질적인 자질이다.

오늘날처럼 정치 양극화와 적대적 대립이 심화된 시대에는 공적 성찰이 더욱 중요하다. 자기 입장이 절대적 진리가 아님을 인식하고, 타인의 관점에 귀 기울이며, 다양한 목소리와 이견을 공존 가능한 것으로 받아들일 수 있을 때, 진지한 고민이 시작되기 때문이다. 공적 성찰은 정치적 갈등을 성숙하게 감당하고, 갈등을 조정하고 협력의 가능성을 모색할 수 있는 시민적 역량을 기르는 핵심 전략이다.

공적 성찰은 자신의 신념과 가치가 어떤 사회적 맥락과 경험, 어떤 감정 구조, 이해관계 속에서 형성되었는지를 비판적으로 검토하고, 재구성할 수 있는 힘이다. 이 과정은 자신의 한계를 자각하고, 새로운 관점에 열려 있는 사고를 통해 지속적으로 학습하고 성장하는 인식적 여정이기도 하다.

공적 성찰을 통해 우리는 타인의 입장을 선입견 없이 바라보며, 자기 확신과 자만 대신 겸허함과 유연함을 갖춘 정치 주체로 성장할 수 있다. 이는 단지 개인적 수양에서 그치지 않는다. 공동체 전체의 성숙과 민주주의의 지속 가능성을 위한 조건이기도 하다.

공적 성찰은 다음과 같은 핵심 과제를 포함한다.

정치적 판단의 숙고: 자신의 정치적 판단이 감정적 충동이나 진영 믿음체계의 순응이나 동조가 아니라, 사실과 근거에 기반하고 있는지를 점검한다. 자신의 선택이 논리적이고 사회적 맥락을 고려한 것이었는가를 끊임없이 돌아보아야 한다.

공적 책임의 인식: 정치적 태도와 행동이 공동체의 미래에 어떤

영향을 미치는지를 자각한다. 정치적 판단은 단순한 개인 의견이 아니라, 민주주의의 질과 민주적 문화를 형성하는 공적 행위임을 인식해야 한다.

윤리적 시민의식의 정립: 자신의 정치적 신념이 사회적 정의, 공정성, 도덕적 기준에 부합하는지를 성찰한다. 나의 선택이 차별과 배제를 강화하지는 않았는가? 나의 정치적 행동은 윤리적 원칙을 지니고 있는가?와 같은 질문이 필요하다.

비판적 사고와 정보 검증 실천: 가짜뉴스와 정파적 왜곡이 넘쳐나는 시대에, 정보를 논리적으로 분석하고 독립적으로 판단할 수 있는가? 다양한 관점을 교차 검토할 수 있는가? 비판적 사고와 정보 리터러시 역량을 키우는 노력과 연계되어야 한다.

공적 성찰은 정치적 확신을 넘어 윤리적 책임을 묻고, 갈등을 넘어 공존을 모색하며, 민주주의를 지속 가능한 삶의 방식으로 지켜내기 위한 시민적 실천이다.

연민과 함께

공적 성찰은 '나'만이 아니라 '타인'과 '공동체'를 고려하는 과정이고, 타인의 고통을 이해하고 나의 책임과 역할을 묻는 과정이기도 하다. 함께 사는 이들의 아픔을 어루만지고, 공공선을 추구하는 여정이다. 여기서 타인의 경험과 고통을 이해하고, 이를 바탕으로 행동할 수 있는 윤리적 기반인 '연민'compassion의 감정이 연결된다.

'함께 산다'는 일은 위대하면서 두려운 일이다. 우리는 함께 산다는 말의 무게를 생각해야 한다. 얼마나 어렵고 복잡하며 행복하며 그리고 품격을 요구하는 일인가? 우리는 함께 살 수 밖에 없다. 그래서 정치다. 함께 사는 좋은 방법을 찾고 살면서 겪는 일들을 해결하고 더 좋은 삶을 위해 함께 고민해야 한다. 연민은 함께 사는 운명에 처한 우리가 가질 수 있는 가장 힘 있는 능력이자 본능적 기반이다.

공적 성찰과 연민의 연결은 왜 중요한가? 성숙한 정치적 태도는 개인의 신념을 비판적으로 검토하는 데 그치는 것이 아니라, 그것이 타인과 공동체에 미치는 영향을 숙고하는 것까지 포함해야 한다. 연민은 타인을 고려할 때 발현되는 감정적·윤리적 요소이며, 이는 공적 성찰을 더 깊이 있게 만든다. 연민이 없는 공적 성찰은 도덕적 감수성과 인간적 이해를 충분히 담지 못하는 이성주의로 흐를 가능성이 있다. 연민이라는 윤리적 동력을 통해 공적 성찰이 확장될 때, 사회적 책임을 온전히 자발적으로 발현할 수 있다. 정치적 판단에 연민을 담아내고 정치적 행동에 연민을 실천하는 것이 정치 주체의 이상적 완성이다.

연민이라는 감정의 사회적 삶에서의 역할, 이것이 제공하는 정치적·윤리적 토대에 대해서 우리는 마사 누스바움Martha Nussbaum의 도움을 받을 수 있다. 그는 "가장 빈번하게 사적 삶뿐만 아니라 공적 삶에서도 합리적 숙고와 바람직한 행동을 위한 훌륭한 토대를 제공하는 것으로 간주되는 감정을 살펴볼 것이다. 나는 이 감정을 연민이라 부를 생각이다."[35]고 말한다. 그는 연민을 "다른 사람이 부당하게 불행을 겪고 있다는 인식에 의해 초래되는 고통스런 감정이다."고 정의한다. 이는 조금 더 설명이 필요한데, 그는 연민의 인지적 구조로 다른 사람의 고통의 '심각함'과 '부당함' 그리고 그 고통을 "나 자신이 세우고 있는 목표와 기획의 중요한 부분으로 간주"하며 "그 사람의 불운을 자신이 앞으로 살아가는 방식에도 영향을 미치는 것으로 간주"할 때 연민이 생겨난다고 본다. 그는 기존의 연민을 이해하는 전통에서 타인의 고통과 나를 연결할 때 "나도 비슷하게 될 가능성", 즉 유사성과 취약성으로만 이해되던 것을 보다 엄밀하게 다시 정의

---

[35] 마사 누스바움 저, 조형준 역, 《감정의 격동》, 새물결, 2015., 548쪽.

하였다. 이러한 과장 없는 인간에 대한 이해는 그의 주장에 신뢰를 한층 더한다. "하지만 인간 존재는 이미 내게 중요한 것이 무엇인지를 생각하는 방법 말고는 다른 사람을 우리와 연관시키기 어렵다." 그렇다. 내게 중요한 것이 무엇인지를 생각하면서 다른 사람을 나와 연관시킬 때, 우리는 고결한 이상이나 도덕의 정언명령 없이도 가장 진솔하고 자발적으로 타인의 삶과 나를 연결시킬 수 있다. 이로써 타인의 고통을 이해하고, 그 고통을 나의 삶과 어떻게 연결할 것인가에 대한 연민의 철학적 기초는 완성된다.[36]

마사 누스바움은 《감정의 격동》, 《정치적 감정》을 통해 현대 정치철학과 윤리학에서 감정을 논리적 이성과 동등한 위치에 놓으며, 특히 연민이 민주주의와 정의로운 사회를 유지하기 위한 필수 요소라고 주장한다. 그는 감정이 단순한 주관적 경험이 아닌 도덕적 판단과 정치적 성찰을 가능하게 하는 인지적 요소라고 본다. 감정이 정치적 성찰의 출발점이 될 수 있으며, 특히 타인의 고통에 대한 연민이 공정한 정치적 결정을 내리는 데 중요한 출발점이 되어야 한다고 주장한다.

연민이라는 정치적 감정이 있어야만, 공동체의 유대감을 강화하고, 사회적 약자나 소외계층을 위한 정책을 지지할 수 있다. 연민은 이성만으로는 해결할 수 없는 도덕적 판단을 가능하게 하며, 정의로운 법과 제도를 만들 수 있는 순수하고 강렬한 동력이다. 그래서 누스바움은 정의는 합리적 이성에만 근거하지 않고 연민이 정의의 실천적 동기가 된다고 주장한다. 그의 호소처럼, 연민은 개인적 감정에서 그치는 것이 아니라, 공적 영역에서 정치적 행동으로 구현될 때 진정한 의미를 갖게 된다. 그는 연민을 민주주의 사회의 공적 미덕으로 보며, 이를 교육해야 한다고 주장한다.

---

[36] 마사 누스바움, 앞의 책, 552-583쪽.

공적 책임과 사회적 연대에서도 공적 성찰은 개인적 숙고에서 끝나는 것이 아니라, 실천으로 연결될 때 더욱 의미가 깊어진다. 연민은 정치적 참여의 동기가 될 수 있으며, 사회적 불평등과 불공정을 해소하기 위한 실천으로 이어질 수 있다. 연민은 타인의 고통을 외면하지 않고, 그 고통을 해결하기 위해 자신의 권리와 특권을 나누는 결단으로 이어진다. 연민은 자기 중심적 감정을 공동체적 책임으로 확장시킨다. 실천은 가슴에 다가온 그 무엇이 만드는 설렘으로 반갑게 행해지는 것이다. 연민이 이끄는 공적 성찰을 하는 주체는 논리도 정연하겠지만, 따뜻하게 정의를, 아름답게 자유를, 기쁘게 협력을 말할 수 있다.

연민이 정치의 모든 문제를 해결할 수는 없고, 연민만으로 모든 정책의 기획안을 마무리할 수는 없다. 서로 다른 연민의 충돌도 충분히 가정할 수 있다. 연민이 가질 수 있는 편향성, 즉 가까운 이들과 먼 이들을 우리는 특별한 차별적 의식이 없이도 구분하게 될 지도 모른다. 때론 연민이 정치적 선동에 활용될 수도 있다. 하지만 연민이 공적 성찰의 가장 보편적이고 든든한 그리고 직접적으로 사유의 길을 안내하고 타인을 향해 손을 내밀게 이끄는 것만큼은 분명한 사실이다.

공적 성찰은 민주주의 위기 시대에 새로운 시민성을 만들어가는 차원에서 더 많은 논의들과 연결될 수 있을 것이다. 한나 아렌트 Hannah Arendt의 '사유' 개념, 위르겐 하버마스 Jürgen Habermas의 공론장에서의 숙의와 비판적 성찰, 마사 누스바움의 '정치적 감정', 에마뉘엘 레비나스 Emmanuel Levinas의 '타자 윤리' 등과 만날 수 있을 것이다. 정치적 성찰을 통한 새로운 시민성 모델을 제시하고, 현대 민주주의의 문제점(정치 양극화, 혐오 정치, 포퓰리즘 등)을 해결하기 위한 시민 정치 교육의 프로그램으로도 발전할 수 있다.

비판적 사고

성숙한 시민으로 홀로서기 위해서는 공적 성찰, 비판적 사고, 정치 리터러시가 필수적이다. 이 중에서도 비판적 사고는 정치적 판단을 내리는 과정에서 논리적 오류를 피하고, 정보의 신뢰성을 점검하며, 감정과 선입견에서 벗어나 자율적인 결정을 내리는 핵심적인 능력이다. 비판적 사고는 단순한 지적 기법이 아니라, 시민의 자유와 책임을 실현하는 핵심 자질이자 태도이다.

역량이자 태도로서의 비판적 사고

비판적 사고는 수많은 사람들이 이야기하고 있지만, 잘 모르고 있으면서 언제나 강조되는 말이기도 하다. 여기에 무슨 심오함이 있다는 뜻에서가 아니라, 우리가 이 개념을 의례적으로 사용할 뿐 심도 있는 고민과 이를 위한 훈련을 하지 않는다는 의미에서다. 이와 관련하여 미국의 교육심리학자이자 비판적사고재단Foubdation for Critical Thinking의 린다 엘더Linda Elder는 〈비판적 사고가 위태롭다〉*Critical thinking is at risk*에서 이렇게 지적한다.

대부분의 사람들, 심지어 교수들조차 자신이 비판적 사고를 이미 잘 알고 있다고 생각한다. 그러나 실질적으로 이 분야를 깊이 있게 학습한 사람은 드물며, 이를 정확하고 일관되게, 충분한 깊이로 설명할 수 있는 사람도 극히 소수다. 사람들은 자아실현의 더 높은 수준에 도달하기 위해 필요한 정도의 절제력과 학습 태도를 잘 갖추지 못하고 있다. 이는 부분적으로, 교육적이거나 교양적인 목적보다는 중독성과 수익성을 목표로 설계된 자극적이고 소모적인 디지털 콘텐츠에 지적·정서적 에너지를 낭비하기 때문이다. 전반적으로 교육기관이나 사회에서는 공정한 비판적 사고가 제대로 이해되지도, 육성되지도, 가치 있게 여겨지지도 않는다. 사람들은 인터넷 플랫폼을 통해 자신과 생각이 비슷한 사람들과 더 쉽게 모일 수 있게 되었으며, 그 결과 서로의 사고방식을 확인하고 정당화하는 데 몰두한다. 그 사고가 아무리 비논리적이고, 치우쳐 있으며, 편견에 찌들고, 심지어 위험하더라도 말이다.[37]

오늘날처럼 정보가 넘쳐나고, 의견이 진실처럼 소비되는 시대에는 비판적 사고의 중요성이 그 어느 때보다 절실하다. 가짜뉴스, 감정적 선동, 확증편향, 편 가르기와 같은 현상들은 단지 미디어의 문제가 아니라, 생각하지 않는 인간, 성찰하지 않는 사회가 만들어 낸 결과다. 과연 얼마나 스스로 생각하고 있는가? 우리가 믿는 것에 대해 충분히 검토하고, 그것이 타당한지를 물어본 적이 있는가? 이에 대해 누구라도 자신있게 답하지 못할 것이다.

비판적 사고는 진실을 분별하고, 타인의 입장을 이해하며, 더 나은 판단을 내리기 위한 태도이자, 민주사회 시민의 핵심 역량이다. 무엇보다 비판적 사고는 사고의 주체로서 살아가기 위한 최소한의 자기 훈련이다. 비판적 사고가 없다면 감정이 사고를 지배하고, 권위가 진실을 대신하며, 타인의 고통은 들리지 않게 된다.

소크라테스가 '너 자신을 알라'고 경고하며 자신의 무지를 아는 것에서 시작하라고 하듯, 비판적 사고의 시작은 내가 얼마나 '비판적으로 사고하고 있지 않은가'를 인식하는 데서 출발한다.

---

[37] 'CRITICAL THINKING IS AT RISK', https://www.criticalthinking.org/

삶의 전반을 관통하는 비판적 사고를 위해서는 비판적 사고에 대한 체계적인 이해가 필요하다. 가장 체계적인 비판적 사고에 대한 개념적 정의 중 하나는 〈비판적 사고: 교육 평가와 지침을 위한 전문가 합의 보고서〉Critical Thinking: A Statement of Expert Consensus for Purposes of Educational Assessment and Instruction라는 미국철학회APS, American Philosophical Society의 보고서이다. 이 보고서는 제목에서 드러나듯 다양한 학자들이 공통의 합의를 추구하면서 다양한 요소와 측면들을 균형 있게 설명하고 있다.

> 우리는 비판적 사고를 목적 지향적이며 자기 규제적인 판단으로 이해한다. 이 판단은 해석, 분석, 평가, 추론을 포함하며, 그 판단이 기반하고 있는 증거적, 개념적, 방법론적, 규준적 또는 맥락적 고려 사항들에 대한 설명을 수반한다.
> 비판적 사고는 탐구에 있어 필수불가결한 도구이다. 따라서 비판적 사고는 교육에서는 해방을 이끄는 힘이며, 개인적, 시민적 삶에서는 강력한 자원이다. 비판적 사고는 훌륭한 사고와 동의어는 아니지만, 사고 전반에 스며들며 스스로를 수정해 가는 인간 현상이다.
> 이상적인 비판적 사고자는 습관적으로 따져 묻고, 충분한 정보를 갖추고 있으며, 이성을 신뢰하고, 열린 마음을 가지며, 유연하고, 평가에 있어서 공정하고, 개인적 편견을 정직하게 직면하고, 판단할 때 신중하고, 기꺼이 재고하고, 문제들에 대하여 명료하고, 복잡한 문제들을 다루는 데 있어서 체계적이고, 적절한 정보를 부지런히 찾고, 기준을 선택하는 데 합리적이고, 조사에 집중하며, 탐구의 주제와 상황이 허락하는 한 최대한 정확한 결과를 찾으려 끈질기게 노력한다.
> 그러므로 훌륭한 비판적 사고자를 교육하는 것은 이러한 이상에 도달하도록 돕는 것이다. 이는 비판적 사고 능력을 개발하는 것과 더불어, 유용한 통찰을 지속적으로 만들어내고 이성적이고 민주적인 사회의

기반이 되는 이러한 성향들을 함께 기르는 것이다.[38] (문단 나눔은 필자)

이 델파이 보고서[39]는 비판적 사고의 표준 정의로 이후 교육 평가와 교육 과정 설계의 기준이 되었다.

이를 요약하면, "비판적 사고는 목적적, 자기 규제적인 판단으로, 이를 통해 해석, 분석, 평가, 추론하고, 그 근거를 설명하고 정당화하는 인지적 과정이다."가 될 수 있다. 여기서 사용된 개념들은 다음의 뜻을 가진다.

해석interpretation: 정보의 의미를 파악하고 문맥을 이해. 분석analysis: 논리적 구조를 분석하고 주장과 근거를 구분. 평가evaluation: 정보와 논리의 신뢰성과 타당성을 평가. 추론inference: 근거를 바탕으로 논리적 결론을 도출. 설명explanation: 자신의 판단과 결론을 명료하고 논리적으로 설명. 자기 규제self-regulation: 자신의 판단과 결론을 반성하고 편향과 오류를 교정하고 점검.

이 정의는 비판적 사고가 무슨 일을 하는지, 비판적 사고의 효용과 가치, 훌륭한 비판적 사고의 태도와 능력적 측면, 이상적인 비판적 사고자가 되기 위한 과제를 제시하고 있다. 비판적 사고를 다루는 글을 보면 대개 비판적 사고의 원칙 등으로 소개되고 있지만, 원칙이라기보다는 비판적 사고의 성향과 태도와 기법으로 이해하는 것이 적절하다. 기법 또한 기술적 과제가 아닌 인지적 능력으로 이해해야 한다. 비판적 사고는 우리의 사고 과정에서 발휘되는 성향과 능력의 상호 작용이라고 할 수 있다. 여기서 성향은 태도나 기질로도 바꿀 수 있고, 능력은 합리적인 추론 등 인지적 기법들에 대한 훈련 정도로

---

[38] American Philosophical Association, "The Delphi Report", 1990., 2쪽.
[39] 고대 그리스 델파이 신탁(Delphi Oracle)에서 이름을 딴 델파이 기법(delphi method)은 여러 전문가들이 참여하고 익명성이 보장된 상태에서 여러 차례의 설문과 피드백을 거쳐 합의에 이르는 과정이다. 이렇게 함으로써 편견과 권위에 의한 영향을 최소화하고, 객관적이고 신뢰성 있는 합의를 도출한다.

이해해도 큰 무리는 없다.

분명히 할 점은, 비판적 사고는 자기 내적인 사고 프로세스에 방점이 찍힌다. 따라서 비판적 사고의 진정한 효용은 공격성이 아닌 자기 철저성에 있다.

마지막 부분의 "비판적 사고가 이성적이고 민주적인 사회"를 이룰 수 있다는 강조는 시사하는 바가 크다. 더 나은 사회로 나아가는 데 있어 비판적 사고의 힘은 모두의 무기라는 점이다. 무지와 편견과 망상에서 자유로울 수 있을 것이고, 더 나은 대안을 찾는 힘이 될 것이다.

비판적 사고에 대한 또 다른 강조점은 비판적 사고는 삶의 자세(여야 한다)라는 측면이다. 비판적 사고는 단순한 논리적 사고를 넘어 삶의 태도와 윤리적 미덕이다. 비판적 사고의 중요성과 실천적 의미는 여기에 있다. 지적 미덕에는 진실성, 겸손, 정중함, 공감 능력, 정의감, 이성에 대한 신뢰 등이 해당된다. 지적 미덕을 통해 비판적 사고의 가치를 이해하는 것이 중요하다.

무리를 무릅쓰고 단순화한다면 '당신의 사고가 당신이다'. 삶의 질은 우리가 만들고 산출하는 사고의 질에 의해 좌우된다. 따라서 우리의 사고를 제대로 점검하고 평가하며 연마하는 일은 삶의 질을 높이는 일이 된다. 비판적 사고는 '생각하기'에 대한 기본적인 태도와 능력의 바람직한 방향을 제시한다. 어떤 주제, 문제, 내용이든 상관없다. 그래서 '성숙한 시민으로 그리고 정치 주체로 홀로서기 위해 비판적 사고는 필수적이다'라는 말은 '비판적 사고는 성숙한 시민의 지적 미덕'이란 말이 된다.

비판적 사고는 크게 태도와 능력으로 설명될 수 있다. 많은 학자들이 비판적 사고를 사고의 태도(성향)와 인지적 능력(인지 기능, 기법, 훈련 정도) 두 가지 요소의 상호 작용과 종합으로 발휘된다고 본다. 태도적(기질적) 요소로는 명료성·공정성·정확성에 대한 열정, 철저한 인식을 위한 열의, 증거에 충실하려는 강렬한 욕구, 모순적이고 비체계적인 사고와 일관성 없는 기준의 적용에 대한 강한 혐오, 이익에 상관없이 진리에 대한 헌신적인 태도, 강력한 사회적 통념에 대해 기꺼이 의문을 가지는 것, 신념을 바꾸는 용기 등을 강조한다.

능력적(기법적) 요소로는 해석·분석·평가·추론·설명에 요구되는 인지적 능력들이다. 범주화, 의미 명료화, 주장의 분석, 증거 탐구와 신뢰도 평가, 대안 추측, 가정과 가설의 검토, 논리적인 추론 등의 다양한 인지적 능력들을 필요로 한다. 우리가 훈련해야 하는 기법들이자 사고 프로세스에서 훌륭하게 치러내야 할 과제들이다.

충분한 비판적 사고 능력을 갖추기 위해 노력해야 하지만 우선적으로 태도와 성향을 갖는 것이 더 중요하다. 이와 관련하여 비판적 사고에 대한 린다 엘더의 설명은 명쾌하다. 그는 비판적 사고를 삶에 대한 일반적인 태도로 확장하고 "인간의 활동 중 사고와 관련되지 않은 것은 아무것도 없다", "사고의 질이 삶의 질을 결정하는 가장 중요한 요소다"라고 말한다. 비판적 사고를 최선의 판단에 한정하지 않는 접근이다. 그의 관점은 비판적 사고에 대한 다음의 설명에 충실히 담겨 있다.

> 비판적 사고란 자기 주도적이고 자기 규율적인 사고로서, 공정한 태도로 사고의 질을 최고 수준으로 끌어올리려는 시도이다. 비판적으로 사고하는 사람은 끊임없이 이성적으로, 합리적으로, 공감적으로 살아가려 노력한다. 그들은 인간의 사고가 본질적으로 결함을 지니고 있으며, 이를 통제하지 않을 경우 오류에 빠지기 쉽다는 점을 예리하게 인식하고 있다. 그래서 자신의 자기 중심적 및 사회 중심적 경향성을 줄이기 위해 노력한다.
>
> 이들은 비판적 사고가 제공하는 개념과 원칙이라는 지적 도구를 사용하여 사고를 분석하고, 평가하며, 개선하고자 한다. 그들은 지적 성

실성, 지적 겸손, 지적 공손, 지적 공감, 지적 정의감, 이성에 대한 신뢰 등 지적 미덕을 계발하기 위해 부단히 노력한다.

비판적으로 사고하는 사람들은 자신이 아무리 숙련된 사고자일지라도, 여전히 사고 능력을 향상시킬 여지가 있으며, 때때로 논리적 오류, 비합리성, 편견, 왜곡, 무비판적으로 받아들인 사회 규범과 금기, 자기 이익, 이해관계 등에 빠질 수 있다는 점을 자각하고 있다. 그들은 세상을 가능한 한 개선하고자 하며, 더 이성적이고 문명화된 사회에 기여하려 한다. 동시에, 그러한 노력이 수반하는 복잡성과 난점 또한 인식하고 있다.

그들은 복잡한 문제를 단순하게 사고하는 것을 피하며, 관련된 타인의 권리와 필요를 적절히 고려하려 한다. 그들은 사고자로서 성장해 가는 과정 역시 복잡함을 인식하고, 자기 계발을 위한 평생의 실천에 헌신한다. 그들은 "성찰되지 않은 삶은 살 가치가 없다."는 소크라테스의 원칙을 체현한다. 왜냐하면, 성찰되지 않은 삶들이 모이면 결국 그것은 비판 없는, 불의한 그리고 위험한 세계를 만들어내기 때문이다.[40]

여기서 린다 엘더가 제시한 비판적 사고의 지적 미덕들은, 단순한 태도의 나열이 아니라 삶의 사고방식을 구성하는 내적 성품이라 할 수 있다. 각각의 미덕은 다음과 같은 의미를 지닌다.

지적 성실성intellectual integrity: 사실을 편의에 따라 왜곡하지 않고, 진실에 대한 헌신을 유지하려는 자세. 지적 겸손intellectual humility: 자신의 무지를 기꺼이 인정하고, 타인의 관점에 열린 태도로 접근하는 자세. 지적 공정성fair-mindedness: 편견에 물들지 않고, 모든 입장을 공

---

[40] Linda Elder, 'Our Concept and Definition of Critical Thinking', https://www.criticalthinking.org/pages/our-concept-and-definition-of-critical-thinking/411#top, 2007.

평하게 평가하려는 노력. 지적 공감intellectual empathy: 타인의 감정과 입장을 이해하려는 능력 그리고 그로부터 출발하는 연민과 성찰. 이성에 대한 신뢰confidence in reason: 감정적 충동이나 권위에 의존하지 않고, 이성과 논거에 기초하여 판단하려는 태도. 이 미덕들은 비판적 사고를 단지 분석적 도구가 아니라, 살아가는 방식의 태도로 끌어올리는 핵심이 된다.

아포리즘 어법으로 말하면, '비판적 사고는 자신의 사고를 추궁하고 취조하는 일'이라 할 수 있다. 삶을 성찰하라는 교훈을 우리는 지극한 마음으로 받아들인다. 하지만 성찰이 도덕의 잣대로 자신을 평가하는 일만은 아닐 것이다. 그렇다면, 자기 성찰의 구체적 대상과 방법이 있어야 한다. 그중 하나가 내가 무엇을 어떻게 생각하고 있으며, 그 사고가 얼마나 타당하고 정당한지를 들여다보는 지적 훈련이다. 그 구체적 행위는 자신의 사고를 분석하고 점검하는 '나의 생각을 생각하는 것'이다.

좀 거창하게 말하자면 성숙한 시민이 사회와 다음 세대에 기여할 수 있는 것이 있다면, 비판적 사고를 서로에게 권하고 함께해 보는 일이다. 이런 사명을 말하지 않더라도 비판적 사고는 거짓 주장과 잘못된 믿음에 휩쓸리지 않는 주체적인 삶을 살고자 하는 우리 모두에게 필요하다.

비판적 사고를 정치에 어떻게 연결할 것인가?

비판적 사고는 삶을 성찰하고 책임 있게 살아가기 위한 인식적·도덕적 훈련이다. 린다 엘더는 이를 "자기 주도적이고 자기 규율적인 사고"로 정의하며, 이 사고의 목적은 단순히 옳고 그름을 가리는 데 있지 않고, 공정하고 이성적인 삶을 실천하려는 태도에 있다고 강조한다.

이러한 비판적 사고는 정치 영역에서도 절실하게 요구된다. 오늘날 우리는 단지 정보의 과잉 속에 사는 것이 아니라, 믿음과 감정이 이성을 압도하고, 진영과 집단이 진실을 대체하는 정치적 환경 속에 살고 있다. 이때 린다 엘더가 경고한 두 가지 사고의 함정인 '자기 중심적 사고'egocentric thinking와 '사회 중심적 사고'sociocentric thinking는 우리가 정치 현실을 어떻게 오판하는지 그리고 왜 분열과 혐오가 증폭되는지를 설명하는 개념이다.

자기 중심적 사고는 '내가 옳다'는 확신의 덫이다. 자신의 경험과 관점을 절대화하며, 반대되는 의견이나 증거를 무시하거나 왜곡하는 사고방식이다. 이는 정치 영역에서 '내가 지지하는 정당은 선하고, 상대는 무조건 악하다'는 선악 이분법으로 나타난다. 우리는 자주 정치적 신념이 '이성적 판단'의 결과라고 착각하지만, 실제로는 감정, 소속감, 확증편향이 우리의 판단을 지배한다.

우리는 질문해야 한다. 나는 왜 이 정당을 지지하는가? 내가 받아들인 정보는 편향되어 있지 않은가? 내가 반대하는 이들의 말에 일리가 있는 부분은 없는가? 이처럼 자신을 의심하는 능력이야말로, 자기 중심적 사고의 위험에 대한 자각을 의미한다.

사회 중심적 사고는 진영과 집단의 사고 감옥이라 할 수 있다. "우리가 가지는 정치적 견해는 우리 개인의 것이라기보다 우리 집단의 것이다."[41] 자신이 속한 집단의 신념과 가치를 무비판적으로 내면화하고, 타 집단을 적대시하는 경향성이다. 이는 우리 정치의 극단적 진영화, '우리 편'과 '저쪽'이라는 구도로 고착되어 나타난다. 정치적 입장이 곧 도덕적 정체성이 되고, 진영의 입장이 자신의 생각을 대신하는 구조에서, 우리는 스스로 생각하기를 멈춘다.

비판적 사고는 바로 이 믿음의 환상에 제동을 건다. 진실은 어느

---

[41] 조너선 하이트, 앞의 책, 109쪽.

한 집단의 전유물이 아니라, 대화와 검토, 반성 속에서만 발견된다. 시민은 자신이 속한 진영조차 비판적으로 평가할 수 있어야 하며, 반대 진영의 주장에서도 타당한 부분이 있는지를 검토할 수 있어야 한다. 이는 단순한 관용이 아니라 이성적 숙고의 훈련이다.

우리는 진영의 색안경을 통해 세상을 바라보는 오류에 빠지기 쉽다. 정치 양극화의 본질은 종종 서로 다른 정치적 입장 자체에 있는 것이 아니라, 서로를 얼마나 왜곡되게 인식하느냐에 있다. 반대 진영의 사람들을 실제보다 훨씬 더 극단적이고 비합리적인 존재로 상상하는 경향, 바로 이것이 '지각 격차'perception gap라 불리는 인식 왜곡 현상이다.[42] 비판적 사고는 이 지각 격차를 인식하고, 그 간극을 줄이기 위한 인지적 성찰과 태도 교정의 실천을 중요한 과제로 삼아야 한다.

오늘날 정치적 판단은 점점 더 감정의 즉각적 반응으로 대체되고 있다. 정치인은 논리보다 분노와 두려움, 혐오와 적대감을 자극하여 지지층을 결집시키고, 시민은 그 감정에 쉽게 휘말린다. 분노는 언제나 정의롭고, 혐오는 정당한 듯 과장된다. 비판적 사고는 이러한 감정 동원의 함정에서 벗어나는 길을 제공한다. 감정에 휘둘리는 대신, 그 감정의 출처와 정당성을 되묻고, 정치적 판단을 이성적 분석을 통해 내릴 수 있도록 돕는다.

뿐만 아니라, 비판적 사고는 시민이 정치 메시지와 정책을 검토하

---

[42] 이 개념은 2019년 미국의 모어인커먼연구소가 발표한 보고서 〈The Perception Gap: How False Impressions Are Pulling Americans Apart〉에서 정식화되었다. 보고서에 따르면, 미국인의 절반 이상이 정치적 반대 진영의 입장을 심각하게 오해하고 있으며, 특히 정치적으로 가장 활발한 양극단 집단은 반대 진영을 실제보다 약 두 배 이상 극단적으로 인식하는 경향을 보인다. 예를 들어 민주당 지지자들은 공화당 지지자의 절반 이상이 인종차별적이라고 '생각'하지만, 실제로 그러한 견해를 가진 비율은 6% 미만으로 나타났다. 또한 정치적 콘텐츠를 소셜미디어에서 활발히 공유하는 사람들은 그렇지 않은 사람들에 비해 평균 11%P 더 높은 수준의 지각 격차를 보이는 것으로 조사되었다. 이 같은 현상은 정치 양극화를 부추기며, 상대 진영에 대한 오해와 적대감의 주요 원인으로 작용하고 있다. More in Common, 〈The Perception Gap: How False Impressions Are Pulling Americans Apart〉, https://perceptiongap.us/

고, 공약의 실현 가능성과 공공성, 정책의 형평성과 장기적 효과를 따져보는 능력으로도 확장된다. 선동적 구호와 감정적 언어가 아니라, 논리와 근거, 실효성과 윤리성을 기준 삼아 판단하는 시민이 많아질수록 공론장은 감정의 전장이 아니라 숙의의 공간이 될 수 있다.

비판적 사고는 단순한 지적 능력이 아니라, 민주 시민으로서의 책임 있는 사유의 자세이자 실천적 덕목이다. 그것은 우리가 감정에 휘둘리지 않고, 편향에 갇히지 않으며, 단순한 정치 소비자가 아닌 능동적이고 성찰적인 정치 행위자로 서게 한다.

왜곡된 믿음체계와 선동이 아니더라도 우리는 본능적으로 많은 인지편향에 시달린다. 정치는 과잉 정보, 상충하는 정보, 의도된 조작 정보가 넘쳐나는 공간이다. 이 속에서 우리의 정치편향은 쉽게 잘못된 판단을 내린다. 비판적 사고는 자신의 편향을 자각하고, 불편한 정보와도 대면할 수 있는 용기를 길러준다. 다양한 관점을 의도적으로 접하고, 자신과 다른 의견 속에서도 근거와 타당성을 탐색하는 태도는 지속 가능한 민주주의의 기초다.

비판적 사고 없는 민주주의는 위험하다. 우리는 더 많은 확신이 아니라, 더 깊은 성찰을 통해 정치와 사회를 되살려야 한다. 그 출발점은 '내가 얼마나 비판적으로 사고하고 있지 않은가'를 스스로 인식하는 것이다.

정치 리터러시

오늘날처럼 왜곡된 정치적 믿음체계, 선동적 프레임, 감정 동원형 레토릭이 정치 환경을 지배하는 시대에는 단순한 정보 소비 능력을 넘어서는 정치 리터러시가 필수적인 시민의 자질로 요구된다. 정치 리터러시는 공적 성찰과 비판적 사고를 실질적으로 뒷받침하고 구체화하는 실천적 능력이자, 성숙한 민주 시민의 핵심 역량이다.

리터러시literacy는 원래 문자 해독 능력, 즉 읽기와 쓰기 능력을 뜻하지만, 현대에는 정보를 이해하고 해석하며, 비판적으로 사고하고, 이를 바탕으로 소통하고 문제를 해결하는 종합적 사고력으로 확장되었다. 정치 리터러시는 이러한 확장된 문해력을 정치 영역에 적용한 것으로, 단순히 정치 뉴스를 소비하거나 선거에 참여하는 수준을 넘어, 정치 제도와 정책의 구조를 이해하고, 정치적 주장과 정보를 비판적으로 검토하며, 공론장에서 합리적으로 소통하고 실천하는 능력을 포괄한다.

정치 리터러시는 정치적 맥락을 이해하고 시민으로서 적극적인 정치 참여를 가능하게 하는 정치 정보와 정치 시스템 이해, 정책과 법률 해석, 선거와 정치 과정 참여에 관련된 지식이자 능력이라 정의할 수 있다.

정치 리터러시는 시민이 정치 과정에 주체적으로 참여하기 위해 요구되는 복합적 역량이다. 여기에는 정치 제도의 구조와 작동 원리, 정책의 실질적 영향 분석, 정보의 진위 검토 그리고 공론장에서의 소통 능력까지 포괄한다.

민주주의는 단지 제도적 절차가 아니라 시민의 정치적 이해와 실천을 전제로 한다. 따라서 정치 리터러시를 시민 교육의 핵심으로 구성할 때, 다음과 같은 과제들이 중요하게 다뤄져야 한다.

정치 제도에 대한 이해: 헌법, 입법 절차, 정부의 역할, 선거 제도 등 정치 시스템의 구조와 작동 원리에 대한 체계적 지식. '왜 의회 민주주의가 작동하지 않는가', '대표성은 어떻게 확보되는가' 같은 질문을 비판적으로 사고할 수 있어야 한다.

정책과 공공 행정에 대한 분석 능력: 정책의 실효성, 형평성, 지속 가능성 등을 평가할 수 있어야 하며, 예산 배분의 공정성, 특정 계층의 이익 여부, 사회적 영향 등을 분석하는 능력이 요구된다.

미디어 리터러시와 정보 판별 능력: 정치 정보의 출처와 맥락을 분석하고, 왜곡된 프레임과 선동적 언어에 대응할 수 있어야 한다. '이 뉴스는 객관적인가', '이 주장은 어떤 맥락에서 만들어졌는가'와 같은 비판적 질문을 던질 수 있어야 한다.

공적 담론의 소통 능력: 논리적 주장 전개, 상대 입장에 대한 경청과 합리적 대응, 문제 해결을 위한 협력적 태도 등 숙의 민주주의를 실천하는 역량이 필요하다.

정치 리터러시는 비판적 사고의 정치적 적용이자, 시민 정치력의 핵심이다. 비판적 사고가 논리의 구조를 검토하고 사고의 오류를 진단하는 과정이라면, 정치 리터러시는 그것을 정치적 현실과 정보에 적용해 참여하고 실천하는 구체적 능력이다.

이러한 역량은 교육과 훈련을 통해 길러질 수 있다. 학교 교육에서는 정치와 미디어 관련 과목을 통해 정보 해석과 토론 능력을 강화할 수 있고, 시민 정치 교육 프로그램에서는 공론장 훈련과 갈등 조정 교육을 통해 혐오와 냉소를 넘어선 시민성을 기를 수 있다. 특히 사회가 양극화되고 정치가 과잉되는 시대일수록 다원성과 공감 능력, 성찰적 정치 감각은 더욱 절실해진다. 정치 리터러시는 공적 소통의 문화를 회복하고, 민주주의의 질적 기반을 다지는 출발점이 된다.

선거라는 제도만으로는 민주주의가 작동하지 않는다. 민주주의를 실질적으로 유지하고 발전시키는 것은 바로 시민 개개인의 역량과 태도이다. 정치가 진영화되고 종교화되며, 때로는 감정적 선동의 무대가 되는 오늘의 현실에서, 우리는 새로운 시민성 교육과 성찰적 정치 교육의 필요성을 진지하게 고민해야 한다. 정치 리터러시는 그 핵심에 있다.

정치 혐오와 냉소를 넘어, 정치를 감당할 수 있는 내면의 힘을 키우는 일, 그것이야말로 정치 리터러시가 요청하는 시민의 과제이며, 오늘날 우리 사회가 가장 시급히 회복해야 할 민주주의의 기반이다.

…

긴 여행이었다. 정치적 믿음체계에서 시작하여 우리 정치의 양극화와 극단화 그리고 탈진실 정치의 문제를 검토했다. 그리고 정치적 믿음체계 작동의 장치인 프레임, 정치 선동, 레토릭의 해악을 점검했다. 이어서 공적 성찰과 비판적 사고, 정치 리터리시를 통한 정치해독에 이르렀다. 여기 다시 먼 곳으로 여행을 시작하자.

> 다시 이 빛나는 점을 보라. 그것은 바로 여기, 우리 집, 우리 자신인 것이다. 우리가 사랑하는 사람, 아는 사람, 소문으로 들었던 사람, 그 모든 사람은 그 위에 있거나 또는 있었던 것이다. 우리의 기쁨과 슬픔, 숭상되는 수천의 종교, 이데올로기, 경제이론, 사냥꾼과 약탈자, 영웅과 겁쟁이, 문명의 창조자와 파괴자, 왕과 농민, 서로 사랑하는 남녀, 어머니와 아버지, 앞날이 촉망되는 아이들, 발명가와 개척자, 윤리 도덕의 교사들, 부패한 정치가들, 슈퍼스타, 초인적 지도자, 성자와 죄인 등 인류의 역사에서 그 모든 것의 총합이 여기에, 이 햇빛 속에 떠도는 먼지와 같은 작은 천체에 살았던 것이다. …

> 인간이 가진 자부심의 어리석음을 알려주는 데 우리의 조그만 천체를 멀리서 찍은 이 사진 이상 가는 것은 없다. 사진은 우리가 서로 더 친절하게 대하고 우리가 아는 유일한 고향인 이 창백한 푸른 점을 보존하고 소중히 가꿀 우리의 책임을 강조하고 있다고 나는 생각한다.[43]

보이저 1호가 지구로부터 약 60억 킬로미터 떨어진 곳에서 지구를 찍은 사진을 보내 왔다. 1990년 2월 14일의 일이다. 칼 세이건Carl Edward Sagan은 이 사진을 본 소감을 《창백한 푸른 점》에 담았다. 이 글의 위대함은 인류가 이룬 과학적 성취의 결정적 장면을 인류의 세계관과 삶의 태도와 연결시켰다는 데 있다. 웅장한 흥분을 진솔한 성찰로 안내한 것이다. 그 사진은 멀리서 보는 것의 위대함을 침묵으로 설명한다.

정치가 우리의 삶을 외면할 때, 조금 멀리 떨어져 바라보면 생각이 분명해지거나 차원이 달라지기도 한다. 이는 왜곡된 정치적 믿음 체계에서 탈출하는 길이고, 양극화 레일에서 내려서는 결단이자 성숙한 시민으로 홀로 서는 방안일 수 있다. 정치라는 암흑 속 얼룩들에서 작은 이야기와 부질없음은 덜어내고 정치와 정치적 주체로서의 관계를 직관할 수도 있을 것이다. 보이저호만큼 갈 수 없다면, 시간에 기대어 역사를 보는 일도 도움이 된다. 돌아보면 그나마 안도한다. 그래도 많은 것이 달라져 왔구나. 여전히 슬픈 현실에 굴복하지 않고 우리는 달라질 수 있겠구나!

여기에 낙관적 현실주의자의 길이 있다. 우리는 현실을 직시하되 그 안에 머무르지 않는다. 갈등의 구조를 꿰뚫되 공존의 가능성을 끝까지 포기하지 않는다. 낙관적 현실주의자는 이상에 도취되지 않으

---

[43] 칼 세이건 저, 현정준 역, 《창백한 푸른 점》, 사이언스북스, 2001., 26-27쪽.

며 절망에도 길들지 않는다. 철저히 현실에 발을 딛되 한 걸음 더 나아갈 상상력을 잃지 않는다. 왜곡된 믿음을 비판하되 새로운 믿음을 세우는 일을 주저하지 않는다.

정치는 삶을 구원하지 않지만 더 나은 공존을 설계할 수 있다는 믿음. 그 믿음 하나로, 우리는 다시 현실을 살아갈 수 있다. 현실을 똑바로 바라볼수록 희망은 더 단단해져야 한다. 이것이 우리가 끝내 놓아서는 안 될 마지막 믿음이다.

폴리티컬 디톡스
POLITICAL DETOX

초판 1쇄 발행 | 2025년 6월 16일
지은이 | 이재호
펴낸이 | 이재호
책임편집 | 이필태

펴낸곳 | 리북(LeeBook)
등 록 | 1995년 12월 21일 제2014-000050호
주 소 | 경기도 파주시 회동길 50, 4층(문발동)
전 화 | 031-955-6435
팩 스 | 031-955-6437
홈페이지 | www.leebook.com

정 가 | 18,000원
ISBN | 978-89-97496-76-1